中华传统文化
经典研习系列

诗经应该这样读

李山◆著

中華書局

图书在版编目（CIP）数据

诗经应该这样读 / 李山著 . — 北京：中华书局，2019.5
（中华传统文化经典研习）
ISBN 978-7-101-13721-7

Ⅰ . 诗… Ⅱ . 李… Ⅲ . 阅读课—中学—教学参考资料 Ⅳ . G634.333

中国版本图书馆 CIP 数据核字（2019）第 006435 号

书　　名　诗经应该这样读
著　　者　李　山
丛 书 名　中华传统文化经典研习
责任编辑　张舣方
出版发行　中华书局
（北京市丰台区太平桥西里 38 号 100073）
http://www.zhbc.com.cn
E-mail:zhbc@zhbc.com.cn
印　　刷　中煤（北京）印务有限公司
版　　次　2019 年 5 月北京第 1 版
2019 年 5 月北京第 1 次印刷
规　　格　开本 / 880×1230 毫米　1/32
印张 12　插页 2　字数 220 千字
印　　数　1-10000 册
国际书号　ISBN 978-7-101-13721-7
定　　价　36.00 元

前言

《诗经》的读解，已有两千多年的历史了。有自汉至唐的经学读解，有自北宋元明的宋学读解，也有兴盛于清代乾嘉时期“新汉学”的读解，当然还有近代以来的文学读解。

汉代至唐代的“经学”讲读重师说、尊家法。汉代讲《诗经》有四家即齐、鲁、韩、毛[①]，前三家盛行于西汉，毛则自东汉流行。后来三家解释《诗经》之说大部分已经失传，只有“毛诗”的经典文本与注解流传至今，换言之，今天读到的《诗经》文本是“毛诗”家的本子。

汉代四家分为今文、古文两大派，齐、鲁、韩为今文经学，毛为古文经学，两者“讲读”《诗经》差异颇大，但四家有一

① 齐诗家的宗师为齐人辕固生，生活在文景时期，至今只有零星的遗说保存在各种典籍中（清末王先谦《诗三家义集疏》中有收集），鲁诗的宗师是鲁人申培，其遗说保存在各种典籍中，韩诗家在汉代的宗师为燕国人韩婴，汉初人，流传至今的著作有《韩诗外传》。汉代毛姓儒生为《诗经》作“故训传”，即《毛诗故训传》（以下简称为《毛传》），《毛诗序》中吸收了不少鲁诗的说法。

个大体相同的学术预设：经过孔子之手的经典，是圣人为后世确立的圣贤大法，必须贯彻落实于社会生活之中。在这样的“预设”下，还有一点对于解读经典尤为关键，那就是：在孔子创制或整理这些经典时，有些“微言大义”因不便见诸文字[①]，就将其口传心授给那些可信赖的学生，如子游、子夏等。也就是说，单是阅读经典的文本，未必能领会孔夫子的微言大义，薪尽火传，经典隐含的微言真谛须从代代相承的老师那里方可闻知。师说、家法之尊，由此确立。

可是，师法、家法说法不一，在汉代已经颇为明显，《诗经》有齐、鲁、韩三家，就是证明。师说分为三家，读《诗经》到底何去何从？对这样的问题，学者只管各守师说，以谋官位，不理会那许多，但是，经历了晚唐五代的社会变动，加上佛家义理之学的发展，学者在经典解读的思维上发生了重大变化。这就有了北宋欧阳修《诗本义》“据文求义”的新解经原则的提出。

所谓“据文求义”，其中的“文”，即《诗经》文本，“据文”就是讲读《诗经》时，先不看《毛诗序》《毛传》和《郑笺》怎么说，而是先看经典原文如何说。经典原文自有其文本的内在逻辑，自有其上下文的相互约定。解释者应该先弄清文本的

① 若细分，“微言”和“大义”有区别，“大义”是可以见诸文字的，如《春秋》经的“尊王攘夷、大一统”，“微言”则是为防范当时当权者的危害而口传心授的真实意图。这种礼制是笼统言之。

意思，再看《毛诗序》《毛传》和《郑笺》的后人解释，觉得说得对，就吸收；觉得不对，就拒绝。这就是所谓的“据文求义”。

既然要“据文求义”，就得先读懂文本，要想读懂文本，就得了解经典文本的时代，要了解经典文本的时代，必须读与经典文本同时代的书籍。读书之风也随之改变。注解《诗经》时不仅参考《国语》《左传》等传世经典文献，一些金石材料也引起更多的注意。虽然在《史记》《汉书》的记载中就有一些人能识读出土鼎铭，可是金文资料的大量收集考究，却是到宋代才真正像样子、成规模。而提出“据文求义”的欧阳修，在这方面也是有自己的建树的。到朱熹的《诗集传》，就正式引用金文资料来解诗篇了。

欧阳修的《诗本义》开了新风气。到了南宋，《诗经》研究更是热络。其中的一个焦点问题是关乎《毛诗序》的，信《序》者有之，主张废《序》者更大有人在，其中略早于朱熹的郑樵，甚至称《毛诗序》为“村野妄人”之作。宋代学术一般称之为“宋学”，而宋学之中包含一个很重要的内容就是理学，朱熹的《诗集传》就是理学《诗经》研究的集大成之作。“据文求义”求个“理”，求个对身心修养有帮助，是朱熹《诗集传》的重要内涵之一。而且，朱熹的《传》对后世影响很大，元代的《诗经》学大体而言，就是《诗集传》的“羽翼”，这样的风气一直延续到明清之际，有很长时间。

至清代，《诗经》研究首先面临的是“汉学”和“宋学”

两座高山；就清朝学术的主流而言，反对“宋学”是其主导倾向，因为“空谈心性”被视为明朝亡国的重要原因。反“宋学”的同时是尊“汉学”，于是就有胡承珙《毛诗后笺》，顾其名，知其义，是主《郑笺》的；于是就有陈奂《诗毛氏传疏》，顾其名，知其义，是尊《毛传》的；于是就有马瑞辰《毛诗传笺通释》，则是《毛传》《郑笺》兼重的。不过，这些著作虽然尊“汉学”，可“据文求义”的方法，仍是其治学的圭臬。从这一点上说，他们中有些人一味瞧不起宋学，就难免有数典忘祖之嫌。而且，清代《诗经》学术的真正成绩，也不在其“尊汉”不“尊汉”，而在对《诗经》文字音韵的训解，对名物制度的探究。同时，尊“宋学”的也有，如姚际恒《诗经通论》、崔述《读风偶识》等①。

近代一百多年来解读《诗经》，实际沿袭的是宋学“据文求义”而有所光大。不相信经学家旧说的态度更加坚决彻底，对于解释《诗经》有关的新文献征求使用更加广泛，如对金文甲骨文的利用，对西方人各种学说特别是人类学之说的借助等。最为关键的变化还在这样一点：对《诗经》这部经典的预设与古代有根本不同。古人相信，《诗经》是圣贤大法，这一点，就是在反《毛诗序》最烈的宋代，也没有受到根本性的怀疑。

① 北宋到清初的《诗经》研究著作，多保存在纳兰性德的《通志堂经解》，《皇清经解》和《续皇清经解》中多保存清代“新汉学”研究《诗经》的著作。

但是，近代的研究首先要打破这一点，树立新的学术预设：《诗经》是一部反映社会生活的文学，很重要，但不像古人相信的那样神圣。在这样的新预设下，《诗经》的文学性得到前所未有的重视，在文学的研究之外，《诗经》也作为史料用于古代社会生活的研究，等等。然而，近代的研究干扰因素也不少，如以阶级斗争的观点解诗篇，以现代爱情的观点解诗篇，生搬某些西方理论解诗篇等等。而眼下，生搬的做法正流行；同时，鸡零狗碎、无关痛痒的学究做法也不少。

这就说到本书的“读解”，笔者有这样几个主观的预想：

其一，是将《诗经》的产生，放在这样一个大背景下观察：夏商以来的历史瓶颈突破，社会文明大幅提升，文化的生产爆发。

其二，是将《诗经》的篇章，与“西周礼乐文明”相联系。笔者相信，研究西周礼乐，若对《诗经》中的篇章无深切的了解，就一定会浮泛。“乐者，德之华也。”《诗经》中起码有一半的作品是礼乐活动中的乐章，是礼乐的精神之花。不理解礼乐中的歌诗，何谈周礼？联系各种典籍中对“礼”的记载，可以更具体地理解诗篇的精神内涵。同时，深入探讨《诗经》的一些篇章，又可以补充文献中关于西周礼乐记载的阙如。

其三，联系礼乐讲读《诗经》，意在拈出含藏在三百篇中的几条重要的社会精神线索。《诗经》不是“经”，也是“经”，不是经学理解下的“经”，却是关乎民族文化重要特点的“经典”。《诗经》所含藏的精神线索，正是民族文化精神传统的重要组成部分。

其四，此讲读，以题材相同的篇章为对象，明其文义，并加以引申扩展。料想这样做，便于初学者入门。

以上几点，虽努力未必都做得有多好。这要交由读者来判断了。

最后，敬请读者不吝赐教！

李山

2019年初

目录

第一讲

《诗经》，历史进步的结晶

一、《诗经》是什么

常见的定义是：《诗经》是古代第一部诗歌总集。

这样说，一般而言是正确的，因为今天读到的《诗经》确实是一个诗歌的集子。然而说《诗经》是“集”，容易招致这样的误解：把《诗经》中的诗篇等同于后来“李白诗集”“杜甫诗集”中的诗篇。当成李白、杜甫“诗集”中的篇章来看，又有什么问题？《诗经》中的作品，特别是有些篇章，原为西周礼乐文化的有机部分，把《诗经》当“集”看，很容易忽略这一重要特点，因而在解读上出现偏差。这样说较为笼统，就让我们以一首诗篇为例来说明。这首诗见于《周颂》的《敬之》篇：

敬之敬之，天维显思，命不易哉！
无曰高高在上，陟降厥士，日监在兹。
维予小子，不聪敬止？
日就月将，学有缉熙于光明。
佛时仔肩，示我显德行。

【注释】 陟降：上下往来，有监管的意思。 不：敢不。 缉熙：光明。《诗经》固定语，在此为动词。 佛（bì）：通“弼”，辅助。

【大意】 （前六句）虔敬上天啊，天命是显赫的，周家获得天命不容易。不要以为上天高高在上（管不到你），每天都监视着下界，观察着它在人世间的事业，每天都在监视着这里。（后六句）我是年轻的后辈，哪敢不尽心竭力敬奉上天？我要不断学习，日积月累地进步，以期达到光明之境。请辅助我，帮助我完成身上的重任，明示我显耀的德行。

《毛诗序》说：“《敬之》，群臣进戒嗣王也。”说“戒嗣王”，与前六句相合，可是后六句呢？“维予小子”云云，很明显不再是大臣的“戒”，而是对“戒”的应答。所以，若是一味照着《毛诗序》的解释，这首诗有一半就难以解释通顺。稍微认真地观察一下这首诗篇，很明显，诗篇的歌唱出现了两个抒情主体：前六句为大臣，后六句则是周王。这就是问题所在。一首诗中怎么有两个主体发声呢？宋代朱熹就觉得《毛诗序》的说法不通，因而他在《诗集传》中将诗篇的理解改为：“成王受群臣之戒，而述其言曰‘敬之哉……’。”可是，照这样的解释，诗篇又成了周成王一个人先叙述大臣的告诫、然后再加以回答的“一首诗”了。

这样解释不也很别扭吗？《毛诗序》与《诗集传》中有一点倒是一样的，两者都相信《敬之》是一个人的诗。本来诗中含有两种声音，《毛诗序》只承认一半：大臣的陈戒；朱熹则承认另一半：周王的答词，其实两者都是“半身不遂”。

问题就出在两者都是按照后来诗人赋诗言志这样的创作模式来理解《敬之》的。是的，后世诗人的诗歌篇章不会出现“两个诗人”在那里说话的现象。就是写“对话体”的乐府体类的诗，也是抒发诗人一个人的心情和想法，不会出现“两个诗人在说话”这样的怪事。也就是说，应该将诗篇统一在一个抒情主体之下，而不能像《敬之》这样。

《敬之》原本表现的就是大臣和君主的“对唱”，而将这对唱联系起来的则是新王登基的隆重典礼。这是先辈学者傅斯年先生发现的。傅斯年先生根据《尚书·顾命》篇西周新王登基有大臣对新王陈戒、新王作答词的记录，证明《敬之》是一首新王登基典礼时君臣对答的诗篇。毫无疑问，这是尊重了诗篇文本自身显示的说法。按照这样的理解，《敬之》应该如下分章：

大臣：敬之敬之，天维显思，命不易哉！无曰高高在上，陟降厥士，日监在兹。

新王：维予小子，不聪敬止？日就月将，学有缉熙于光明。佛时仔肩，示我显德行。

这也是笔者所要强调的：《诗经》是礼乐的“组成部分”。今天所见的诗篇，最初是典礼程序中不同环节的歌唱，后来典礼消失，同一典礼上不同抒情主体的歌唱被抄在一起，看似一首诗歌，其实是两首歌或几首歌。即如《敬之》，前者表达的是臣对新王的希望，后者则是新王对臣希望的表态。这就是典礼歌唱的“歌以发德”。即便诗篇是出自一个人之手，也是分别为两类抒情主体作的歌词。麻烦的是，后来典礼消亡，人们把典礼中不同人物的唱词抄在一起，就成了一首诗。再后来的古代注家不加分辨地以“一首诗”的眼光进行解读，就难免扞格难通了。这就是不假思索地将《诗经》视为“诗集”的结果，自然要出问题。

二、《诗经》中的礼乐

说《诗经》是礼乐的一部分，还不仅是上述所讲。像《敬之》的例子，还有一首是《周南》中的《卷耳》篇。

这首诗也是含着两个抒情主体。其第一章：

> 采采卷耳，不盈顷筐。
> 嗟我怀人，置彼周行。
>
> 【注释】 采采：茂盛。 顷筐：浅筐。 周行：大路。

很明显是女子怀念丈夫的情态。可是接下来的三章：

陟彼崔嵬，我马虺赝。
我姑酌彼金罍，维以不永怀。

【注释】 陟：爬升。 虺赝（tuí）：极度疲惫貌。

陟彼高冈，我马玄黄。
我姑酌彼兕觥，维以不永伤。

【注释】 玄黄：马因疲惫而变色。

陟彼砠矣，我马瘏矣，
我仆痡矣，云何吁矣。

【注释】 砠（jū）：土山顶部有石为砠，此处即山顶的意思。 瘏（tú）：因累而生病。 痡（pū）：病。 吁：遥远。字通“盱”，张目远望。

这三章不外一个意思：因想登高望乡而累病了马、累病了仆人。为此，诗中人还借酒浇愁。诗到最后一章写终于登上了高山，可还是因为太远而望不到家乡。第一章如上所说是写女子思念远人；而这三章所写的诗中人，又是驾车，又是饮酒，明显是怀乡男子的歌吟。这也是“一首诗”含着两个抒情主体。这样的“一首诗”，同样也是难坏了历代的注解家们。

其实，这也是一首“各说各的”，互表心思的“两首歌”。新近出土的战国竹简文字《孔子诗论》中“卷耳不知人”的说法颇可为证。“不知人”不是“不知道他人”，而是“不相知”的意思。“知”在这里做“接”，也就是交集、交流的意思。《孔子诗论》这话说的是：《卷耳》是久别的夫妻二人“各在天一隅”的歌唱，只是互相思念，并非面对面的情感交流。就是说，与《周颂》的《敬之》一样，《卷耳》虽也是短短的“一首诗”，却需要分成两篇来读。《敬之》的君臣对唱对应的是新王的登基典礼，那么《卷耳》的夫妻对唱对应的又是哪种典礼呢？这是个问题。

西周新王的继位登基典礼，是有相关文献记载的，可是《卷耳》互表思念的“对唱”，按说应该是有其特定的典礼，然而这在文献记载上却踪影全无。但这就是《卷耳》的一点独特价值：补充了既有文献关于周礼记载的不足。《卷耳》虽是一首诗篇，却同样具有历史文献的价值，《卷耳》的“对唱”实际可以丰富我们对西周礼乐的理解。

这是以典礼为眼界、为坐标来读《诗经》篇章的结果（这正是本书讲《诗经》着力要做的一点）。相反，把这种典礼上的乐歌读成“一首诗”，是不是像戴着手套握手，隔了一层？

三、《诗经》与文明进步

由以上简单的举例，就可以体会到这样一点：作为礼乐的《诗经》，是体贴着情感来的。而且这种情感很现实、很“人世”，这正是文明进步的精神结果。

《诗经》出现之前很久，先民就会唱歌了。然而，记录歌唱的诗篇却从距今三千年左右开始（《诗经》最早的《周颂》中的篇章，年代就在此期），这显示的是文明的进步与提升。这就涉及《商颂》的年代问题。《商颂》诗篇共五首，自古以来就有人认为《商颂》五首是殷商时期的作品，这样的说法在今天仍有众多信从者。关于这个问题，在此不多谈。笔者是不相信《商颂》为商代作品的。笔者以为上个世纪王国维《说商颂（上下篇）》提出的商颂“盖作于宗周中叶”以及西周中期的说法是中肯的，可以信从的。因为王先生的文章，取证有新材料，论证也更合理。笔者之所以相信这一说法，也还有其他考虑，这是下面要讲的。先请看一段记载，见于《左传·襄公十年》：

> 宋公享晋侯于楚丘，请以《桑林》。荀罃辞。荀偃、士匄曰：“诸侯宋、鲁，于是观礼。鲁有禘乐，宾祭用之。宋以《桑林》享君，不亦可乎？”舞，师题以旌夏，晋侯惧而退入于房。去旌，卒享而还。及著雍，

疾。卜，桑林见。

“宋公”为春秋中后期的宋国君主，“晋侯”即晋悼公，晋国一代有为之主，“荀罃”“荀偃”和“士匄”为晋大臣。“著雍”为地名，“桑林”为宋国保存的古老殷商舞乐。据《吕氏春秋》等文献记载，商汤得天下后，久旱不雨，无奈，“商汤以身祷于桑林”，因而有“桑林之舞”。它是商朝级别很高的乐舞。上举《左传》说宋君为取悦霸主晋侯，主动为他表演“桑林之舞”。表演开始时，宋国人打出一种叫“旌夏”的旗帜，结果“旌夏”果然“惊吓”，“晋侯惧而退入于房”。堂堂一国之君竟然被舞乐吓得魂不守舍，逃离舞乐现场，以至于生病，“桑林”舞乐的阴森可怖，也就可见一斑了。

这就是殷商文化阴森鬼魅的气息。商汤之舞如此，后来的商朝文化气息也没有大的变化，这可以从考古发现中得到印证。例如在殷墟发现的殷商高级贵族墓葬，一次殉葬就用了 390 人；又据考古工作者对殷墟乙组 21 座建筑发掘，共发现因建筑祭祀仪式被杀掉的人竟高达 641 名[①]。为建筑祈福而用人作牺牲这样糟糕之事可谓由来已久，从新石器时代就开始了。但是，如此大规模地用人牲，商代贵族应该算是

① 宋振豪：《夏商社会生活史（上册）》，北京：中国社会科学出版社 1994 年，第 117 页。

变本加厉。这表明什么？只表明殷商人的精神还处于鬼魅缠身的状态。殷商固然有发达的青铜器制造技术等，但是物质文明的发达，并不代表内在的心灵世界文明程度提升了，相反，论内心世界的文明，殷商还处于巫觋文化阶段。

那么，西周时代的殉葬制度是不是还这样呢？从考古发掘来看，周人墓葬中用人殉葬的现象虽不能说弊绝风清，确实是大大减少。《左传·僖公十九年》说，周人祭祀信奉“六畜不相为用”的原则，这与“人牲”是相违的。殷商时期为建筑宫殿可以杀掉六百多人，西周大型贵族建筑遗址近年颇有发掘，却未见杀人祭奠的现象。这就是文明的进步，就是对鬼魅缠身精神状态的摆脱，因为不用他人为宗教祭祀献身，是尊重生命的表现。《小雅》中也有一首表现建筑房屋的诗篇，是建筑竣工时的礼乐诗篇，可以让我们领略一下，不用人的生命为建筑祈福的周人展现了怎样的心灵状态与生活情调。这首诗就是《小雅·斯干》篇：

秩秩斯干，幽幽南山。
如竹苞矣，如松茂矣。
兄及弟矣，式相好矣，无相犹矣。
【注释】 秩秩：水流清澈貌。 犹：图谋。

似续妣祖，筑室百堵。

西南其户，爰居爰处，爰笑爰语。

约之阁阁，椓之橐橐。

风雨攸除，鸟鼠攸去，君子攸芋。

【注释】　约：捆绑。　阁阁：象声词。　椓：夯筑。　橐橐：象声词。　芋（yǔ）：安居。

如跂斯翼，如矢斯棘，

如鸟斯革，如翚斯飞。君子攸跻。

【注释】　跂（qǐ）：踮起脚后跟。

殖殖其庭，有觉其楹。

哙哙其正，哕哕其冥。君子攸宁。

【注释】　殖殖：庭院平正的样子。　楹：宫室正面的明柱。

下莞上簟，乃安斯寝。

乃寝乃兴，乃占我梦。

吉梦维何？维熊维罴，维虺维蛇。

【注释】　莞（guān）：蒲草编制的席。　簟（diàn）：竹或荻编织的席。

大人占之：维熊维罴，男子之祥；
维虺维蛇，女子之祥。

乃生男子，载寝之床，
载衣之裳，载弄之璋。
其泣喤喤，朱芾斯皇，室家君王。

乃生女子，载寝之地。
载衣之裼，载弄之瓦。
无非无仪，唯酒食是议，无父母诒罹。

【注释】 裼（tì）：短袄之类的衣服。 瓦：纺锤。

诗篇年代大体为西周宣王时，属于“歌唱生活”的作品。诗篇一开始从房屋建筑周围的景物写起，营造出一派美丽的光景。“秩秩斯干，幽幽南山”是说房子近处有清澈流水，远望则为清幽的终南山色。诗情画意的景与情交融，是中国诗歌文学灵魂性的东西，就是所谓的“意境”，它在《斯干》开始的短短两句中出现了。继而是比兴手法。诗篇先对房屋建筑做总体的形容与象征：“如竹苞矣，如松茂矣。”建筑的群落，像丛生的竹子，如茂盛的松柏。诗篇的比拟是“绿色”的，以丛竹、松柏比喻房屋建筑的密集高耸，很奇特，突出的是建筑的生气。在这样的好环境中，“兄及弟矣，式相好矣，无相犹矣”。“犹”，图谋也，尔虞我诈也。诗句是说，住在这样的好环境里，兄弟之间更易于和睦相处、团结一心。

第二章“似续妣祖”句是讲建筑房屋的地方不是新占的，不是抢夺来的，而是继承的祖业。在这样的祖业福田里“爰居爰处，爰笑爰语”，是幸福的、充满欢声笑语的。第三章，则从房屋建筑的实用角度着笔。先说建筑时的着力及所成屋墙的坚实：“风雨攸除，鸟鼠攸去。”屋墙舍宇能遮风避雨，还能免于鸟雀和老鼠的侵扰，在这样的房屋中居住当然安好无比了。写房屋说到鸟鼠，浓厚的生活气息扑面而来。房屋单讲究实用，形制上就未免寡淡枯燥了，建筑还要讲究表现生活理想和趣味的形态，这就是第四章所表达的。第五章“殖殖”几句表现房屋厅堂的明暗、大小，楹柱的高大。建筑讲究居住的舒适，这就涉及房屋大小、明暗的安排，诗章实际是说建筑的房屋该大的大，该小的小，该明的明，该暗的暗。诗人很懂生活。

写建筑本身，至此已经差不多。不过诗篇并没有就此结束，而是柳暗花明，再现一境，以表达对新建筑吉祥如意的祝福。这就是第五章之后四章所写的。诗人“无中生有”，忽然托出一个梦境，并由此梦境表达对生男生女、多子多福的祝祷。最后一章“载弄之瓦”云云，未免重男轻女，是一点今人看来的瑕疵，倒也不必苛责。值得重视的是诗篇对生活现象的观察与想象，以及从中流露出来的热爱生活的情趣。

诗篇值得拿出来单说的是第四章：“如跂斯翼，如矢斯棘，如鸟斯革，如翚斯飞。”博喻联翩，基本把后世中国古典建筑的审美理想表达出来了。“如跂斯翼”，形容主要建筑的正面形状：如展开双翅的鸟儿，是从正面看建筑的观感。“如矢斯棘”是表现建筑边角齐整。接下来的后两句，则是表现建筑的飞动之势，极富神采。强调建筑结实耐用、遮风挡雨，是表其“风雨不动安如山”的一面，可以说所有人类建筑都有这样的追求。奇妙处在“如鸟斯革，如翚斯飞”（两翼张开）两句对建筑整体飞动之感的描绘。上一章强调结实厚重，是写实用；这一章则是状房屋的飞动升腾之感。中国古典建筑的审美理想，就在诗篇这种厚重与飞动的辩证表述中诞生了。安重与灵动相辅相成，不正是后来古典建筑着意追求的理想？这或许是诗人的观察，更可能是出于想象。因为据考古发现，西周时期高等级建筑屋顶部分“飞起来”的样态，并不是很明显。当然，这也可能是考古发掘有限。不过，再过一两百年，比如到战国时，一些器物图案显示的古代建筑，其飞檐斗拱的灵动形态已经是明显存在了[①]。这一越到后来实现得越充分的审美理念，在《斯干》这首较早的诗篇中，就已被道破了！既要结实厚重，又要飞起来，这正

① 扬之水：《诗经名物新证》，北京：燕山出版社2000年，第134—163页。

是中国古典建筑区别于其他民族建筑的特点。因此也未尝不可以说：诗篇为古典建筑立了法。

这就是《小雅·斯干》所呈现的周人充满审美情趣和生活气息的精神状态。鬼魅缠身的精神状态，是不会这样睁开审美之眼欣赏建筑远近优美环境的，不会这样描绘建筑本身的姿态，不会这样表达对生活的祝福。诗篇还属于典礼的歌唱，所依附的礼仪，按《毛诗序》的说法是："宣王考室也。"就是房屋宫室的落成典礼。若按照后世房屋建筑落成典礼的习惯，诗篇的"考室"不是彻底竣工之际，而是房屋建筑即将封顶之时，就是说诗篇可能是最早的"上梁文"之类的典礼乐章。无论如何，典礼所用的优美的诗篇，是心灵从巫觋状态解放后所达到的自由，显示的是西周礼乐文明所达的高度。有人说今天《商颂》的五首诗篇为商代诗篇，那么，就看一下《商颂》中《殷武》篇的最后一章，也描述了宋国人的宫殿建筑："陟彼景山，松柏丸丸（树干挺直光滑貌）。是断是迁，方斫是虔（砍削）。松桷（方椽）有梴（修长貌），旅楹有闲（高大），寝成孔安。"这样的遣词造句、这样的诗意、这样的歌声，不是更接近《斯干》吗？

不论如何，周人是用美丽的诗篇祝福建筑，与殷商人建筑宫殿用数百的人命做牺牲差距巨大。于是，需要追问的是，当时的历史发生了怎样的剧变，才有如此的文明跨越与提升？

四、历史瓶颈突破的精神成就

要弄清这个问题，需要把眼光放远一点。

《逸周书》和《史记》都记载了这样一件事：周武王克商，大家都在庆祝，可是周武王却忧心忡忡。原来，他登高一望，看见众多的殷商遗民，便心事重重。《逸周书》说他“具明不寝”，即彻夜未眠。第二天，周公旦来见武王，周武王就向周公提出了两点建议：一、在雒邑（今洛阳）建立周王朝的新都城；二、由周公来接自己的班。武王身体不好，而自己的太子，就是后来的周成王年纪太轻，所以他想在继位问题上，搞“兄死弟及”，殷商有这样的先例。第二点当时就被周公拒绝了，第一点在周武王去世三四年后得到落实。在洛阳建立王朝的新都城，看似简单，实际涉及一个很大的历史难题，就是如何使新的周王朝为天下人所接受。这其中自然也包括众多的殷商遗民。

人们会说周武王想在雒邑建新王朝都城，是从军事控制的角度着眼，因为对周人而言，要控制东方，雒邑正处在十分有利的位置。这样说当然不错，也许当年周武王登高一望而心事重重、彻夜难眠，考虑的就是如何有效控制人数众多、地处东方的殷商遗民。然而，不论周武王当时怎么想，当西周初期周人大张旗鼓地在雒邑、而不是在镐京优先建立新的王朝都城时[1]，却可以获得更多、更大的意义。稍后周人历史文献也正是从这“更多、更大”方面，来诠释雒邑新都意义的。这就是“天下”，是“海隅苍生”的“天下”。“天下”实际是一个无限大的概念，其空间可赅当时人目力所及的范围，同时它作为一个生存空间的指称，又关涉所有的人群。与无限大的“天下”相伴，“天下中心”的观念也随之形成。

这个“中心”就在今天的洛阳。早在新石器时代的晚期，洛阳这一带就已成为当时文明中心区域的一部分。大约从夏代开始，洛阳一带就被视为“天下中心”了[2]。而“天下中心”的一个重要含义，就是洛阳这里可以“依天室”（《逸周书·度邑解》），即最方便“绍上帝”（《尚书·召诰》），即敬奉上天。就是说，洛阳作为“天下中心”，也是距离天、上帝最近的地方。由此，周人“宅兹中国”（西周早期青铜器何尊铭文）、在这里建新都，也是方便天下人的宗教生活。这真仿佛正中穴位的针灸，一下子就可以让全天下的人感到一股热流：周人克商获得天下，并不是周人一家一姓的胜利，

---

① 西周克商之前不久的都城是丰、镐，见《大雅·文王有声》篇。克商之后，据《尚书》等记载，大规模的都城建设是在东都雒邑。关于这个问题，可参看日本学者白川静《西周史略》（袁林译，三秦出版社1992年，第47—53页）的相关论述。

② 李学勤：《失落的文明》（傅杰编），上海：上海文艺出版社1997年，第114—115页。

而是天下人的胜利。这便是建都雒邑的要义，征诸当时的文献，起码周人是这样宣示的。当周人这样直接描述他们新王朝都城建设时，背后蕴含着一种观念的更新，那就是周人要与天下人取得和解，以“天下”可以接受的方式治理“海隅苍生”。换言之，周人这样做，是想以不同于夏商的方式统治“天下”。

要理解这一点，还得从过去说起。

考古发现表明，从大约距今七八千年开始，黄河流域、长江流域以及辽河地域，就分布着大量农耕文化人群。举其大端，在黄河流域，其上游有甘青彩陶文化；中游地区有仰韶文化，其发源时间最早；下游山东泰沂山地一带，则有大汶口文化、龙山文化的前后相继。在长江流域，其上游有大溪文化人群，中游的江汉平原有屈家岭文化，下游则有河姆渡文化、良渚文化等。在辽河流域平原山地，也有红山文化。众多文化区域，其间有些也会有相互的交流影响，但基本上为多元发生，齐头并进。可是向后发展，历史开始进入“铜石并用时代”（大约公元前3500年前后），在华北平原和江汉平原，即在华夏文明的中心区域，又演变成“华夏、东夷和苗蛮”三大文化区域并立的状态。再后来文明的演进进入到夏、商时期，随着王朝建立，历史进入新阶段。从夏开始，王朝政治建立了，发展到商王朝，政治的版图空前广阔。然而，若是将夏、商理解为“天下一统”的王朝，就像后来的秦汉隋唐王朝那样，便忽略了“我们是大地域建文明”的中华文明史基本特点，是很不切实际的。

实际上，当时在中原地区王朝政治是建立了，可是对于周围众多的其他人群，还很难做到政治文化上的统一。统一的努力是巨大的，然而在方法上，却颇为简单，基本就是一个字——打。打，即战争征服。看《尚书》中记载夏朝初期历史的《甘誓》篇，当时一个称有扈的人群不服从王朝，王朝即兵戎相加，而且下达的命令是：“剿绝其命。”强大的殷商王朝，照样没有改变夏代以来的统一策略。甲骨文显示，殷商王朝与十多个方国保持着战争状态[①]。而用于祭祀的大量“人牲”，据说主要来自征战的俘虏。

王国维在《殷周制度论》中说商代王朝与各地方国“君臣关系未定”，指的就是这种征战关系。征战手段对形成王朝政治的“一统”不能说没有效果。文献记载，夏王朝初建，禹举行涂山大会，据说执玉帛来朝者有一万邦国。商汤建国，诸邦朝拜，就只有三千了。到周武王灭商时，《史记》说“诸侯不期而会者八百”。由此不难看出，族群林立的状态已经大为改观。人群互相征伐，“大不字（爱）小，小不事大”（《左传·哀公七年》语），越打越少。然而，战争淘汰后的却是强硬者。“一统”的进程会因此而越发艰难，实际到

① 王玉哲：《中华远古史》，上海：上海人民出版社 2000 年，第 374—390 页。

殷商后期，这重重艰难已经表现在殷商贵族的精神状态中，那就是上面所说“鬼魅缠身”的表现，其实也是历史发展遭遇瓶颈时的精神表现。

《史记·周本纪》说周武王是联合了“八百”诸侯一起灭商的。当他登高一望，眼见众多的殷商遗民，难道他就不会想到：配合自己灭商的八百诸侯（其实都是政治没有真正统一的方国），也有可能哪一天联合起来灭掉自己的王朝吗？无论如何，一位靠着战争战胜前朝的政治领袖，考虑在“天下中心”建立新都，在这里“定天保，依天室”（《逸周书·度邑解》），即依靠着上天的神威安定天下，表明他已经开始试图谋求以某种精神力量经营天下的新途径了，而不是以赤裸裸的武力。这就是历史瓶颈得以突破的亮光。

随后，雒邑建成了。经由《诗经》的篇章解读，我们还会看到，正是在雒邑这个被视为“天下中心”的“新邑”，最早上演了向“天下”宣示和平，亦即文德政治的治国大策。大约与此相先后，大规模的封建实施了。周家及周家的同盟贵族被分封，大致西起陕甘，东到泰山南北，北自燕山，南达江汉地区。封邦建国，守住战略要地，进而从根本上消除各地人群造反的可能。然而，单靠这样的“体国经野”，并不能真正令辽阔地域上的众多人群实现文化上的统一。一个统一的文化人群的缔造，必须在文化上，在生活的趣味上，在人生追求的最高精神的方向上，形成统一的价值系统，从而塑造一个文化人群共同的心理结构、情感样态。文化统一的具体表现就是精神凝聚。这倒不用担心，实际上，从西周开始，一种新的文化伴随着封建制度的实施，逐渐被创造了出来，那就是西周礼乐文明。

礼乐文明在当时是一种崭新的文化。而“礼乐”一词，最早见于《论语》。孔子说：“礼云礼云！玉帛云乎哉？乐云乐云！钟鼓云乎哉？”这样说，很明显是反感那些视礼乐为“玉帛”“钟鼓”等物质的见识。可是，礼乐在表现形式上的确有一套物质的形态，而且像孔子提到的“钟鼓”之“钟”，其制造在西周时期，还代表着物质生产的高科技水平，“玉帛”的价值也十分贵重。此外，礼乐还有在“钟鼓”伴奏下的动作仪态，亦即仪式等。然而，回到孔子“礼云礼云”的本意，当然是强调礼乐中所含有的精神。要了解礼乐的精神，可以研读记载当时各种礼仪的文献，如《仪礼》《礼记》等，还可以辅之以金文材料，然而这样的研求，只会得到礼乐的外部表现，难免会落得“礼云礼云”之讥。另一条可达礼乐精神内涵的则是研读《诗经》中的篇章。道理很简单，因为当时《诗经》的许多篇章都是礼乐仪式上“歌以发德”的歌声，就是西周一些重要典礼的意义，是用歌声来宣示的，这也就是“歌以发德”的意思。在这里，倒不妨把本书下面将要讲到的一些精神线索简单一提：

读《诗经》，可以了解我国先民经由农耕实践在人与自然方面建立的稳定的观念认同；

读《诗经》，可以了解在最初的文明人群缔造时，胜利者、强者对失败者及众多弱小者的包容；

读《诗经》，可以了解家庭在人群联合中所起的作用及其在社会中的地位；

读《诗经》，可以了解先民在处理自己与周边人群战争冲突时所取的意态；

读《诗经》，可以了解先民在平复“家”与“国”出现龃龉时所采用的方式；

读《诗经》，可以了解先民在协调社会上下关系问题上所具有的智思。

以上六个方面,其实就是一个民族文化精神传统的基干。它们经由《诗经》的传承，深远地影响着后来的人们。

此外，《诗经》还记录了那个创立了文化传统的时代在结束时的混乱与痛苦，以及由此导致对社会公正光明的诉求与呼告。后来“百家争鸣”的思想运动实际上正从这些诉求与呼告开始。

同时，《诗经》提出的许多属于生活理想的东西，往往发乎贵族上层。那些普通的基层民众，他们在王朝制度倾斜解体时所产生的情感，我们也可以从一些《诗经》的风诗篇章中，获得深刻的感受。

读《诗经》，可以领略其文学之美，另外还有很重要的一点：可以从根源上理解中华民族的文化。

五、怎样读《诗经》

读《诗经》，先要有个预先的态度。

现代称《诗经》的研究为“诗经学”。在古代，《诗经》则属于神圣的“五经”之一。“五经之学”，古称“经学”。“经学”地读《诗经》，基本是将其作为“先王”大训、圣贤大法来诠释传播的。被神圣了的《诗经》，在解释上自然会有些莫名其妙的东西附加其上，例如汉代以阴阳五行、天人感应来解释《诗经》篇章。这样的态度当然不能延续。可是，今天就有这样的人，拉一个“读者群”，七手八脚抄一些汉唐古书上的“经学”解释，往人的头脑里灌输一些老朽怪论，实在是要不得的。笔者不是说汉唐旧说没有价值，不是！相反的，很有价值。但是，读《诗经》是了解古典文学与文化，抄汉唐旧说，时常是愚弄读者。

《诗经》是“经”，又不是“经”。说它是“经”，《诗经》的确是经典著作。说它不是“经”，是因为它不是古人以“圣贤大法”的迷信态度对待的“经”。《诗经》作为经典，首先是一部文化的经典文献。《诗经》不同于唐诗宋词的地方，就在于它是古代先民创生自己文化传统时的歌唱，换言之，西周时代的先民是唱着《诗经》创建自己的文化的。

其次，《诗经》也是文学的，它为后来的诗歌文学种下了文学遗传的基因，唐诗宋词的高妙，正以“诗三百”为基石。读《诗经》，只有理解《诗经》的文化内涵，才可以顺畅地理解它的文学内涵。例如，《诗经》中一些婚恋题材的诗篇，只有理解了古人在这方面的特定观念，对诗篇表现方式的理解才有了基本的前提。

今天读《诗经》要有一个时间观念，还要有地域意识。就《诗经》的创作历程而言，《周颂》《大雅》《小雅》和《商颂》作品绝大多数都为西周作品。十五国风中《周南》的一些作品，例如《关雎》等为西周作品，其余的与其他国风一样，都是东周作品。其中要特别说一说的是《周颂》和《大雅》的许多作品，绝不像古人所理解的，属于西周早期诗篇。早期诗篇在《周颂》中是有的，但其中许多诗篇的创作时间是在西周中期。《大雅》最早的诗篇也是西周中期篇章。《大雅》的创作时间要比《周颂》中的一些作品晚，而《小雅》中有为数不多的篇章也属于西周中期，其余大部分作品为晚期篇章。不过，一些晚期的政治抒情诗，因其体式宏大、作者级别高，也被编入《大雅》，这应该是秦汉时期的儒生所为，与《孔子诗论》所记载的孔子对大小《雅》前后顺序的说法不同。

十五国风多为春秋时期作品，而且不少篇章是各地域文学的绽放。这就与《周颂》和大小《雅》皆为西周王朝直属区域的篇章不同了。十五国风地域十分辽阔，因而诗篇内容带有明显的地域色彩。例如《郑风》中的篇章。孔子曾说“郑风淫（淫，过分）”，主要指的是郑地诗篇歌唱的乐调过于曲折委婉，不同于当时“古乐”的典重庄严。实际上这也可以理解为郑地音乐发达，有新的气象。在《郑风》中可以看到这样奇异的爱情现象：在溱洧水畔，在春光明媚中，男女相悦，唱起“子惠思我，褰裳涉溱”的恋歌，其风情与礼乐下表现婚姻关系缔结的诗差别明显。这样带有地域风情的诗篇，在卫地，在齐国，在《唐风》中，还有许多。

读《诗经》，有的时候一首诗需要读作两首，例如前面讲到的《敬之》和《卷耳》，它们歌唱于当时典礼中某些重要环节。有时候，几首诗可能要作一首读，也就是将几首诗篇视为一个整体来理解。诗篇与典礼水乳交融的画面已经散乱了，这里要做的是尽力将这些诗篇置放到典礼的大景象中去。例如下面会讲到的《大武》乐章的三首诗：《武》《赉》《桓》，就必须放到“用舞乐表达文治天下”这样一个大的语境中来理解。这样的例子还有一些。也许最需要提醒读者的是，解读《诗经》篇章，时刻要有一根弦：诗篇是典礼的一部分，把诗篇与典礼结合起来看，才能读到其中的意味。

解读《诗经》能从根源上了解我们的文化，了解我们的文学，这是本书要努力做到的。

第二讲

西周开国乐：『大武乐章』

本书讲《诗经》，是顺着这部经典作品中篇章创作的先后顺序讲。这是因为要兼顾这部重要经典的文化含义。过去一般讲《诗经》，多按其编排次序讲，即先讲国风，然后再讲雅颂（往往雅颂篇章又讲得很少）。这样讲的好处是先易后难，且容易讲明《诗经》的文学价值（风诗篇章艺术高的的确要多）。然而，想要兼顾《诗经》的文化内涵，不顾《诗经》创作时间的先后，就很难讲好了（且雅颂篇章也不是全无艺术）。因为《诗经》篇章的次第创作，正与文化传统的创生过程形影相伴。

在这一讲里，要讲三首见于《周颂》的篇章，即《武》《赉》《桓》。其诗依次如下：

武：

於皇武王，无竞维烈。
允文文王，克开厥后。
嗣武受之，胜殷遏刘，耆定尔功。

【大意】 光辉的武王，无比的功烈。文德充沛的文王，开辟了基业。步伐相随地承继文王的事业，战胜了殷商并制止了杀戮，终于成就了您的大功。

赉：

文王既勤止，我应受之。

敷时绎思，我徂维求定。

时周之命。於绎思！

【大意】　文王已为大业辛劳一生，我继承了他的大业。展开这伟业啊，不断扩大它，我们的进军，只为天下的安定。这是周家的天降大任。啊，继续努力啊！

桓：

绥万邦，屡丰年，天命匪解。

桓桓武王，保有厥士，

于以四方，克定厥家。

於昭于天，皇以间之？

【大意】　安定了天下万邦，屡次获得丰年，这是天命不松懈地眷顾的表征。英发的武王，掌握了他的大业，并推广到四方。王朝光辉辉映上天，还有什么能撼动它？

诗篇简短，渊懿古奥，是西周初年作品的风范。而且，据前代和前辈的学者承认，这三首诗是西周建立之初一个宣示周家治国大方向的"大武乐章"中的唱词。因此，讲这三首诗，就不能单单地欣赏文学艺术，而应将三首诗篇还原到当时的“大武乐章”中去，由此看一看诗篇的精神内涵、文化价值及在文学史上的地位。

一、“大武乐章”的背景

周人战胜了殷商王朝，然而建立新王朝面临的考验却十分严峻。周武王克商前后，西周人群的数量要远远少于强大的殷商人群，众多的殷商遗民如何处置，让周初的政治家忧心忡忡。让周王朝政治家忧心的又何止这些殷商遗民，还有更广大地域上众多的大小不等的人群，他们与新王朝将形成何等的关系，也有待周人去处置。例如在今天泰山南北广大地带，还有人数众多的“东夷”，因为殷商人曾在这里生活过，这里的族群现在大体是拥护商王朝的，所以武王去世后，他们就联合商朝残余的贵族发动叛乱。又如在东南方面的淮水、汉水一带，也还有不少的土著居民。有证据显示，商朝灭亡，有些殷商贵族逃难至此，他们敌视周朝的情绪，难免要影响到这里的人。还有在西南方向，虽然周武王灭商时有庸、蜀、羌、髳等八族勇士助战，可若说这里就接受了新王朝统治，事实表明，也为时尚早。

这就是上一讲提到的，西周王朝面临的是自新石器以来文化多元发生所产生的结果：族群林立，条条块块，各自为政，不相统一。夏、商两代强大一时的王朝也想改变这样的局面，然而采取的手段却简单而强硬：武力兼并。除此之外，就未见其有另外的宏谋远略了。然而，以相对弱小的力量战胜商王朝的周人，在周人的领袖周武王"具明不寐"后所提出的"定天保，依天室"建新都于天下中心的大策中，展露了新的端倪。

在"天下"的"中心"建新都，这个决策的关键，在其显露了一种重要的新观念，即"天下"。而"天下"观念的优长之处，就在它可以包容所有人。就是说，周人建立政权的着眼点，并不只在自己，而是兼及其他人群。如前所说，这个决策为后来主政的周公旦施行。与这实际的建设相伴随的，还有一个更值得注意却一直被忽略的西周礼乐现象，那就是"大武乐章"的演出。就是说，当周人举重若轻地在"天下中心"建起一座簇新的都城时，他们同时还用"大武乐章"的演出为新朝做了精神上的开国。

二、有关"大武乐章"的记载

"大武乐章"又单称"武""武象""舞象"。先秦各种文献对其多有记载，表明西周建国之初，确实演出过一个名叫"大武"或"武"的舞乐，即诗歌、音乐与舞蹈结合的综合艺术。请看《左传·宣公十二年》的记载：

> 武王克商，作《颂》曰：“载戢干戈，载櫜弓矢。我求懿德，肆于时夏，允王保之。”又作《武》，其卒章曰“耆定尔功”；其三章曰“铺时绎思，我徂惟求定”；其六曰“绥万邦，屡丰年”。夫《武》，禁暴、戢兵、保大、定功、安民、和众、丰财者也，故使子孙无忘其章。

这段话是“春秋五霸”之一的楚庄王说的，背景是邲之战楚国大胜。面对尸横遍野的战场，有人劝他建立一座“京观”，就是修建一座巨大的丰碑式建筑。楚庄王回答：我不能那样做。这次战争的胜利，根本没有什么好纪念的。他接着说：周武王当年克商胜利，制作了名为“武”的乐章，是因为那场战争的胜利取得了“禁暴、戢兵”等七种大德，可自己的胜利连一“德”也没有。而且，现在躺在战场上的尸体，不论敌我，都是为国事丧命的人，哪个又是该用“京观”镇住的大奸大恶呢？这段话，非常具有悲剧的情怀。不过这里关注的是，楚庄王说武王克商作过《颂》，所举“载戢干戈”等四句，见于今本《周颂》的《时迈》篇。他还说：“又作《武》。”所举的诗句，“其卒章”即《周颂》的《武》。

很幸运，《左传》记载的“大武乐章”所歌唱的几首诗篇，居然在今天的《诗经》传本中都在。楚庄王还概括了“大武乐章”的七种美德，大意就是：禁止强暴、结束兵戈、保持强大、巩固功业、安定百姓、谐和大众、丰富财物。“大武乐章”是表演战争胜利的，却可以概括出如许的“德”，这就是“止戈为武”的意思。笔者曾带学生到陕西周原博物馆参观，博物馆的朋友特意指示给我们看：周人下葬时陪葬的兵器锋刃部分，是砸弯了的，表示在另一个世界不再打仗的意思。这也是“止戈”，与楚庄王说的“武有七德”是气脉相通的。

上面《左传》的记载是比较早的，此后，《荀子》《吕氏春秋》和《礼记》对此都有记载。特别值得注意的是《礼记·乐记》中关于“大武乐章”的记载，内容是孔子回答一个叫宾牟贾的人提问。谈话中关于“乐章”说了不少细节。先看下面一段：

> 宾牟贾侍坐于孔子，孔子与之言，及乐，曰：“夫《武》之备戒之已久，何也？”对曰：“病不得其众也。”“咏叹之，淫液之，何也？”对曰：“恐不逮事也。”“发扬蹈厉之已蚤，何也？”对曰：“及时事也。”……

说乐章的开始部分节奏缓慢，似乎有所戒备，其含义是怕军事行动得不到大众的支持。“咏叹”“淫液”是说乐章的音乐演奏相对舒缓，声腔摇曳。按照孔子的话说，是怕事情没有准备好。“发扬蹈厉”的话，应该说的是舞乐进入主体部分后，音乐铿锵，舞蹈激烈，表示的是：克商时机到了，不再犹豫徘徊了。《礼记》这部文献相对晚出，但《乐记》早有前辈学者说过，应该为先秦儒家所作，而且，如此具体地描绘“大武乐章”的开始部分，真给人亲眼观看过的感觉。

接下来的谈论对了解“大武乐章”的结构和意味，尤为重要：

> 子曰：“……夫乐者，象成者也。总干而山立，武王之事也。发扬蹈厉，太公之志也。武乱皆坐，周、召之治也。且夫武，始而北出，再成而灭商，三成而南，四成而南国是疆，五成而分周公左，召公右。六成复缀，以崇天子。夹振之而驷伐，盛威于中国也。分夹而进，事蚤济也。久立于缀，以待诸侯之至也。”

这段文字，首先说明了一点：“大武乐章”是象征成功的。后来文献称“大武乐章”为“武象”“舞象”，就是因为这一点。

其二，还涉及四个人及与之相配合的三个舞乐形象：

一是周武王的“总干而山立”。所谓“总干”，就是手把干戚，“山立”即正面而立。

二是姜太公的"发扬蹈厉"。是说姜太公在克商战场上的威猛，《大雅·大明》篇表现牧野之战，写到战场上的姜太公，有"维师尚父，时维鹰扬"的语句，"师尚父"就是指姜太公，又叫姜尚，当时尊他"师尚父"；"鹰扬"形容战场上的姜尚好似鹰击长空，也就是上文"发扬蹈厉"要表达的意思。

三是"舞乱皆坐"与"周、召之治"。涉及两位周初重要大臣，周公旦和召公奭。这两位先与姜太公辅佐周武王克商，继而又辅佐周成王（姜太公则受封齐国）。"舞乱"（"乱"是音乐术语，一般在音乐结束时演奏，"乱"有整理的意思，即在即将结束时再突出一下主题。）时有一个造型，就是演出者"皆坐"，《乐记》说，这表示的是周公和召公配合的文治天下即将开始。以上是"大武乐章"主要内容的关键点，交代的是看舞乐的舞蹈造型，应该知道是在表演什么。

其三，交代了很重要的一点："大武乐章"一共"六成"，就是说它是由六个段落节目组成的。这也与《左传》楚庄王所说"其六曰"相合。"始而北出"是交代舞乐的开始，可以与上面说的"备戒之已久""咏叹之，淫液之"合起来看，就可以对舞乐开头部分有较多感受。第二成即"再成而灭商"，则是表演灭商内容，这一节应该重点表现武王和姜太公，"发扬蹈厉"形容的应该是这部分内容。"三成而南，四成而南国是疆"两节表现的是克商之后，西周军队马上大军南下，不失时机地占领江、汉及淮水一带。完成此事的主要人物就是周、召二公。“五成而分周公左，召公右”，应该是表现周公、召公分治天下。有文献记载周初以河南陕县为界，陕以东由周公治理，陕以西为召公负责。最后一成“复缀（舞乐演出场地上的站位标志）以崇天子”是说舞乐要结束的时候，舞乐表演者又回到原初的位置，即重新围绕在“天子”身边，以示万众一心的意思。舞乐便是以这样的形式结束。

不过，在“六成”乐舞演出次第的交代后，还特意拈出了另外三个表演动作：一是周天子在大臣左右陪伴（表示辅助）下，向四方挥舞钺（形状像斧头），以示威风；二是“分夹而进”，实际是第三、第四两成内容的补充说明，可知舞台演出时的演出者，到这两成时要分作两队或两排分进合击；三是“久立于缀”，说的是周天子，指他站立在有标记的特定场地，等待诸侯来朝拜。与开始的“总干山立”首尾呼应，从而结束舞乐表演。

“大武乐章”很像一出戏。有音乐，有舞蹈，有情节，还有着意加以表达的人物和事件，当然还有《左传》记载，与舞乐相配合的歌唱的诗篇，不正是一出戏吗？《左传》记载楚庄王所言，称乐章用了三首诗篇，即见于《周颂》的《武》《赉》《桓》。接下来要说的就是将三首诗篇与文献交代的“大武”之“乐”联合起来加以观察，以明澈其意蕴。不过，这里要插入一点内容，那就是历来关于“大武乐章”所用诗篇到底有几首、是哪几首问题的众说纷纭。

三、“大武乐章”所歌之诗

这就说到这里的重点，即“大武乐章”所歌唱的诗篇了。《礼记》中曾记录孔子关于诗在礼乐中作用的一句话，叫作“歌以发德”。意思是：歌唱可以明确宣示礼乐的含义。要理解“大武乐章”的内涵，可以“发德”的诗篇当然有同样的意义。惟其如此，历来关于“大武乐章”的诗篇才那样说法众多。

在注解上，把《左传》和《礼记》的记载与《周颂》的诗篇联系起来的，就笔者所知，是朱熹的《诗集传》。之前，在汉代的《诗经》注解中，基本看不到有哪位学者将《左传》和《礼记》的记述与《周颂》的诗篇联系起来考察过。到北齐时，有一位名叫熊安生的儒生说过一句：《礼记·祭统》所言之“武宿夜”，即“大武之乐”（见孔颖达《礼记正义·祭统疏》引）的内容。不过只是这样一说。到朱熹作《诗集传》，才把《周颂》的《武》《赉》《桓》与《左传》有关楚庄王的说法联系起来，加以解释。他这样做，实在有开创之功。还有一点也很可贵，朱熹在解释《桓》时说：“篇内已有武王之谥，则其谓武时作者亦误矣。”意思是，诗篇中出现了

“武王”这个谥号，那么诗篇肯定不能作于武王在世时。后来的证据表明，朱老夫子这样说也是对的。

研究《诗经》，过去许多学者瞧不起宋人的研究，这些学者自以为懂得训诂学，认为朱熹在这方面不如他们。其实，宋代学者的不少新提法，都为后来的研究所承接延续。例如“大武乐章”的问题就是。在宋代，还不止朱熹一人注意到这个问题，与朱熹时代相同而稍晚的王质，在其《诗总闻》中也提出了相同的问题。不过，也是从王质开始，不再沿着《左传》所提供的“大武乐章”用诗为《武》《赉》《桓》三篇的思路，而是在三篇之外，另寻其他诗篇。这一点，同样被后代学者延续。

而王质之后许多家的说法，没有一家是可信的。为什么这样说呢？根本的原因是思路不对头。按照《左传》和《礼记·乐记》的记载，“大武乐章”是有“六成”，可舞乐有“六成”，歌唱的诗篇就一定有六首（个别学者如孙作云，相信乐章只有五首；另外，阴法鲁则认为第五成诗篇今已缺佚）吗？以现在的戏曲为例，有些武打的表演，只有乐器伴奏，根本无需唱词。这样的道理，很遗憾，王质之后的老前辈没有多想，就向《周颂》现有三十多首诗篇中去找《左传》所言之外的三首或两首。这样一找，每一位找出的结果可就有点五花八门了。像《周颂》的《时迈》（楚庄王很明确是把这首诗与“武”分开来讲的）篇、《昊天有成命》（《国语·周语》明确说诗篇是颂扬周成王的）篇以及《酌》《般》《维清》等篇，都被拉来凑数了。

讲到这里，我想对一般读者而言，该有点“头大”的感觉了。所以，不能再一一细说上述诸家之说之所以不对的理据了。其实，要验证诸家说法的不合理，也不难，只要将上述诸家的说法，亦即将他们所承认的《周颂》诗篇一一放到“大武乐章”的具体情境中去逐一考察一下，其龃龉难合的情况马上就显露出来了。比如《礼记》说乐章已经“始而北出”“再成灭商”，可是看有的学者所“找出”的诗篇，却是表达周人在祖庙祭祀祖先的内容。就是说，若按他们的舞乐用诗的理解，周人在灭商这样的进程中，还要大老远回到祖庙祭祀。哪有这样的事！

总之，说来说去，不如回到《左传》所载楚庄王那段话这一文献原点：既然楚庄王说周武王所作之“武”只有《武》《赉》《桓》三首诗，那么，就应该相信，原本“大武乐章”的歌唱，也就只有楚庄王说的三首，如此而已。下面，我们就按用诗三首的思路，还原一下“大武乐章”的用诗情况。

四、乐章的还原

《大武》首章之诗是《周颂·武》。上引《乐记》的材料说，舞乐演出是“始而北出”，最后又有“总干而山立”

的造型。还原当时的演唱，笔者以为“总干而山立”的造型完成之后，马上就是歌声，唱的就是《周颂》的《武》：

於皇武王，无竞维烈。
允文文王，克开厥后。
嗣武受之，胜殷遏刘，耆定尔功。

诗篇中的“尔”字，可以指天，也可以指周家的祖宗神灵。下面会谈到，“大武乐章”首先在成周雒邑“离上天最近的地方”演出，这时诗篇中的“尔”，指的就是上天。若是回到周家祖庙演出此诗，“尔”就可以指祖宗之灵。还要说明的是，这首诗应该是舞乐中的音乐人员演唱的。“无竞维烈”意为“无上的功烈”，是指武王克商。“允文文王”则表文王之德，“允”的意思是“实在”。“嗣武受之”是说武王继承了文王的志业。

从《礼记》中的记载看，《大武》首章演出速度较慢，与“再成而灭商”形成鲜明对比，孔子认为是因为周师“戒备”“病不得其众”“恐不逮事”。“总干而山立”应该是第一成结束的造型，象征周人及其联盟者的万众一心。这一造型完成时，《武》的歌声响起。歌声赞美武王，再回溯性地赞美文王开基立业，之后又回到对武王的颂扬，曲折跌宕，有条不紊。

再来看《赉》的演唱情况。《乐记》言乐章"再成而灭商，三成而南，四成而南国是疆，五成而分周公左，召公右"。"灭商""发扬蹈厉"通过舞蹈就可以表演了。"三成而南"即表达周人军队南下，则需要有歌声"以发德"。这时候应该唱的是《赉》，其辞曰：

文王既勤止，我应受之。
敷时绎思，我徂维求定。
时周之命，於绎思！

此篇是紧接上一篇《武》而来的，《武》说"嗣武受之"，意思是武王继承文王基业，此诗开始便说"我应受之"，正是承上而来，"我"是武王的口吻，表达的是武王之志。武王或者扮演武王的人在左右大臣的夹持之下，手持象征权力的钺，做起向四方砍伐的动作，以此宣示盛威天下。歌这首诗篇十分合适。"三成而南"与二成的"发扬蹈厉"不同，它不是群体舞蹈，而是周王或他的扮演者的独舞和歌唱。此时周师继续南下，武王或他的扮演者上场，高歌《赉》篇，向周家南下之师发布进军命令。同时，也是向天下人宣称，周人进军只求天下和平。第四成犹如后世所谓"过场戏"，以舞蹈形式表演大军南进，攻取南疆。第五成也是以动作、鼓乐为主，演示周公、召公的分治。

最后来看看《桓》。《乐记》言“六成复缀以崇天子”。到第六成，“南国是疆”攻伐完成之后有一个动作，即复缀，舞者复位。此时，诸侯尊崇天子，歌声再一次响起：

绥万邦，屡丰年，天命匪解。
桓桓武王，保有厥士，
于以四方，克定厥家。
於昭于天，皇以间之？

这是第六成即“乱”的部分歌咏。舞者退回到原来位置，簇拥在周王身边，与第一成中的“总干而山立”前后照应。继而音乐进入最后的“武乱皆坐”。在这样的时刻，“绥万邦”的歌声响起，音乐人员合唱《桓》，盛赞丰年，盛赞周家膺承天命，永世太平。“屡丰年”与《左传·僖公十九年》载“昔周饥，克殷而年丰”相吻合。

五、“懿德”政治的宣示

在《左传·宣公十二年》记载的楚庄王的谈话中，还有一句话值得郑重交代，那就是楚庄王对“大武乐章”主旨的概括：“夫文，止戈为武。”这里“文”，就是“字”的意味。楚庄王在这里“说文解字”，指出“大武乐章”的基本旨趣就是偃武修文，高扬文治主张。所谓文治，即德治。楚庄王还说到了武王克商"作颂"，就他所举的诗句看，就是今存《周颂》中的《时迈》篇。这首诗的创作年代，与"大武乐章"的三首诗相近，都应该是西周早期作品。其诗曰：

时迈其邦，昊天其子之，实右序有周。
薄言震之，莫不震叠。
怀柔百神，及河乔岳，允王维后。
明昭有周，式序在位。
载戢干戈，载櫜弓矢。
我求懿德，肆于时夏。允王保之！

【大意】　天下有上万的邦国，都是上天的子民，其中又特别看重我周邦。我举兵征伐，百神受到震动。我们安抚各种神祇，还有那些高山大川之神，以保我为王为后。上天光辉照耀周家，让周王子孙世代为君。收拾起干戈，将弓箭装囊袋。我们现在追求的美德政治，让美德广布在这华夏。

"我求懿德"是诗篇大旨。同时诗篇中有周人的自信：他们是天选的，"实右序有周"可证；也有暴力之气："薄言震之，莫不震叠"两句即是。然而，暴力只是一种前提和手段，诗篇要表达的最终是"我求懿德，肆于时夏"。诗篇的内在结构，仍可以用“止戈为武”来概括。而且，“我求懿德”的诗句，其意蕴正与“止戈为武”的“大武乐章”相通。

这是理解“大武乐章”的脉理。乐章其实可以从两个方面来看，一方面是再现历史过程，一方面则是宣示克商和周王朝建立的历史意义。在属于“再现”的方面，“六成”之乐中难免有暴力杀伐的内容的展现，例如“发扬蹈厉”的舞蹈，“夹振之而驷伐”的动作，还可以想象的是伴随着威猛舞蹈的激扬猛厉的音乐。然而，这方面的内容，亦即暴力杀伐的展演，在整个的舞乐中，是要尽力加以限制和消除的内涵。这就是乐章中“歌以发德”的诗篇所完成的任务。克商需要暴力与杀伐，然而暴力与杀伐绝对不是“大武乐章”最终要宣示的主张。相反，三首先后相继意脉贯通的诗歌，第一首《武》赞美武王继承文王之志，结束殷商的酷虐统治；第二首《赉》则宣明周家军队的大举南下，“我徂维求定”即只是求得天下安定，而且声言：这是天降大任于周家。到最后一首即《桓》篇，则更高唱“绥万邦，屡丰年”是“天命匪解”的表征，是周家政权获得上天承认的证明。“止戈为武”，“大武乐章”的演唱正是将武力的夺取归之于“天命”，武力的作用只在于“求”“天下”之“定”，就是说，不得已的暴力杀伐只是“求定”的手段，是在华夏推行“懿德”政治的过渡措施。一言以蔽，“大武乐章”力图将周家的胜利，将西周王朝的建立，上推于天，是"天命"在人间的实现。由此，乐章所宣示的意图越发明确：克商的胜利，就是天下人的胜利。"天命"成为周王朝政治合法性的修辞。

六、乐章最初演出的地点

将周家克商、建立新政权的功德上推于天，这与周武王"具明不寐"地思考在"天下中心"建立新都，与西周初年雒邑的实际营建，并在这里举行"四方民大和会"（《尚书·康诰》），都是声气相通的。由此，一种推测就不是毫无道理的："大武乐章"的演出，应该就在成周新邑。

这又与执行周武王遗策的周公旦相关。《尚书大传》说周公辅佐周成王："一年救乱，二年克殷，三年践奄，四年建侯卫，五年营成周，六年制礼乐，七年致政成王。"历来学者承认这段概括大体符合历史情况，其中"五年营成周，六年制礼乐"值得注意。营建成周确实是周初大事，既有传世文献如《尚书·洛诰》等为证，又有出土西周早期青铜器诸铭文为证。

《尚书大传》说周公辅政"六年制礼乐"，所说的"礼乐"就应该包括"大武乐章"。《尚书·洛诰》记载雒邑建成后，在成周新邑举行周成王主持的"肇称殷礼"（始举盛大典礼）、"称秩元祀"（举行初次祭祀）隆重典礼。这一记载，应与《尚书 · 康诰》开篇所言“四方民大和会”为同一事件。在这样隆重的典礼上演出“大武乐章”来宣示周家未来政治的大方向，是很合适的。

最重要的是，“大武乐章”的“止戈为武”的文治主张的意义，不仅限于当时安顿天下的需要，它的演出实际也开启了一段重要的文化历程，即文德的建构历程。“礼乐文明”作为一种簇新的文化，它的不断创建和迅速被广泛接受，就是因为它的尚“懿德”的精神内涵。就是说，如果西周只有封建制，可能制造的只是相对疏阔的政治方面的“大一统”；然而西周不仅有制度的建构，它还有文化的缔造、精神的缔造。真正感召“天下”人群，并建立一个统一的文化人群的普遍信念和情感秩序的，正是这“礼云”“乐云”的高雅文化。它不仅对当时有功效，它还是后来一个民族文化传统的根脉。

这个“高雅文化”的内涵，正是本书想借对《诗经》篇章的解读加以说明的。不过，现在，我们还需要对“大武乐章”的历史地位做一番衡量。

七、诗歌史的开端

在本书的前一讲，笔者表达了对今传《商颂》非商代作品的看法。在此，笔者还想趁着对周初“大武乐章”问题的讨论，再多说一些理由。

让我们这样设想一下：假如“大武乐章”只有舞蹈音乐，那么“我徂维求定，时周之命”，以及周家战胜殷商政权而丰年，即显示的是“天命匪解”这样的内容，能够得到清晰而充分的表达吗？回答当然是否定的。原因不难理解：一个诗乐舞的综合艺术，音乐表达相对抽象，舞蹈的表达至多可以象征事件表面内容，至于像一个王朝的建立对天下人究竟意味着什么这样的含义，是非要诗篇的歌唱才可以明确表达的。因此，在“大武乐章”中，诗篇的“歌以发德”就是不可或缺的了。没有它，“大武乐章”就是没有点睛的画龙。因为正是《武》《赉》《桓》三诗的歌唱，明示了周人政治的方向，确定了王朝上承“天命”的政治合法性。诗篇的歌唱，不仅是一场舞乐演出成败的关键，它还关乎周人政权法理基础的宣示。正因如此，诗歌才被牢牢记住（实际的情况也是，周初创作的“大武乐章”是不断被重复地表演的）。也正因如此，“大武乐章”不同于前代的古老舞乐。

在西周之前还有更古老的舞乐吗？是的。文献记载，在西周之前就有所谓“六代之乐”。不过，古代老早就有乐舞，可信吗？要回答这样的疑问，可以看看考古发现的彩陶盆图案。图 1、图 2 都是在青海的仰韶文化遗址发现的器物，很明显，图案表现的是原始时期的舞蹈，而有舞蹈就有歌唱，因此那个时代的先民就有歌唱（唱词就是诗篇）是可以肯定的。

图 1

图 2

青海大通县上孙家寨马家窑文化彩陶盆

可问题是，远古很早就有歌舞，为什么这些歌舞的唱词却茫然无迹了呢？这个问题恐怕很难有周全的答案，倒也不是全无头绪。先让我们看看文献记载中这些古老舞乐都表达些什么内容。例如据说是黄帝时期的《咸池》舞乐。所谓“咸池”，考诸记载，应是《淮南子·天文训》中所说“日出于旸谷，浴于咸池，拂于扶桑”的“咸池”。原来“咸池”与太阳升起相关。在我国远古时的上天崇拜观念中，日月星辰的正常运行，古人称此为“天序”，是他们最关切的事。因而可以推测，所谓的《咸池》乐舞，是礼敬初升的太阳的。恰好在《楚辞·九歌》中，就有一首《东君》，是屈原根据楚地流传的祭祀歌咏改写的。其“暾将出兮东方，照吾槛兮扶桑”及“緪瑟兮交鼓，萧钟兮瑶簴”的句子表明，《东君》的歌舞也是礼敬初升太阳的。而这样热烈的歌舞透露的是生存的主题，礼敬太阳，祈求它按照时序升起，正是人类生存的需要。这样古老的舞乐，它的舞蹈、音乐、歌唱三者是没有任何意义上的区别的，从屈原改造过的《东君》篇也可以看到一点：诗篇形容的，不过是舞蹈和音乐的剧烈热情而已。这与"大武乐章"的舞蹈再现暴力征服的事件、歌声宣扬文治天下意义的差别很大。如此，诗篇的独特作用反而不彰。

再以商汤时期的《大护》为例。《大护》其实就是我们在前一讲说到的"桑林"。《吕氏春秋·顺民》言："昔者，汤克夏而正天下，天大旱，五年不收。汤乃以身祷于桑林……用祈福于上帝，民乃甚说，雨乃大至。"商汤的舞乐表现的是在桑林中祈雨的祀典。所谓"以身祷"，就等于献身，如果祈雨而天不应，那么祈求者是要为之失掉性命的。商汤有此举动，就是敢于献身，能够爱民的表现。用舞乐再现它，用歌唱赞美它，其表达重点都不外乎商汤自我牺牲、心念苍生的功德。

就舞乐再现的历史而言，"大武乐章"只适合周人演出，因为周人战胜殷商这件事，可以有很多不同的解释。因此，"大武乐章"要想达到为天下人所接受的目标，必须使用诗篇歌唱，将周家的胜利，推演为全天下的胜利。于是，诗歌的作用就变得不可或缺了。由此，歌唱就从原始舞乐中"混然中处"的一个要素，上升到关乎舞乐表达全局的关键地位。

这样一个小小的变化，却与当时整个历史文化的重大变迁息息相关。“大武乐章”三首诗篇的“歌以发德”，对于稳固周王朝政治不是至关重要吗？说到底，诗篇之所以被记住，之所以被称为精神传统的有机部分，是历史重大演进的结果。

第三讲

『天命』之光下的融合

在“大武乐章”里，西周王朝向天下人宣示了文治天下万邦的立国大策。在“大武乐章”创制演出的同时，政治上包容“海隅苍生”的“天下”观念也被高高擎起。这样的主张，这样的观念，是否真实，马上就有一个检验的试金石，那就是如何对待殷商遗民，如何处置这些被征服后的前朝人群。

这就是我们在这一讲里要介绍的内容，会涉及《周颂》中的《振鹭》《有瞽》和《有客》篇，《大雅》中的《文王》篇等。

一、“辟雍”里的“白马”贵客

下面我们先来读诗篇，领略一下《周颂》中《振鹭》《有客》《有瞽》的内涵。先看《振鹭》：

振鹭于飞，于彼西雍。
我客戾止，亦有斯容。
在彼无恶，在此无斁。
庶几夙夜，以永终誉。

【大意】 群鹭飞翔，在那西雍。贵客来到，仪容如同白鹭般美好。在他们本国没有过错，在这里做事也从无怠倦。从早到晚敬慎不已，希望他们美好声誉永远相伴。

诗篇的主旨是欢迎客人的到来，是文学史上最早的迎客的诗篇。需要重点说明的是“我客戾止”的“客”，所指应为殷商遗民中的贵族人物。《诗经》中对客人有时称“宾”，有时称“客”。前者如《小雅·鹿鸣》的“我有嘉宾，鼓瑟吹笙”。“宾”“客”都有“敬”的意思，但所指的对象差别很大。简单说，两者有内外之别。具体而言，“宾”指臣属于周王朝的各诸侯国范围之内的来宾；“客”则指的是殷商遗邦的来访者，也就是来自宋国的客人（古代有些文献说“客”也包括夏代之后，未必可信）。所谓“客”，其本义是“恪”，亦即“敬”。“宾”也是“敬”，然而“敬客”之“敬”，与“嘉宾”之“敬”内外也有别。“客”为“敬”外人的意思，在今语中也是可以见其痕迹的，例如当我们对别人的感谢说“别客气”，这“客气”一词，就含着“见外”的意思。

再来看《有客》：

有客有客，亦白其马。
有萋有且，敦琢其旅。
有客宿宿，有客信信。

言授之絷，以絷其马。
薄言追之，左右绥之。
既有淫威，降福孔夷。

【大意】 周家有客，白马为之驾车。他们有众多随从，衣装都精雕细琢。客人请多住几宿，再多留几晚。拿出绊马腿的缰绳，好将马儿羁绊。（他们离去时）紧紧追赶，（既留不住）就为其做好路上的安排，好让他们一路平安。客人的仪态好风度，上天会赏赐他们大福。

这首诗也是关于“客”的，与前一首不同的是，前一首写的是客人的“戾止”即到来，这一首表的是留客之情。还有，诗篇中的“亦白其马”句，写客人乘坐白马驾驶的车。文字学家裘锡圭先生有一个说法：根据甲骨文，殷商贵族确实喜欢白马[①]。这对于确定诗篇“客”之所指究竟何人，有很大的帮助。这也同样适合《振鹭》中的“我客”。就是说，两首诗的“客”都应该是殷商遗民中的上层。也就是说，两首诗篇一表迎“客”的热情，一表送“客”的惜别。略览诗篇，浓浓人情味溢于言表。

再来看《有瞽》：

① 裘锡圭：《古文字论丛》，北京：中华书局1992年，第232—234页。

有瞽有瞽，在周之庭。
设业设虡，崇牙树羽。
应田县鼓，鞉磬柷圉。
既备乃奏，箫管备举。
喤喤厥声，肃雍和鸣，先祖是听。
我客戾止，永观厥成。

【大意】　目盲的乐工，来到周家王庭。设立乐器的高架，装饰着羽毛和大牙。有小鼓和大鼓，有的可以手摇，有的需要悬挂，还有用来引导节奏起止的柷、圉。准备停当就演奏，喤喤的声响，雍雍的和鸣，献给祖先们听。我们的客人到来了，王朝典礼将显耀王朝非凡的成功。

“周庭”开始“有瞽”，是很令人新奇和兴奋的事。诗篇这样的句子，明显给人这样的感觉：瞽人乐工出现在周家王庭，是才有的事情。那么，这些“瞽”又是什么人？《礼记·明堂位》：“瞽宗，殷学也。”孙希旦《礼记集解》引郑注：“乐师瞽矇之所宗也。”据此，“瞽宗”之学与歌舞音乐有关。《礼记·明堂位》讲“瞽宗殷学”，是与“頖宫，周学”并谈的，就是说，“瞽宗”之学，应为殷商旧学在西周的延续，而甲骨文显示，殷商时期确实有“乐政”以管理各种舞乐之事。因此，诗篇“有瞽有瞽”的歌唱，显示的应是殷商瞽人艺术家初到西周王家时的情形。他们到来的目的便是“设业设虡”“先祖是听”，即奏响鼓乐祭祀周人的祖先。就是说，他们是为着周家的祭祀祖先而来到“周庭”。而在周家方面，祭祀祖先也是为了“观厥成”，即显耀王朝的成就。

由以上的简单分析，可知《周颂》的三首诗篇，《振鹭》表迎客之意，《有客》表留客之情，两者风调相类，应该是同一时期的作品。《有瞽》的创作时间，与《振鹭》《有客》也不会相去太远。“有客有客”与“有瞽有瞽”的句式相同，“我客戾止，永观厥成”的“我客”句，又见于《振鹭》，都是时间接近的证据[①]。

另外，三首诗还透露了一些其他信息。《有瞽》篇在表现过瞽人演奏的鼓乐后，又有“先祖是听”一句，“先祖”在这里指的是周人的先祖，因而“先祖是听”表明瞽人“箫管备举”的“肃雍和鸣”与周人祭祀祖先有关，就是说这些瞽人来到“周庭”是因为周王室要祭祖。换言之，瞽人将以自己的技艺参加周人的祭祖。诗篇最后两句是：“我客戾止，永观厥成。”这两句，初读会觉得奇怪，写瞽人演奏鼓乐，怎么忽然冒出这样的两句？细想则不难知晓：原来这些“瞽人”与“我客”有关，他们是由“我客”带来的。“我客戾止”的句子，又见于表迎客之情的《振鹭》篇。由此可知“有

①这里涉及《诗经》作品的断代问题，对此笔者有《诗经的创制历程》一书，对上述《周颂》诗篇的年代皆有讨论，可以参看。

瞽”之“瞽”，是“我客”带来的，是“我客”带来的礼物。“我客”的到来，肯定也包含着参与周王祭祀的目的。

《有瞽》篇：“有瞽有瞽，在周之庭。”说瞽人在周王室之“庭”演奏。那么，诗篇所说的“庭”究竟在何处？可以从《振鹭》的“于彼西雍”句得到答案：瞽人的演奏，也在西雍。何以见得？先来看“西雍”是什么。《毛传》说：“雍，泽也。”是说“雍”是有水泽之处。晚清学者王先谦作《诗三家义集疏》，专门搜集西汉学者关于《诗经》的遗说，关于“西雍”，王先谦引《韩诗》的说法：“西雍，文王之雍也。”所谓的“文王之雍”就是辟雍。因其所在之地在镐京之西而称“西雍”，是一处由水泽环绕的有亭台殿堂的综合建筑，王朝的许多重要典礼就在这里举行。

可是，人们难免要问：《有瞽》只是说在“周庭”奏乐，说“我客”来到“西雍”的，却是《振鹭》篇，两首诗篇各有所表，据以判断瞽人鼓乐演奏就在“西雍”亦即辟雍，是不是武断呢？不是。因为有《大雅·灵台》的“於论鼓钟，於乐辟雍”为证。

以上是对《周颂》三首诗的解读。读这三首诗，首先可以明白这样一点：原来《周颂》中的诗篇，并不全是祭祀献神的歌唱。《毛诗序》有一个影响很大的说法：“颂者，以其成功告于神明者也。”这样说，好像《周颂》的诗篇全都是祭祀乐章。读这三首诗可以发现，《毛诗序》之说有些以偏概全。《振鹭》写“我客”的到来，《有客》则表送客时留客的惜别之情，《有瞽》则写瞽人来到周庭演奏祭神的乐曲，都不是“告于神明”即献给神灵的祭歌。《周颂》诗篇共三十一首，属于献给神灵的歌唱是有的，却并非全部，甚至所占的数量不在多数。这个我们后面还会专门讲。

现在要谈的是，这些“客”来到周王室，而且周王室又特别为其前来做客制作演奏迎送的歌曲，其背后又有着怎样的历史信息？很可能是殷商遗民即来自宋国的瞽人乐工，在周家演奏祭祖的音乐，又有怎样的历史情境？

二、浓浓“客情”的背后

“有客有客，亦白其马。”之所以有这样的诗篇歌唱宋国贵客的到来，其实是王朝宽待殷商遗民政策的积极结果。或者说，歌唱“我客”到来的诗篇，正是西周奉行融合殷商遗民政策的表现。

周人克商在很大程度上并不是将殷商全体人民当作战争的俘虏处理的。实际的情况是，对反叛者坚决镇压的同时，对殷商遗民特别是上层分子，也采取了给出路的政策，并且极尽笼络安抚之能事。《尚书·多方》这篇文献便是克商之后五年，周公以周成王的口吻对殷商遗民上层发布的，其中有这样一句话：“迪简在王庭，尚尔事，有服在大僚。”意思是王朝将从殷商遗民中选拔优秀人物带往朝中来，委派他们重要的职务，为政府各部门服务。这样的意思在《尚书·多士》中也有表达，而《多士》篇的时间在周成王七年（据杨筠如《尚书核诂》），当时不少殷商上层之士迁居到新建成的雒邑。《多士》中再次记录了“迪简在王庭，有服在百僚”的话。不过这一次是殷商遗民提出来的，应该是在敦促周人实现在《多方》中表述的“迪简”云云的许诺。周公代周成王的回答是：“予一人惟听用德。”——我只任用那些有德之人。这样的回答是有现实针对性的。因为《多方》是对“多方”（多邦）的殷商遗民上层讲话，而《多士》篇的听众，多是曾经参与“武庚叛乱”的人，史书称之为“殷顽民”，所以对他们的询问回答得有点冷漠，尽管如此，也没有完全拒绝他们的希望。

文献记载如此，那么，实际的情况又如何？

要回答这样的问题，最好是求诸西周青铜器上铭刻的金文，因为有不少的器物是殷商遗民制作的。西周初期有一件青铜尊，因上刻“鸣士卿”的字样，而被称为“鸣士卿尊”；此外因器物铭文有“用作父戊尊彝”及铭文结尾处有“子𡦹（黑）”的标识字样，器物主人被学者认定属于商代贵族[①]。“新邑……王锡（赐）鸣士卿贝朋。”这里还需要

① 唐兰：《西周青铜器铭文分代史征》，北京：中华书局1986年，第46—47页。

说明的是“鸣士”，唐兰先生据《礼记·月灵》“季春之月，勉诸侯，聘名士，礼贤者”，以为此铭中的“鸣士”即“名士”，也就是贤达之人。如此，殷商遗民中的贤达名士，是得到周王的礼敬的。还有一件上个世纪70年代出土于北京琉璃河西周燕国遗址的属于西周早期的青铜器复尊，因器物铭文的结尾有“㠱”字样的家族标识，而被确定为殷商大族之后。就是说当初封建燕国，也有不少殷商遗民随着周贵族来到这里。再看铭文内容：“燕后赏复冖（音mì，罩衣或蒙头布之类）、衣、臣、妾、贝，用作父乙宝尊彝。”一位殷商之后，可以得到燕国君主“臣、妾”的赏赐，表明他在很大程度上也是燕国内的主子。记录这样的接受赏赐与恩宠的殷遗铜器铭文还颇有一些。

有上述这些，我想不用再多举例，也可以证明“迪简在王庭”的承诺，无论如何是兑现了一些的。而且，西周对周人以外的“迪简”，又不仅限是殷商遗民，西周中期有一件询簋，其铭文记载王命询负责管理“西门夷、秦夷、京夷”等六七种“夷”。这真叫人大开眼界，原来西周王室聚集了大量的“夷”。这些人出现在铭文中，显示的不也是西周奉行“天下”包容观念的积极结果吗？当然，对询簋所记录的诸“夷”，没有看到像对待“亦白其马”的宋国来客那样，为迎送他们制作诗篇。这也不难理解，对殷商遗民采取何种态度，即可以代表周王朝对其他“天下”四方之人的态度了。

至此，可以总结说，西周建立，周人不仅在观念层面举起了“天下”的大旗，宣示“求懿德”的治国大策，在行动上，也采取包容的政策，特别是对于殷商遗民。而且，为了优容殷商遗民的上层，王朝还特别制作了待客的礼乐，那就是《振鹭》《有客》等乐章。质言之，这些乐章的出现，正以富有包容精神的“天下”观念为大背景，是王朝追求“懿德”政治的具体表现。

这样的包容，又带来融合，带来礼乐文明创作的丰富。《有瞽》篇所歌唱的瞽人的到来及他们在“西雍”的“於论钟鼓”，就是这样的表现。

三、辟雍中的鼓乐

《有瞽》篇讲到了瞽人的音乐演奏。读《有瞽》，实际看到了周人对殷商文化的学习，并由此带来的吸收与融合。说到对殷商文化的学习，《逸周书·作邑解》记载这是从周文王开始的，见于“修商人典”的记载。周人崛起迅速，百年之间由一个偏远的蕞尔小邦迅速升进为一个强大的政治邦国，善于学习应该是一个很关键的因素。值得注意的是，当克商建立新的王朝之后，周人也并没有丢弃学习的精神。《尚书》中有《康诰》篇，记录的是周初封建时周公对第一代卫国君主康叔的告诫。其中有一项，就是向殷商学习。周公告诫康叔“祗遹（敬遵）乃（你）文考（亡父称考）”，恭行先王周文王的做法，告诫他“绍闻衣德言，往敷求于殷先哲王，用保乂民”，即广泛征求殷商前代有智慧的先王的做法，用来治理国家人民。又嘱咐康叔说：到了殷商故地，就离那些“商耇成人”即老成人不远了，要从他们那里“宅心知训”，即听从他们有关政治心术的建议。另外，还要“别求闻由古先哲王，用康保民”。“别求”即“遍求”，遍求殷商先哲王的智慧，用来保护人民的安康。如此，周公说，就可以“弘于天若，德裕乃身，不废在王命”——就能顺应上天，让德性充实自己，顺利完成王命。

这就是一种精神。要知道，周公提到的学习对象，是被周人征服的殷商遗民；也不要忘记，告诫康叔学习殷商“先哲王”时，离周人克商的时间还没有多远，甚至两个人群之间的敌对情绪都尚待消解。克商之后，周人就张出“懿德”政治的大旗安抚天下，提出“天命”的观念来阐发自己的胜利，宣明以“天下”心胸包容海隅苍生。然而，任何观念的提出，都可以是一种修饰，一种装潢，说说而已。然而，由《振鹭》《有客》，人们可以读到对待殷商人的客气的招待；读《有瞽》，可以看到对殷商文化的吸收。前者，也还可以视为一种姿态，然而后者，即《有瞽》篇所展现的文化吸收，则就不容易以“作态”视之，那是实在的吸收。这吸收，如上所说，又与自周文王以来的学习精神有关。也惟其如此，才显示了周人的自信，文化的创造才会那样富于光彩。

四、在“天命”光耀下

上面讲过的《周颂》三首诗篇显示了宋国贵族在新王朝的贵客身份，同时也显示了他们曾经为周王室祭祀祖先带来了矇瞍乐工。那么，这些尊贵的“我客”在周家的祭祖中有怎样的表现呢？《大雅・文王》对此有表现。诗曰：

文王在上，於昭于天。
周虽旧邦，其命维新。
有周不显，帝命不时。
文王陟降，在帝左右。

亹亹文王，令闻不已。
陈锡哉周，侯文王孙子。
文王孙子，本支百世。
凡周之士，不显亦世。

世之不显，厥犹翼翼。
思皇多士，生此王国。
王国克生，维周之桢。

济济多士，文王以宁。

穆穆文王，於缉熙敬止。
假哉天命，有商孙子。
商之孙子，其丽不亿。
上帝既命，侯于周服。

侯服于周，天命靡常。
殷士肤敏，祼将于京。
厥作祼将，常服黼冔。
王之荩臣，无念尔祖。

无念尔祖，聿修厥德。
永言配命，自求多福。
殷之未丧师，克配上帝。
宜鉴于殷，骏命不易。

命之不易，无遏尔躬。
宣昭义问，有虞殷自天。
上天之载，无声无臭。
仪刑文王，万邦作孚。

诗篇共七章。第一章先从文王赞起，赞美其在天之灵保佑王朝。其中“周虽旧邦，其命维新”的句子十分有警策作用。第二、三章则赞美文王子孙众多，言文王之灵因此会感到安慰。第四章在赞美文王子孙持续不断地恭敬上天、兢兢业业治理天下之后，笔锋一转，转向对正在助祭的“有商孙子”即殷商后裔的赞述。第五章承着前一章的端绪，先言这些人数众多的先朝后裔接受天命，在周家服务；继而述说眼前之景：殷商子孙头戴殷商礼帽在周人祭祖的大典上充当助祭的角色。继而，第六章又是一转，言及殷商子孙的祖先，称述殷商人曾经获得天命眷顾的历史，也是由于天命眷顾而有天下。在这一章，诗人还提出“宜鉴于殷”的警示。对殷商后裔，这是从天命角度劝勉他们安于现实；对文王子孙，则是提醒他们天命无常。由此，诗篇进入结尾的一章，告诫参与祭祀的所有人，应取法周文王。诗篇说得明白，上天的法则无形无相、难以捉摸，然而，周文王的人生却是典范，极好地体现着天意天道。所谓“观乎圣人，以见天地”，取法周文王，就等于遵从上天的法则。

诗篇并非献给文王的祭歌，而是唱给祭祀在场所有人的。其中最耐读的是写“有商孙子”的诗行。“仪刑文王，万邦作孚”的期许当然最适合在场的那些周文王子孙。然而，因为周文王是上天法的体现，“仪刑文王”的要求，又未尝不可施于在场那些助祭的殷商子孙。这样说，或许还不够准确，

“仪刑”对助祭的殷商子孙，与其说是要求，不如说是鼓励。诗篇是很擅长做思想工作的。为了安抚殷商子孙安于现有的天命，诗篇毫无保留地承认殷商祖先也曾得天命，合法地治理天下。这实际也是在说，不是周人抢夺了殷商政权，王朝的更迭，源于不可抗拒的伟大上天。然而，不可抗拒的上天又是包容的。殷商子孙，有其为祖先曾有业绩自豪的权利，也有在新的天命安排下“自求多福”的可能。“仪刑文王”的要求是开放的，在“上天”富于包容的伟大原则的光耀下，任何人都可以自新其命。对在场的殷商子孙而言，在如此隆重的典礼中，周人最尊崇的神灵前，诗篇如此歌唱，如此郑重地宣示，不是巨大的鼓励吗？这也是慷慨的接纳，任何人只要自新其命，都可以获得荣耀。诗篇是宣示原则的，可说的又是那样入情入理，诗篇不说殷商因丧失天意而失去政权，只说“殷之未丧师，克配上帝”，委婉的修辞，是体贴的、照顾听者感受的劝慰之语，激励的作用也因此更大。

以上是读解《周颂》及《大雅·文王》等诗篇，从中我们可以得到这样的认识：西周不仅提出了天命、天下的包容观念，在实际的王朝政治生活中，他们还在包容殷商遗民、吸收殷商文化方面做了实际的事情。努力将观念落实为生活的实践，这样的表现，就是精神旺健的表现。笔者在前面也说过，《诗经》篇章在西周的问世，是历史瓶颈突破后的精神果实。读上面的雅颂诗篇，可以使我们这些三千年后的读者，对当时为“突破”所做的巨大努力，有更具体、更感性的认知，这就是“诗可以观”的作用。古老的甚至可以称之为艰深的诗篇中所包含的意蕴，也颇能令人感动。这该就是“诗可以兴”了吧？

第四讲

祭祖：颂歌献给谁

依笔者初学《诗经》的经验，有好长时间不喜欢《周颂》中的作品，原因是以为其全与鬼神有关。其实是不懂。后来慢慢理解，《诗经·周颂》并不都是古板的祝祷，而是有情感的诗篇。不仅如此，其中有些篇章代表的西周文化的精神，标志的是当时精神文明的境地。这些，都是下面要讲的内容。

《诗经》有“三颂”，除《周颂》之外还有《鲁颂》和《商颂》。《商颂》共五篇，年代为西周中期，除了《那》篇之外，其他篇章的体式似大小《雅》中的一些篇章。《鲁颂》的篇章体式也像《雅》中的作品，年代则晚很多，一般认为系春秋早期作品。这里都不做重点谈，重点谈的是《周颂》，还要联系大小《雅》中的一些诗篇。

一、 颂歌献给谁

读《周颂》诗篇，先得问这样一个问题：颂歌献给谁？

1. 《周颂》不全是献神歌

古代影响广大的《毛诗序》给“颂”下的定义是：“颂者，美盛德之形容，以其成功告于神明者也。”就是将王朝的“盛德”，表现为“歌唱 + 舞蹈 + 音乐”的祭祀歌舞，上告天地神明。照这样的说法理解《周颂》诗篇，一定会给人留下这样的印象：《周颂》三十一篇，全都是“告神明”的祭歌。

在上一讲，我们曾一起读过《周颂》的《振鹭》《有客》和《有瞽》，很明显，三首诗都不是献给周人祖先的诗篇。另外，前面还谈到《敬之》，那也不是献给神灵的。又如《小毖》篇唱“予其惩而毖后患”，连《毛诗序》也只说它是“嗣王求助也”的诗，并不说它是祭祀篇章。有些诗篇貌似祭祀乐歌，细看也有问题。例如《执竞》：“执竞武王，无竞维烈。不显成康，上帝是皇。自彼成康，奄有四方，斤斤其明。钟鼓喤喤，磬筦将将。降福穰穰，降福简简，威仪反反。既醉既饱，福禄来反。”“执竞”就是强大的意思，从这个词来看诗篇好像是祭祀武王的，可是接下来就是“不显成康，奄有四方”，说到了周成王、康王，诗篇称王朝自从成、康两代开始才最终“奄有四方”。之后，就是对祭祀声乐的夸赞。诗篇中三位先王并举，到底是祭祀哪位先王？三位先王放在一起颂扬，应起码告诉我们周人的祭祀样式很多吧？考查《周颂》各篇，就那些看上去很像祭祀题材的诗篇，其实有两种，一种是用于献神的乐章，一种则是与祭祀神灵有关的篇章。后者，说是与“祭祀神灵有关”，不同篇章的“有关”还有远近不同的差别。说起来，真正唱给神听的诗歌是有限的，充其量占全部《周颂》篇章的一半左右。

2. 祭神献歌也不平均

那么，这些占一半左右的献神之歌，又是唱给谁听的呢？是不是每一位死去的先王都可以得到诗章的颂扬呢？绝对不是。就现有的《周颂》及《大雅》诗篇看，获得献歌最多的是周文王，其次是周人的始祖后稷，之后才是周武王。此外，还有一种较为特殊的情况，就是祭祀周文王祖父太王迁居岐山周原的赞歌。另外，《周颂》中有一首《昊天有成命》是赞美周成王的，而成王之后的康王，只是在上面举过的《执竞》篇出现了一下。至于康王以下各王，连“出现一下”也没有了。就是说，再也没有专门献给他们的颂歌了。

现在我们就看看《周颂》中单独献给周文王的诗篇。这样的诗篇有《维天之命》和《我将》两篇：

维天之命：

维天之命，於穆不已。

於乎！不显文王，之德之纯。

假以溢我，我其收之。

骏惠我文王，曾孙笃之。

【大意】 天命永恒，庄严正大。啊，显赫的文王，德行纯美无瑕！他将美好赐予我们，我们接受它。我文王伟大的恩赏，愿曾孙恒久安享。

我将：

我将我享，维羊维牛，维天其右之。

仪式刑文王之典，日靖四方。

伊嘏文王，既右飨之。

我其夙夜，畏天之威，于时保之。

【大意】　献上我们的牛羊，愿上天保佑。取法文王的典则，不断地安定四方。接受文王的赐福，同时也献祭文王。我们将夜以继日地努力，敬畏天威，永保天命的眷顾。

这两首，都是祭祀献神的歌曲。前一首赞美文王的美德，并感谢他对后代子孙的恩惠。很明显是唱给周文王在天之灵听的。《毛诗序》说："太平告文王也。""告文王"就是祭祀文王，这一点是可信的。

后面一首，先是说用牛羊献给上天，之后又说取法文王，安定天下，最后言敬畏上天继续文王事业之意。很明显，诗篇所表，是用牛羊同时祭祀上天和文王。这样的祭祀礼仪，《毛诗序》说："祀文王于明堂也。"所谓"明堂"，就是在前一讲我们读到的《振鹭》中的"西雍"，也就是《大雅·灵台》篇中"於论鼓钟"的"辟雍"。辟雍为水泽环绕的多用于举行重要典礼的建筑，其建筑的中心就是"灵台"；"灵台"之上则有"明堂"。所谓"祀文王于明堂"就是以文王之灵配天，就是把将文王的在天之灵与上天放在一起加以祭祀。有一点，应当提醒读者，就是在《周颂》中，实际找不到一首单独向上天献祭的诗篇。这不是说西周人不祭上天，他们只是不孤立地祭，而是从先王中找出一位来配合而祭。这被选中的先王，就是周文王。这样祭祀，其背后的观念起源很早。在甲骨文中，人们就发现，上天的“帝”有“帝庭”，而且“帝庭”里有人间各族群的王灵，是地上各人群在天上的代表。地上的人要想与上帝联络，如祈求消灾降福等，是要通过自己在帝庭的代表来实现的。《大雅·文王》篇第一章说“有周不显，帝命不时。文王陟降，在帝左右”，就说明周文王在天之灵沟通上天与人世的重要地位和作用，他被周人视为自己在天界的代表。

周人既然这样看重周文王，与祭祀他相关的诗篇数量多也就不奇怪了。除了《维天之命》《我将》两首献歌之外，《周颂·清庙》也与祭祀文王有关。此外还有《周颂·维清》：“维清缉熙，文王之典。肇禋[①]，迄用有成，维周之祯。”如此，《周颂》中祭文王或与祭文王相关的诗篇，就有《清庙》《维天之命》《我将》《维清》四篇。然而，与祭祀文王有关的诗篇还远不止上述几首。《周颂》中的《天作》也有一半内容是关于文王的。此外《大雅》中的《文王》《大明》《思齐》《绵》和《皇矣》，也都与祭祀文王有密切关联。

①“肇禋”是“肇在西土”四字句传写之误。见高亨《诗经今注》和王宗石《诗经分类诠解》中对此句的注释。

如上所说，西周祭祀献歌以周文王为最多，其次是后稷，之后才是周武王。再来看看后稷。《周颂》中有一首《思文》篇专门献给这位周人的始祖；《大雅》中则有《生民》这首长篇讲史的诗篇，赞述后稷的英雄传奇。先看《思文》：

思文后稷，克配彼天。
立我烝民，莫匪尔极。
贻我来牟，帝命率育。
无此疆尔界，陈常于时夏。

【大意】　伟大的后稷，有上配皇天的大德。让苍生得到食粮，都是您的恩泽。留下作物的嘉种，是上天要万民存活。不分你我疆界，将作物广种华夏才是重要的原则。

诗篇明显是献神的，因为用了“尔极”一词，其中的“尔”，就是今天第二人称的“您”，是面对后稷神灵献歌的口吻。诗篇很值得注意的是“立我烝民，莫匪尔极”一句，话说得很重，给人的感觉好像是因为有了后稷，古人才有了粮食吃，才得以存活于世。这样说，又好像只是到了周人始祖后稷出现，古代才有了农业似的。这不明显与古代农耕历史的发展史实相违背吗？不用说考古发现早在距今八九千年前，中国的古人就开始了农耕生活，开始有了原始村落，甲骨文显示，在殷商时期就有颇为发达的农耕。周人这样夸赞自己的始祖，不是不知道农耕事业有更古老的源头。他们这样说，是与一个重要时代和当时的一件大事有关，那就是古人相信的尧舜时期的大洪水。因大洪水泛滥，一切文明都被冲垮，于是有文明世界的再建，周人的始祖正是在这样一个非凡的时代，为天下人种植粮食立下大的功德。始祖的功劳如此之大，所以在《诗经》中，除了《思文》的献歌之外，还有《生民》一篇讲述他传奇的事迹。由以上观察可知，西周祭祀先王，有两个中心，一个是文王，一个是后稷。

至于周武王，早在宋元时期一些学者就奇怪为什么《诗经》中专门献给他的歌如此之少。是的，除了周初"大武乐章"热烈歌颂武王克商的功德之外，此后的《周颂》中的诗篇再也没有专门献给他的歌唱，较诸周文王得到的歌颂，实在是少。而且，就是"大武乐章"，也只是因武王是"克商"大事件的主角，才歌颂他，整个乐章的主题不是赞颂某一个人，而是盛赞这一伟大事件对天下人的意义。如上所言，像《周颂·思文》篇向后稷献歌，诗篇是用了"莫匪尔极"的"尔"来指称神灵的，然而，作为"大武乐章"用诗之一的《周颂·武》，最后一句也有"耆定尔功"之语，然而，"尔"字所指明显不是周武王。通观"大武乐章"的三首歌诗，哪一篇都不是专门献给周武王的，这也是三首诗篇与《维天之命》《我将》和《思文》的不同之处。三首诗歌颂的重心不是指向武王本人，而是他领导的事业。

然而，武王克商的事业对周人而言，难道还不够伟大？献给武王的颂歌少，究竟因为什么？

二、祭祖是崇德的礼乐

要回答这个问题，需要了解一下古代祭祀观念的变化。请看下面见于《国语·鲁语上》一段文字：

> 夫圣王之制祀也，法施于民则祀之，以死勤事则祀之，以劳定国则祀之，能御大灾则祀之，能捍大肆患则祀之。非是族也，不在祀典。

这段话告诉我们，古人祭祀死去的先王也是有分别的，“祀典”是专门给那些对后人有功德之人的。这段话可以部分地解释《周颂》中，为什么没有献给康王以下的西周各先王的颂歌，他们缺少享有诗篇歌颂的巨大功德。诗篇的赞歌，属于新的礼乐，是“新文化”，能否享受这样的“新文化”款待，就会像《国语·鲁语上》所说的，看你是否“法施于民”，看你是否“以劳定国”等等。可是，读者或许还有疑问：武力战胜殷商，让周人获得天下，难道不是“法施于民”，难道不是“以劳定国”？这样的功绩还不够大？是的，按照西周提倡的文德政治的标准，武王在文德方面还是分量不够。

这实际又涉及西周宗教观念的政治内涵。

宗教祭祀起源古老，宗教祭祀中对那些在人群发展上有大功德的先人予以更多的崇敬，也是很古老的传统。今天南方一些兄弟民族所保存的祭祖仪式中，就有神职诵唱“史诗”的重要项目。其所诵唱的“史诗”内容含有天地开辟、婚姻缔结、大洪水传说以及祖先利用自然、征服自然的发明创造，此外还有祖先“历险”的神奇故事等[①]，实际已经含有对人类生存所必须遵循法则的宣扬，以及对改善人类生活状况的祖先功德的讴歌。然而，它们还远远不是西周王朝祭祀周文王和始祖后稷典礼的歌唱，那些古老的民族史诗对祖先的歌唱，主要侧重一切人类生存世界的开创和生活法则的确立，祖先也不是单独的某个人，不是某个祖先人物的生活经历及其所显耀的心灵品质。

到了殷商时期的祭祀，有大功德的个别祖先享受更隆重的献祭，变得更加清晰了。据甲骨文显示，那些重要的祖先，例如商汤、武丁等，所享受的牛羊及“人牲”祭品数量，是要明显多于一般先王的[②]。不过，甲骨文还同时显示，殷商

① 萧梅：《田野的回声：音乐人类学笔记》，上海：上海音乐学院出版社2010年版，第32—68页。又，刘亚虎：《南方史诗论》，呼和浩特：内蒙古大学出版社1999年版，第23页。

② 常玉芝：《商代宗教祭祀》（宋镇豪主编：《中国社会科学院文库·历史考古研究系类》之《商代史》卷八），北京：中国社会科学出版社2010年，第344—345页。

时祭祖有一种新的“周祭”制度[1]，即以五种祭祀仪式，周而复始地轮番祭祀所有的先公、先王。两方面的情形到西周是大体延续了的，只不过不像殷商“周祭”那样烦琐而已。

更重要的变化，是沿着前一方面走的。其具体的表现就在对“功德”理解的显著变化。如上所说，周武王率领族众战胜殷商夺取政权建立新的王朝，其功业绝不在文王之下。然而，问题在于，西周祭祀歌功颂德的内涵发生了变化。征战杀伐夺取政权的事业，与努力获得“天命”眷顾相比，后者才被西周人视为更高的“文德”，得到更强烈的拥护，表现为更隆重的祭奠。读《周颂》的诗篇，这一点是很清晰的。《维天之命》高唱“不显文王”“之德之纯”，《我将》高唱“仪式刑文王之典”，就连祭祀周文王序曲的《清庙》，也赞颂文王子孙“秉文之德”；至于始祖后稷，他的被歌颂，是“立我烝民，莫匪尔极”，是说他的恩泽所及，超乎周人族群。作为周人始祖，后稷被诗篇专门颂扬，是因其有“立我烝民”，济天下苍生的功德。周人之所以歌颂始祖的巨大功德，看一看下面《国语·郑语》的一段话就会清楚其中原因。《郑语》曰：

> 夫成天地之大功者，其子孙未尝不章，虞、夏、

① 常玉芝：《商代周祭制度》，北京：中国社会科学出版社 1987 年，第 3 页。

商、周是也。虞幕能听协风，以成物乐生者也。夏禹能单平水土，以品处庶类者也。商契能和合五教，以保于百姓者也。周弃能播殖百谷蔬，以衣食民人者也。其后皆为王公侯伯。

这段话的大意就是从虞（舜及其后裔的邦国）开始的几个王朝，所以能主宰天下，都是因为祖上为人群立下大功。舜之所以治天下是因为祖上（虞幕）“听协风”，换言之即在农耕所必要的天文历法建设方面有重要贡献。夏禹是大洪水后平治水土，商代的始祖契（xiè）曾在尧舜时期负责教化民众。至于周人的始祖，则是在大洪水之后种植庄稼。周代的文献这样说，表达的是周人如下的政治观念：周人之所以能主宰天下，就是因为祖先积了大德。由此不难看出西周祭祀祖先的政治含义，祭祀祖先是为西周王朝政治确立法理基础。后稷在大洪水后种植粮食，是为天下，就是说诗篇所唱“立我烝民”的“烝民”是天下人，这才是祭祀所特别要申明的“歌以发德”的事。由此不难理解，祭祀后稷实际是在为自己的政权宣示法理基础。宗教祭祀因此也是政治。

那么，周文王呢？隆重祭祀周文王更是如此。周文王之所以在《周颂》的献歌中独占鳌头，是因为周人确信他曾受命于天。《周颂·我将》篇将周文王与上天一起祭祀，表达的是这样的信念，在《大雅·文王有声》篇则更明确地宣示：

“文王受命，有此武功。”所谓“武功”，是指周文王奉上帝旨意消灭殷商党羽之邦。所谓的文王“受命”，可分为历史和观念两个层次来谈。就真实历史而言，所谓的“受命”应该是指周文王接受商朝任命为西方诸侯的方伯。这是当时周人不懈努力的结果。周人宣称自己的始祖后稷曾在尧舜大洪水后为天下种植粮食，此说是否真实，只有“天晓得”。但是，周人曾经在古豳（今陕北彬县、旬邑一带）之地生活，却有考古发现为证。然而周人真正崛起，是从文王的祖父即太王开始的。太王在商代后期率族南迁，占据岐山之下肥沃周原，为周人迅速崛起奠定根基。这意味着周人势力的强大，让殷商感到了威胁，于是有《古本竹书纪年》所载的“文丁杀季历”之事。然而，周人的强大又让殷商感到无奈，所以，在杀掉季历之后，又不得不任命季历之子文王为西面的方伯。

这段艰苦卓绝的历史，被后来的周人大大神化了。《周颂·天作》和《大雅》中的《绵》《皇矣》诸篇都激情四射地回顾了这段历史。在《大雅·皇矣》篇，诗人将太王迁居岐山之阳视为合乎上天意志的行为，甚至被说成上天眷顾的结果。其第一章曰：

皇矣上帝，临下有赫。
监观四方，求民之莫。

维此二国，其政不获。

维彼四国，爰究爰度。

上帝耆之，憎其式廓。

乃眷西顾，此维与宅。

【大意】 皇皇上帝监管地上邦国，威严赫赫。他注视四方邦家，只求百姓安乐。这夏商两朝，政治尺度皆错；那四方各地的政权，也都难以合格。上帝憎恶他们，嫌其无道肤廓。于是上帝深情地西顾，给了周人这里（指岐山之下的周原）的国土。

上天眷顾周人，赐予周人沃野周原，周人祖先也不负上帝所望。也就在这首《皇矣》篇中，周文王的“受命”已经不再是文王接受殷商王朝的任命，而是“受命于天”。诗篇第一章表现上帝的寻找与眷顾，到诗篇的后面，诗人干脆让上帝直接出现，对文王耳提面命，授予心法。这在一般而言“不语怪力乱神”的《诗经》中，是十分奇特。请看《皇矣》的第五章：

帝谓文王：无然畔援，

无然歆羡，诞先登于岸。

密人不恭，敢距大邦，侵阮徂共。

王赫斯怒，爰整其旅，以按徂旅。

以笃于周祜，以对于天下。

【大意】　上帝明告文王：不要骄傲，不要无谓地羡慕，却要占领先机。密国人不恭敬，竟敢抗拒周邦，侵犯阮、共封疆。于是文王赫然震怒，整顿军队遏止不义侵凌。以此增厚周家福禄，以此答对天下的期望。

讲究文德的文王“赫斯怒”是受了上天的旨意，文王毅然动武，是遵从天意的行动。

在第七章里上帝再次出场，给文王面授机宜：

帝谓文王：予怀明德，
不大声以色，不长夏以革；
不识不知，顺帝之则。
帝谓文王：询尔仇方，同尔弟兄；
以尔钩援，与尔临冲，以伐崇墉。

【大意】　上天告诉文王：我赐予你明德，不要大事声张，切莫动辄武力胁迫。做的好似无所知觉，一切都顺应上天原则。上帝告诉文王：想好谁是你的仇敌，协调好你的兄弟；拿起攻城的钩援，驾上冲城的重器，攻打崇国的城邑。

两章所表，都是周人确信并且高调宣扬的文王“受命于天”的明证。那么，文王“受命”又有怎样至关重要的意义？是获得治理天下万民的合法大权。这与后稷的“立我烝民”的意义是贯通的。始祖积德，终有回应，而回应就在文王；而文王“受命”周人得以宰治天下，实际就是用上天的原则消除不义、护佑海隅苍生。

那么，既然是“受命于天”，那么，文王之“德”又表现为什么呢？对此，《皇矣》和《绵》两首诗篇都有表达。先看《皇矣》篇第三、四章：

帝省其山，柞棫斯拔，松柏斯兑。
帝作邦作对，自大伯王季。
维此王季，因心则友，
则友其兄，则笃其庆；载锡之光。
受禄无丧，奄有四方。

【大意】　上帝察看开垦了的岐山，这里的山杂木被拔出，松柏成列成行。上帝树立人间代理人，建立起周家新邦。这先王王季，发乎内心友爱兄长，周家善美更深厚，上天开始赐予光芒；周家永远获福禄，越发广泛地统治四方。

维此王季，帝度其心。
貊其德音，其德克明。
克明克类，克长克君。

王此大邦，克顺克比。
比于文王，其德靡悔。
既受帝祉，施于孙子[①]。

【大意】 上天考量了王季的内心，勉励他的德行，他的德行因而愈发明亮：德行明亮又善美，堪做君主堪为王。王季做周家大邦君，民众顺从是选择他的善良。这选择延续到周文王，德行圆满无欠缺，接受上天降大福，惠及子孙永安享。

要注意的是《周颂·天作》在讲过“大王荒之”之后，直接跳到文王。忽略王季这一代，是因为在周人的观念中王季属于过渡人物。然而，颂歌可以不讲王季，《大雅》篇章作为祭祖歌唱的一部分，其作用在述说祖先创业历史过程。这样王季的事迹就不能忽略了。这对我们了解“雅”和“颂”的分别，是有帮助的。《周颂》中的“颂”是献神的乐章，如上所说，周人并不平均对先公先王使用颂歌。然而“雅”，特别是《大雅》，则是在祭祀中向参与祭祀的后代子孙讲述历史的。既如此，也就不能忽略王季这位过渡人物。而且，

① 上举诗经片段的第四章开始“维此王季”的“王季”，据王先谦《诗三家义集疏》，西汉流行的《诗经》文本作“文王”。如此，这一章所表现的德行就是文王之德。不过，今天人们能读到的《毛诗》本（今天各种流行的《诗经》文本，都属于《毛诗》本），从上下文看，作“王季”似更合理。诗篇这样写显示的是“积德”观念。

诗篇“比于文王”的句子交代得很清楚，王季之德，实即文王之德。另外，在《诗经》中，这也是最早表现人物内心德性的诗章，很值得注意。

此外，在另一首与祭祖相关的《大雅·绵》的最后一章，对文王之德，还有如下的赞述：

虞芮质厥成，文王蹶厥生。
予曰有疏附，予曰有先后。
予曰有奔奏，予曰有御侮。

【大意】 虞、芮两国向文王请求质证，文王的德性感动了他们的心性。从此周家有了远近的依附者，有了鞍前马后的追随者，有了服务的奔走者，有了抵御欺侮的志愿者。

这一章的关键就在“虞芮质厥成，文王蹶厥生”两句。《毛传》对此有较长的解释：

虞、芮之君相与争田，久而不平，乃相谓曰：“西伯，仁人也，盍往质焉？”乃相与朝周。入其竟，则耕者让畔，行者让路。入其邑，男女异路，班白不提挈。入其朝，士让为大夫，大夫让为卿。二国之君感而相谓曰：“我等小人，不可以履君子之庭。”乃相让，以其所争田为间田而退。天下闻之而归者四十余国。

据《尚书大传》等记载，周文王“受命于天”，与“虞芮质厥成”之事发生相先后。或者说，正是因为有“天下闻之而归者四十余国”的“予曰有疏附”“奔奏”之事的发生，周人才相信文王“受命于天”。这与周人的天命观念相符。那么，西周的天命观念的内涵又是怎样的呢？在商代，从《尚书·西伯戡黎》载“西伯戡黎”即周文王伐灭商之属国黎之后，商纣王还在讲“我生不有命在天”的大言不惭看，殷商贵族相信上天保佑自己是无条件的，是绝对的。然而，西周的天命观念与此相比，则有重大变化。其中重要的内容是，周人相信：天下苍生是上天的子民，然而上天不能亲自治理万民，所以要选择代理者，被选中的统治者，就是所谓“天立厥配”，也就是“配命”，即配合上天治理万民。上天选择其“配命”者的唯一条件，就是要对万民好，万民在“配命”者的治理下风俗淳美，生活幸福。这就是所谓“天道无亲，惟德是辅”。这表明，在周人的“天命观念”中，上天与任何人都不存在特殊的关系，这就是所谓“天道无亲”。正因如此，上天的选择是公平的。也就是说，周文王之所以被上天选中，就是因为他在人间实行了美好的政治。而虞、芮在周邦所见到的人民风俗，正是上天所喜爱的政治情形，符合上天的理想（其实是当时人的政治理想）。因此，“虞芮质厥成”后的“有疏附”“奔奏”等，就可以视为一个标志，一个文王被上天选中的“配命”者的标志。在诗人眼里，“文王蹶厥生”就是上天的精神原则感动了虞和芮，从而感动了天下人。

这就是说，周文王的“文德”，其实也就是上天的原则，是周人统治天下的法理基础。大祭文王（而不是武王）就是要宣明这样的合法基础。至于武王克商，虽然功烈不凡，却只是一种后续之事，是上天要完成“立配”才不得不有意促成的事变，是先有了周人统治天下的法理基础之后的合法行动。周人就是这样理解文王与武王的分别的。

三、重祭文王的现实原因

祭祀后稷、文王，可以宣明王朝政治的合法性。西周的祭祖，是有其强烈的政治意图的。那么，宣示文王之德，还有其他特定的现实原因吗？回答是肯定的。这仍可从内外两方面说。

在最初西周封建时，文王一脉封国最多。这就是选择文王的内在原因。古代祭祀，也是一种立约。在尊崇的神灵面前，与神灵有关者一起献祭，并在祭祀后共享祭神的贡品，就等于在神灵面前立誓。在西周也是一样，以哪位神灵为祭祀的重心，实际关系到实行封建制的西周王朝内部精神凝聚的大事。之所以选择周文王，一个很简单的原因就是文王子孙封国众多。

外在方面，在本书前一讲里，曾经讨论过《大雅·文王》篇，劝勉殷商遗民在新天命下“自求多福”努力生活，是其中重要的组成部分。诗篇称“仪刑文王”，那是因为“文王之德”合乎上天的原则，因而这也是一道宽阔的地平线，可以负载兼容包括殷商遗民在内的所有人，可以劝慰说服所有人。

第五讲

将祖先还原为人世英雄

什么是“英雄”？照三国时刘劭《人物志》的说法，偏于智略为“英”，偏于胆气为“雄”。例如项羽与刘邦，刘邦就是“英”，项羽则更像“雄”。不过，这里用“英雄”概括《诗经》中所歌颂的祖先，即不是刘邦这一类型的英雄，也不是项羽这一类型的英雄，《诗经》祭祖诗篇歌颂的，是为人间奠定文明生活基础的英雄。这正是我们这一讲要谈的内容。

一、祭祖题材的“雅”与“颂”

前面讲到，西周的祭祖典礼，除了献给神灵的颂歌之外，还有唱给祭祀的“活人”的诗篇。有了这样的诗篇，祭祀就越发像是教育。述说祖先的诗篇，就是教育后代不忘历史、遵循传统的教本。同时，也正是这些述说祖先历史的诗篇，摆脱了祭祀献给的凝重和简古，增加“故事”的色彩，使抒情的成分变得更强。由此，祭祖典礼闪耀出更多礼乐的精神光彩；《诗经》中的篇章，也获得更多的文学价值。

这也不难理解。隆重的祭祖典礼上，对远去的祖先的业绩，自然是要交代、讲述的。例如后稷，按照周人的说法是生活在尧舜时期的人，距离西周已经千年以上了。始祖是怎样一个人，干了些什么，有什么功德，对西周现在生活有什么影响等，都是需要讲明的。于是，我们看到《诗经》中祭祀后稷的，既有《周颂》的《思文》，也有《大雅》的《生民》，反过来说，祭祀这样遥远的始祖，若没有《生民》篇的述说，祭祀的子孙对始祖不了解、没感情，祭祀展现祖德的功效，自然也会受到局限。既然是向正在祭祀的子孙述说祖先业绩，诗篇也就不能像“颂”那样凝缩古板。在述说中，祖先从神灵复活为人，恢复成为创立基业的英雄。同时，对于我们这些读者而言，周人如何理解作为“神灵”的祖先的文化品质，也会不自觉地显露在这些诗篇里。

在这里，笔者先“王婆卖”一下“瓜”：若干年前，笔者曾在一篇文章里提出这样的两个相互连接的说法：

第一，《诗经·大雅》中的一些过去被视为“史诗”的篇章，如《生民》《公刘》《绵》《皇矣》《思齐》《大明》等，与《周颂》中的《思文》《天作》《维天之命》《我将》等，存在“对应”关系。具体说，《周颂》的《思文》《天作》《维天之命》《我将》是献给神灵的颂歌，而所举《大雅》若干诗篇，是祭祀献神歌唱之余，讲述给在场参与祭祀的子孙们听的。

第二，这些讲述祖先业绩的篇幅较长的《大雅》诗篇，是一些“图赞”的诗篇。什么意思呢？就是献祭之余不是毫无凭依地讲述祖先业绩，而是对着宗庙中墙壁上的图画。周人宗庙墙壁上有图画吗？西周金文显示是有的。有两件青铜器物，一件叫作“无叀鼎”，一件叫作“膳夫山鼎”，都有周王“各（到）图室”的记载。“图室”所指，就是宗庙；所谓“图”，应该是宗庙墙壁上绘有祖先形象事迹的图画。对此，各种相关文献也是有记载的[①]。

这里需要做一点说明。第二点的“图赞说”，当时是想矫正一下人们对《诗经》这些赞述祖先功德业绩的较长诗篇的看法。退一步说，这些诗篇即使不是对着墙壁上的绘画赞述祖先的业绩功德，也是在宗庙祭祀的隆重场合，有专业人员向在场人员讲述祖先历史，即是祭祖典礼的重要组成部分。就是说，在祭祖献给之外，还有讲述祖先历史的述说。

不过，这里可以把第一点说得更具体一些，即“对应”可分为以下三组：

第一组：《周颂》中的《维天之命》《我将》对应的是《大雅》中的《大明》《思齐》；

第二组：《周颂》中的《天作》对应的是《大雅》中的《绵》和《皇矣》；

第三组：《周颂》中的《思文》对应的是《大雅》中的《生民》。

① 李山：《〈诗·大雅〉若干诗篇图赞说及由此发现的〈雅〉〈颂〉间部分对应》，《文学遗产》2000 年第 4 期。

下面我们就由远及近地读解上述这三组诗篇。

二、后稷：生存的奠基者

《思文》在前面一讲我们已经讲过，是歌颂始祖后稷在大洪水之后为天下人种植粮食，从而为后代周家的崛起并成为天下的主宰奠定德行的根基。颂诗这样写，对了解周人的特定观念有益，文学性却有限。有意思的是《生民》中对始祖后稷生平业绩的述说。先来看后稷的降生。《生民》的前三章这样写道：

厥初生民，时维姜嫄。
生民如何？克禋克祀，以弗无子。
履帝武敏歆，攸介攸止，载震载夙。
载生载育，时维后稷。

【大意】　当初生养始祖的人，是那位姜嫄。她如何生养？虔诚祭祀以消除无子的灾病。她踩在巨人的大脚印上，内心欣然有感应。停留在那里片刻，就有了身孕。生下了儿子，就是始祖后稷。

诞弥厥月，先生如达。
不坼不副，无菑无害。

以赫厥灵，上帝不宁；
不康禋祀，居然生子。

【大意】 当怀孕足月后，头生子始祖生产顺畅。产门不裂不开，母体无害无灾。这是始祖赫赫的灵耀，是上帝儿子出生才有的安好。如不是上帝接受了虔诚的祭祀，又如何生养这样的好儿子。

诞寘之隘巷，牛羊腓字之。
诞寘之平林，会伐平林。
诞寘之寒冰，鸟覆翼之。
鸟乃去矣，后稷呱矣。

【大意】 把始祖丢弃在狭窄街道，牛羊过来护着他给他吃奶。丢弃在茂密的树林中，伐木的人把他捡回来。丢弃到寒冰上，又有大鸟将他覆盖。大鸟飞去了，后稷开始哇啦啦哭。

关于后稷的出生，三章所表内容既矛盾又神奇。矛盾的是既然姜嫄“克禋克祀，以弗无子”，可为什么生下儿子却又反复丢弃，这不是矛盾吗？神奇的是始祖反复被丢却都活了下来。关于这矛盾而神奇的后稷之生，学者许久以来都在探讨其背后的民俗文化含义，可至今也没有给出一个大家都能接受的答案。不过，可以看出几点眉目。其一，经由

“履大人迹”而获生养，这样的习俗在西南某兄弟民族直到1949年前还延续着。这样的受孕降生，古人称之为“感生”，即“感天而生”，这与夏代始祖为母亲吞食薏籽而生、商朝始祖契因母吞玄鸟之卵而生的传说是一类的。其二，姜嫄怀孕是无夫而生子，显示的是古老的母系社会特点。其三，后稷母亲为姜嫄，透露出姬姓周人族群与姜姓为世婚的关系。其四，是“鸟覆翼之”及“鸟乃去矣，后稷呱矣”几句，不少学者相信，原来后稷初生的“先生如达”，是连胎盘一起生下来的。另外，在远古时代，古人相信太阳也是鸟，所以称太阳为“金乌”“三足乌”等。这样，上面的几句也可以理解为后稷是被太阳照耀成为“人”的，这不是很像一粒种子、特别是小麦种子的经过阳光温暖而生芽吗？而且，一粒种子，丢弃在村落街巷是没有前景的，丢落在树林，也是不得其所的，落在野外有水的地方，经阳光照射，适可破壳而出茁壮成长。原来后稷的终于“呱矣”的神话，背后的文化意蕴竟然是农耕，是种子落在原野水土的生根发芽。对于古人而言，是祖先神圣，是观念，在今天则是朴拙的神话，别有文学的意趣。始祖的天赋，就在其生而知之的种植庄稼的本领。请看《生民》中间的四章：

实覃实訏，厥声载路。
诞实匍匐，克岐克嶷，以就口食。

蓺之荏菽，荏菽旆旆，禾役穟穟。

麻麦幪幪，瓜瓞唪唪。

【大意】 后稷哭声长又响，满大路都在回荡。他开始慢慢地爬，自己找口粮，无师自通聪明样。他种下大豆，大豆密密麻麻地长；麻和麦茫茫连成片，大瓜小瓜滚溜溜圆。

诞后稷之穑，有相之道。

茀厥丰草，种之黄茂。

实方实苞，实种实褎，实发实秀，

实坚实好，实颖实栗。即有邰家室。

【大意】 后稷种庄稼，助长手法妙。拔去那蒿草，种上黄色茂实的苗。种子孕土壤，发芽鼓成包，苗子离地面，茎叶天天高，吐穗一条条。秸秆挺挺壮，禾穗簇簇尖，籽粒坚实又饱满。由此后稷受了封，他在那叫作有邰的地方把家室建。

诞降嘉种，维秬维秠，维穈维芑。

恒之秬秠，是获是亩。

恒之穈芑，是任是负，以归肇祀。

【大意】 老天给后稷降下优良品种，黑色香黍双粒的秠，红色白色苗色奇。满地播种秬和秠，一亩亩收获都丰腴。红苗白苗到处种，又抱又背丰收季。后稷从此建立了周家的祭礼。

这四章所赞述的，都是始祖在稼穑方面不教而能的天赋。后稷身份很尊贵，他是“感天而生”的上天之子；还很强悍：屡弃不死，就是其生命健旺的证明。这些，用神话学的术语来概括，后稷就是个“半神”。然而，就是这位有着超常能力的“天之子”。这位半神，不是去冒险，去干常人干不了的大事，而是干起了人间最普通的行业：种地。周人这样歌颂自己的始祖，当然是有其“农耕神圣”的观念在其中。然而，就是这样有关“神圣”的观念，也蕴含着具有普遍意义的古代中国观念：真正的英雄，是在平凡人间生活中建立不凡的功德。因此，后稷是一位文化英雄。

其次，读这四章的诗句，还有一点值得注意，那就是诗篇表现的后稷稼穑的“有相之道”。诗篇表现后稷稼穑“有相”的笔法是十分畅达的。“种之黄茂”以下，诗篇连用了五个排比，连换了十个形容词来形容作物的长势，若没有对农耕的熟悉是做不到的。而且，这样的情况还反复出现在与农事有关的诗篇中，例如《周颂·载芟》：“播厥百谷，实函斯活。驿驿其达，有厌其杰。厌厌其苗，绵绵其麃。载获济济，有实其积，万亿及秭。”总之一写到农事，“制礼作乐”的西周诗人就精神健旺，笔力畅达，显示的是对农耕生活的熟稔与喜爱。然而，强烈的文学情调背后，是观念的作用，诗篇这样表现后稷的“有相之道”，只是要突出如下一点：后稷是农耕作物管理规则的创立者。“茀厥丰草，种之黄茂”两句八字所显示的农业技术含量，在今天看难免觉得太平常，可是在数千年前的古代，表现的一定是当时的最新发现。

这样说，是因为下面的诗句，可视为是对“黄茂”一词所指内容的补充。作为文化英雄的后稷，诗篇继而表明其另一项功德：农作物新品种的获得。诗篇说是“天降嘉种”，其实是一种探索、寻找甚至是培育。诗篇神化祖先的“天降”之说，反而减损了祖先功德的创造性。有文献说，汉武帝晚期为恢复社会生产采取的“区田法”就源于后稷的农耕技术。这样的传说，真实性可疑，却突出了后稷在农业上的发明之功。因此，在农耕稼穑上“有相之道”的后稷，越发像一位农耕文化的创造英雄。

赞美始祖在文化上创立业绩的诗篇，最后是落在了祭祀典礼上。诗篇最后两章是接着第六章最后一句“以归肇祀”而来的。曰：

诞我祀如何？或舂或揄，或簸或蹂；
释之叟叟，烝之浮浮。
载谋载惟，取萧祭脂，取羝以軷。
载燔载烈，以兴嗣岁。

【大意】　我们祭祖又如何？有的在捣谷，有的在扬壳；有的在簸粒，有的在揉搓。淘米刷刷响，蒸饭热腾腾。献祭谋划细，取香蒿燃脂；另加一只羊，路神年终祭。烈烈香火燃，祈求来岁好丰年。

印盛于豆，于豆于登，其香始升。

上帝居歆，胡臭亶时。

后稷肇祀，庶无罪悔，以迄于今。

【大意】　我把祭品装于豆，我把祭品装在登。香气浓郁向上飘，上帝享受真如意，多香的气味多美的礼。后稷创下这祭仪，代代奉行无差池，一直到今日。

这最后的两章从远古一下跳到了当下，从庄严典礼的创立，一下跳跃到对古老传统虔诚的遵从，从祭祀中对始祖生活及业绩的述说，一下子跳到对祭祀礼仪本身的描述。这样的跳跃，这样的结尾，大有深意，对理解这首赞述始祖业绩的诗篇与一般“史诗”之间的区别非常重要。这两章显示了诗篇的年代，写出诗篇以及诗篇歌唱所依附典礼的举行目的：教育参与祭祀的人们不忘传统，继承祖业。

首先说诗篇年代。诗篇在祭祀后稷的典礼部分郑重表示：“后稷肇祀，庶无罪悔，以迄于今。”话语的分量应该是很重的，其背后的意涵，应该与我们在前一讲提到的周人信念

“夫成天地大功者，其子孙未尝不章”高度一致。就是说，在祭祀始祖的典礼上说这样的话语，是在提醒参与祭祀的子孙，忘记传统将意味着什么。诗篇如此郑重地提示，可以理解为古老的重视农耕的生活传统，正有被当时的后稷子孙遗忘的危险。如此，诗篇的郑重提醒，可以显示出诗篇的年代不会太早。在《尚书·无逸》篇中，周公告诫王朝贵族说：“文王卑服，即康功田功。”意思是文王从事下等人的工作，亲自参与开荒种地之事。文王是否全然像“下等人”那样整天从事农业劳作，不无疑问。但周公这样说，也不能全都理解为出于政治目的说谎。因为周公离文王的年代不远，教育贵族子弟重视劳作，自己先撒个大谎，相信他不会愚蠢至此。换言之，迅速崛起的周人，到西周早期，脱离质朴年代的问题尚不严重。事情往往如此，当一种习惯即将成为过去时，人们才会正视它。相信，像《生民》那样郑重其事地讲我们的祖先遵从始祖创立的基业，以至于有今天的强大，当他们对子孙说这样的话的时候，贵族对农耕的重视和参与，正在变成“过去”。这就是判断诗篇年代的一个基本感觉[①]。

其次，诗篇是在告诫子孙不忘传统。这一层意思不难理

① 实际上，笔者是相信包括《思文》《生民》在内的许多《大雅》和《周颂》祭祖诗篇是创作于西周中期的。证据当然不限于正文中的逻辑，也有许多文献材料为证据。读者若有兴趣，可参看拙作《诗经的创制历程》一书。

解。读诗容易被忽略的是诗篇强调不忘传统何以用了相当的笔墨表现“诞我祀如何”。诗篇较详细地描述了祭品准备和献祭及送始祖远行等，紧张而有序。如此的笔触，除了表现祭祀者的虔诚之外，还有一层意思应加以注意，那就是对仪式本身的关注。这涉及西周礼乐的建构，我们得岔开去说一点金文文章的知识。

西周有不少金文材料是记录周王人事任命的。贵族受王的任命，是家族的荣耀，往往会为此铸造器物，将受王任命之事刻写在器物上。观察这些任命记录的金文，会发现一个有趣的现象：西周早期不论多么大的人事任命，记录总是直言其事的，即某日王任命家族中的某某，做某官或某事。如此而已。可是到了西周中期，就是一些相当简单的任命类的金文，也总会写上：某某日，“王立中庭，南向（面朝南）”，接着是写受命者在某某官陪伴下，“中庭，北向”。然后再或简或繁地录写王的任命之辞。很明显，突出册命仪式本身，是西周中期一类铭文的显著特征。这与《生民》最后两章的意蕴是相通的。接着上面的西周礼乐建构的话头，金文和诗篇如此，表现的都是这样的现象：周人开始将古老农耕传统，具象为各种相应的仪式，以此来保证重视农耕这一精神传统的延续。这不是说过去的西周人没有传统，而是表示着一种生活反思意识的涨起。遵循传统有无意识的，也有有意识的。前者表现为风俗习惯；后者，如上所说，往往发生在传统被漠视、甚至遗忘的时候，于是提倡本身，就变成有意识的挽救、振兴和延续。传统意识，由此诞生。《生民》最后两章表现的就是这样的意识。在挽救与振兴中，传统的习俗被塑型为典礼，西周文明重视礼仪的显著特征就在这样的塑型中形成了。按照周人自己的说法，后稷是文明的奠基者，然而就是在对这位奠基者的祭祀中，生产事业被神化，被塑造为一种关乎王朝兴衰的传统。从另外一方面说，诗篇也是在为当时的社会立法。

三、在大地上生根

很像“半神”的后稷，是在平凡的农耕中为世人提供食粮，从而有为平凡生活世界奠基的大功。那么，后稷的贤德子孙周文王呢？周文王的功德是为平凡的人间生活立法度。

谈这些，还需要回到那几首与祭祀周文王有关的诗篇，即《周颂》中的《天作》和《大雅》中的《绵》《皇矣》《思齐》《大明》等。《周颂》的《天作》中出现了太王和文王两代先王，他们是子孙两辈，有意思的是《大雅·绵》主要讲述太王迁移岐山的事件。迁移岐山之前，诗篇称：

> 绵绵瓜瓞。民之初生，自土沮漆。
> 古公亶父，陶复陶穴，未有家室。

【大意】 大瓜小瓜茎相连。先民生活在杜水漆水边。直到先民公亶父，挖洞烧土穴窝里处，先民没有像样的家。

诗篇述说遥远的往事，起调很悠远，第一句四字单独为一句，语含感叹之情。同时，诗篇说先民的居处更是不成样子。之后，笔锋一转，是一副欢快的语调，展现出的是迁移后获得宽阔的生活前景：

古公亶父，来朝走马。
率西水浒，至于岐下。
爰及姜女，聿来胥宇。

【大意】 古公亶父来周原驰骋其马，他沿着河流的西岸而来，一直到达岐山脚下。就在这里，他与太姜同把周原来观察。

周原膴膴，堇荼如饴。
爰始爰谋，爰契我龟。
曰止曰时，筑室于兹。

【大意】 广阔的周原啊，长的苦菜也如糖甘甜。在这里他们开始谋划，用神龟来占卦。神谕祖先留居这福地，在这里建房来安家。

乃慰乃止，乃左乃右；
乃疆乃理，乃宣乃亩。
自西徂东，周爰执事。

【大意】 祖先欣然留处，以左以右分布；划定田地界，挖土作垄亩。从西走到东，到处先民在忙碌。

乃召司空，乃召司徒，俾立室家。
其绳则直，缩版以载，作庙翼翼。

【大意】 太王召来司空，召来司徒，让他们建立周人的房屋。他们用绳索直直地树立墙版，筑起高高的神殿。

捄之陾陾，度之薨薨，
筑之登登，削屡冯冯。
百堵皆兴，鼛鼓弗胜。

【大意】 填装板槽陾陾然，夯杵泥土轰轰然，拍拍墙面登登然，铲销隆起砰砰然。百堵大墙同时兴，劳作喧阗压住大鼓敲击声。

乃立皋门，皋门有伉；
乃立应门，应门将将。
乃立冢土，戎丑攸行。

【大意】 外城城门建立了，巍峨高耸耸；内城城门建立了，矗立直挺挺。又建典礼高土丘，就在此处祭战俘。

肆不殄厥愠，亦不陨厥问。
柞棫拔矣，行道兑矣。
混夷駾矣，维其喙矣！

【大意】　当初太王既不能消除戎狄的怨恨，也不能断绝对他们的存问。当岐山开辟那些杂木被拔除，大路开辟岐山变通途，混夷豕奔狼突远逃离，张着大嘴喘吁吁。

上引诗篇七章即从第二章到第八章。第二章写太王和他的妻子姜女一同考察周原。就史实而言，当初周人的迁移，也真是出于无奈。学者研究当时的气候变迁，发现就在太王迁移岐山的那个年代，北方有一个气候的“小冰期”，气温下降，这使得北方草原人群不得不南下。诗篇后面说到“混夷”先强后弱，就是证据。

然而，历史就是这样诡异，被迫无奈的迁居，迎来的却是大好生机。其中尤其值得注意的是第三章“周原膴膴，堇荼如饴”所流露的情感，希伯来经典中讲以色列人来迦南之地，说这里是流着奶与蜜的沃野，古代的中国诗人形容土地的肥沃，却是苦菜的甜美，这是农耕人群的情感。更让人感觉到生动、感觉到力量的是开辟田野、建筑房屋的绘声绘色，叙事次第井然，所表现的劳动更是组织有序、忙而不乱，而劳作的喧阗，竟可以盖住大鼓之声，这是何等热闹的场面，又是何等热烈的情感！活泼的诗行中，还含藏着某些无言的东西，那就是周人对土地的热爱，那就是在大地上生根发芽的生命力。周人说自己的始祖屡弃不死，最后在原野、河流上终于破茧而生。《大雅·绵》的篇章，实际闪耀的也是这样的意象：脚踏沃野，生根泥土，茁壮生长。诗行展现的是强悍的落地生根的生命力量。这样的祭祀诗篇，其实就是在追寻祖先业绩的同时，为后代子孙树立榜样，也就是一种精神的立法。

需要注意的是：第一，这里的祖先虽然以太王为主，然而在对劳作场面的绘声绘色中，展现的祖先却是一个群体，这是最值得肯定的地方。第二，祭祀的讲古诗篇，却没有任何的怪力乱神，迁移、寻找和发现乃至建立，应该是充满了不确定性的。然而，诗篇却十分明净，没有神魔，没有鬼怪，有的只是发现的欣喜，创建中的劳作。虚线的迁移，不是冒险，而是在大地生根，这就是《诗经》的文学大意象。三千多年前周人祭祖的讲古诗篇能如此，也许显示的正是这样一点：不喜怪力乱神的虚幻险怪，不待孔子出现而后然，早在西周时代，就已经如此。这也是在为文化立言说的法度。

太王的迁居，为周人带来的是强大，这就是上引第七章表达的。继此而来的则是诗篇最后一章，就是我们在本书前一讲中谈到的“虞芮质厥成，文王蹶厥生”那一章。要注意，

《绵》这首诗篇的重点内容是讲述太王迁岐的，然而，为何诗篇却跳跃到文王的为虞和芮断案？难道这只是像古代诗文批评家讲的，是一种“如连山断岭”（苏辙《栾城集》三·卷八《诗病五事》）的笔法？绝不这样简单。对此，《毛诗序》对诗篇的概括可视为很好的解答：“文王之兴，本由大王也。”这是一种“推本”，即推求文王之所以兴的原因不得不如此的写法。换言之，诗篇内容虽重在写太王迁移，但整个诗篇的最终指向，却是文王获得受命的眷顾。前面笔者说，《大雅·绵》和《大雅·皇矣》两首诗都与《周颂·天作》存在对应关系，就是因为诗篇中显示的跳跃。正如我们前一讲所说，《皇矣》诗篇由表现太王迁居岐山到王季之德，再到文王的“受命”以至于受上帝旨意伐灭崇国，同样是结束于文王功业的强大。

《皇矣》的第二章，也讲述了太王迁岐后的开垦。先表上帝对夏商政治的不满，继而是上帝对新的人间代理人的寻找，然后就是周人对岐山的开垦：

作之屏之，其菑其翳。
修之平之，其灌其栵。
启之辟之，其柽其椐。
攘之剔之，其檿其柘。
帝迁明德，串夷载路。

天立厥配，受命既固。

【大意】 拔出去除的，是死去倒下的枯树。修整剪掉的，是灌木和再生的枝条。移去砍劈的，是弯曲臃肿的柳与椐。断根剔除的，是各种的山桑柘木。上帝开始转移他的明德，夷狄狼狈奔逃在大路。上天终于确定下人间代理人，周家接受天命的地位已安稳。

与《绵》的主要表现太王带领下的“疆理”黄土沃野有所不同，《皇矣》这一章的笔墨主要表现在开荒，即除去荒原山地的硬杂木方面。有意思的是，《周颂·天作》称太王、文王开辟岐山是“太王荒之”“文王康之”，这段文字与上举《绵》“乃慰乃止”几章一样，都是在具体落实“荒”“康”两字的内容。两首诗分别述说疆理田亩和治理山木，互有侧重却相辅相成，是与《周颂·天作》存在“对应”关联的证据。而相互关联的三首诗篇，不外乎表达这样的意思：三代祖先经过不懈的努力，终于获得上天的眷顾。这努力，不是什么传奇的经历，没有超验的事项，有的只是艰苦而平凡的农耕劳作。祖先是创业的英雄，也是耕作这一平凡事业的英雄。因为他们生活的行为与想象，就是后代子孙的生活框架。

四、文王：生活的立法者

前辈的祖先在大地上的迁移劳作，为周家赢得了天命眷顾的可能，也为文王的事业奠基，也为周人树立了人生榜样。那么，周文王呢？《大雅·文王》宣称文王是可以被天下人“仪刑”的典范，也就是说，在他身上体现了上帝的法则。然而，看那些颂扬赞述文王业绩的诗篇，除了《皇矣》中的文王有遏密伐崇的一两次征战之外，文王的经历要比始祖和太王等平凡多了。换言之，文王身上展现的上天的原则，离那些传奇的经历更远，人们可以“仪刑”到的上天原则，都是人间的平凡生活。

首先是文王治理邦国所获得的民众互敬互让的风尚。这一点前面已经说过。其次则更重要，也是诗篇同样予以推重的，是周文王为万民树立家庭生活的榜样。这就是《大雅·思齐》篇所显示的内容。需要说明一下，周人在祭祖的同时，也会为母亲上祭，由《周颂·雍》篇“既右烈考，亦右文母”句可知。于是颂歌之外，就有《大雅·思齐》这样讲述几辈祖母的懿德的诗篇。诗曰：

思齐大任，文王之母，
思媚周姜，京室之妇。
大姒嗣徽音，则百斯男。

【大意】　端庄的太任，是文王的母亲。她敬爱婆母周姜，在都城王室做女主人。太姒继承了太任的美德懿范，生养了上百的儿男。

惠于宗公，神罔时怨，神罔时恫。

刑于寡妻，至于兄弟，以御于家邦。

【大意】　和顺地侍奉宗庙的祖先，神灵没有什么可抱怨，也没有任何的苦楚和不满。男人能为妻子做出榜样，把这规矩推广到家族兄弟，以至于用以治理家邦。

雍雍在宫，肃肃在庙。

不显亦临，无射亦保。

【大意】　女祖雍容然现于宫，肃穆然现于庙。显赫地照临着后人，不厌地保佑着子孙。

肆戎疾不殄，烈假不瑕。

不闻亦式，不谏亦入。

【大意】　没有大的疾疫，没有大的犯罪。好的说法被采用，好的建议被接纳。

肆成人有德，小子有造。

古之人无斁，誉髦斯士。

【大意】　成年人都有德行，晚辈都有所成。古人就这样不厌倦，激励鼓舞着周家的儿男。

诗篇言周文王有贤德的母亲，也就是有良好的家风家教，并且代代相传，于是到文王作为家长时，又有贤德的妻子太姒，接续传统并发扬光大，其具体表现不仅是婆媳关系好，而且还能“则百斯男”，生养上百的儿郎。今天的读者难免要问：太姒能有这样超常的生育力？“百斯男”意思不是说她一个人的生产力，而是说她的德行“解放”了文王家妻妾的生产积极性。太姒本人是很能生养的，文献记载她还是胎教的鼻祖，据说她为文王生了十位儿子，即所谓的包括武王、周公等在内的“文王十子”。此外，也是诗篇更想表达的，是太姒不仅自己能生，还让众妾有机会接触文王，从而也能生养。“则百斯男”，是嫡夫人与众妻妾之间关系和谐融洽的好结果。这就是古人提倡的“太姒之德”。不过，在今天，读诗篇第一章，能使人有感触的是诗篇郑重地列出三位女老祖，并承认：良好的家风家教，与贤德的女主人关系巨大。诗篇的第三、第四章就是写周家在贤德妻子的辅助下，能使好的说法、好的建议被采纳，此外贤德母亲还能教养子女，诗篇说周家“成人有德，小子有造”。一般而言，《诗经》时代的人男尊女卑，但是对家庭主妇的作用还是颇为认可的。而且，“雍雍在公，肃肃在庙”又是在写那样的高贵雍容。

需要多说几句的是第二章，即“惠于宗公”章。前面“神罔时恫”是讲继位女老祖侍奉宗庙，宗庙的神灵无苦痛、无怨言。然而，这一章到“刑于寡妻，至于兄弟，以御于家邦”三句，主语悄然发生变化。这三句的主语是周家男人特别是周文王，说的是他为家庭树立了良好的榜样，妻子遵循，兄弟的家庭遵循，于是家庭和谐。周家为所有的家庭生活确立了懿范，这样的懿范迅速推广，由周人家族迅速普及到整个周家治理下的广大家邦。

读这样的诗句，可以使我们对诗篇“周人获得天命”这句话，有一番更具体的了解。天命是威严而神秘莫测的，然而在诗篇中，家庭生活和谐美满、子孙众多，也是天命所以眷顾周家的一个很重要的原因。读诗可知，在周人的观念中，所谓“得天命”，始祖的“立我烝民”，太王的抓住机遇迁移、定居，固然是“得天命”，《思齐》篇展现的是更为日常平凡的和谐家庭生活，夫唱妇随，是政治治理美善的表现，这也是周家“得天命”的重要条件。天意所钟，在于对和谐生活的缔造。也就是说，抽象的高高在上的“天命”其实指向的是人间平凡、有德行的生活的建构；神秘的天命观念，着意强调的是人在平凡世间缔造良好的生活。代代有贤妻，代代生养哺育贤子，这就是诗篇告诉我们的周家上承“天命”的理由，天命所引起的人间的德行生活。

在这一讲中，还有一个很重要的内容，那就是“内圣外王”的这种影响深远的文化命题的提出。大家知道儒家著名的经典著作《大学》篇，就是对“内圣外王”命题的推衍与论定。然而，读《思齐》可知，这一思想的原型始见于《诗经》。大家知道，西周王朝实施封建制，西周姬姓贵族统治天下，同时用“封建亲戚”的方式，建立拱卫王室的诸侯邦国。王朝政治的外形为封建，社会内在的关联则是宗法，同姓贵族有其天然的血缘联系，异姓贵族则是由婚姻联系起来的。总之是一种新型的“家天下”格局，整个农耕社会也都由大大小小的家庭、家族组成。于是，一种影响持久的为政理念由此产生：社会最大的福祉在于大小家庭的和谐，为政者最大的德行，就是为天下所有家庭生活做出榜样。《论语·颜渊》篇中孔子关于政治的说法，可以视为古人对政治的定义：“政者，正也。子率以正，孰敢不正？”政治就是引导民众走正确的路。其实这样的政治观念，早在周代就已经出现。证据就是《思齐》中“刑于寡妻”等句。

正是因为这样的观念，《大雅·大明》这首也应该是歌唱于祭祀文王典礼上的诗篇，用较多的笔墨描写王季和文王的婚姻缔结，就好理解了。《毛诗序》解释这首诗说：“文王有明德，故天复命武王也。”诗篇最后确实结束于武王伐商之事，如最后两章：

殷商之旅，其会如林。
矢于牧野，维予侯兴。
上帝临女，无贰尔心。

【大意】 殷商的军队聚集如森林，武王向部下宣布誓言：我们要兴兵作战，上帝在看着你们，不要心怀二心。

牧野洋洋，檀车煌煌，驷騵彭彭。
维师尚父，时维鹰扬。
凉彼武王，肆伐大商，会朝清明！

【大意】 牧野之地好宽阔，檀木战车光闪闪，驷马雄健色鲜艳。武王的师父是姜尚，击杀敌人像苍鹰在飞扬。是他辅佐周武王，快速灭掉了大商，那是一个晴朗的早晨天刚亮。

然而，诗篇在表现武王继承文王志业的同时，还用较多的笔墨写了王季娶太任和文王娶太姒的往事，而且诗篇一开始就交代，这是意愿的一部分，诗曰："天位殷适，使不挟四方。"诗人说，是上天为殷商树立了敌人，以至于他们失去对四方的控制。就在殷商失去上天眷顾的时候，幸运的周人在崛起，而崛起的表现之一，就是《大明》篇中所表现的王季和文王两代的好婚姻。诗篇第二、三章说：

挚仲氏任，自彼殷商，
来嫁于周，曰嫔于京。
乃及王季，维德之行。
大任有身，生此文王。

【大意】　挚国第二女就是太任，从殷商国度嫁到周邦。与王季一起广施德教，怀孕生产就是这文王。

王季娶太任，是好婚姻，生了好儿子文王。诗篇接着就说文王“昭事上帝，聿怀多福。厥德不回，以受方国”。意思是周文王小心侍奉上帝，上帝赐福给他，让其成为四方侯国的领袖。诗篇接着就以热烈的笔调用三章的篇幅表文王的婚事：

天监在下，有命既集。
文王初载，天作之合。
在洽之阳，在渭之涘。
文王嘉止，大邦有子。

【大意】　上天细观察，大命降周人。文王继位初，缔结天作好婚姻。在洽水南岸，在渭河一旁，文王好日子，娶大邦女新娘。

大邦有子，伣天之妹。

文定厥祥，亲迎于渭。

造舟为梁，不显其光。

【大意】 这位大邦女，相貌好像天仙样。文王定婚期，亲迎渭河旁。连接舟船做鹊桥，婚礼排场好风光。

有命自天，命此文王。

于周于京，缵女维莘。

长子维行，笃生武王。

保右命尔，燮伐大商。

【大意】 有命从天降，降给我文王。在周家都城，来了莘女做新娘。莘国长女嫁文王，生下儿子周武王。上天保佑命真好，天遂人愿伐大商。

三代人的婚姻，三代人源于上天的好命，终于有了最后的克商，继而主宰天下。这才是西周天命观念中最有意思的内容。上天眷顾德行，然而人间的德行却落在婚配，落在生养好儿子、好后代上。质言之，玄虚神秘的天命，有其实实在在的落脚点，那就是人间德行生活的实践。这样的观念是别致而富有民族特征的。当然，重视婚姻的观念是明确的。而且，周代婚姻有问名、纳彩、亲迎等六礼，六礼虽多，而亲迎之礼最大。有意思的是，在今日的中国，天南海北，婚礼婚俗虽各有分别，但有一点却四海如一，那就是亲迎，即在结婚之日，男孩子乖乖地到女儿家郑重地把女孩子迎接回来。

回到《诗经》，咱们以《诗》证《诗》，《诗经》以《关雎》这首婚恋题材开篇，《诗经》有多关注那些婚恋的现象，都可以从这些周家所以获得天命的“史实”中找到根源。这些“史诗”，首先就为《诗经》重视什么确立了法度，定下了调子。

第六讲

『合二姓之好』的婚姻之歌

前一讲我们看到了，祭祀祖先的典礼仪式中，那些回顾周家创业、得天命的历史鸿篇，讲述三代先王的幸福婚姻、幸福家庭、好妻好儿，也是诗篇的重要内容。而且，一个关系到治国安邦大原则的“内圣外王”纲领，也是在对好家庭、好妻子的赞美述说中郑重提出，周人对好家庭的关注多么强烈，也就不难见其一斑了。与这样的高度关注相应，《诗经》中还有一个诗篇题材的大宗，就是婚恋诗篇。粗略统计，婚恋题材的诗篇数量总的在百篇左右，占《诗经》“三百篇”的三分之一。篇章既多，其内容更是丰富多样，所表现的生活广泛而深刻。

婚恋题材的诗篇，又可分为“婚”与“恋”。这一讲重点讨论“婚”，即婚礼乐歌及表现婚后家庭生活的篇章。不过，要理解《诗经》的婚配诗篇，有一首被误解的诗篇需要先拿出来谈一谈，那就是《诗经》的开篇：《周南·关雎》。

一、《关雎》主题正误

打开《诗经》，就是《关雎》。诗曰：

关关雎鸠，在河之洲。窈窕淑女，君子好逑。
参差荇菜，左右流之。窈窕淑女，寤寐求之。
求之不得，寤寐思服。悠哉悠哉，辗转反侧。
参差荇菜，左右采之。窈窕淑女，琴瑟友之。
参差荇菜，左右芼之。窈窕淑女，钟鼓乐之。

应该是因为这首诗篇的位置特殊，历代注解《诗经》，往往在这一篇下的功夫要大些。与此相伴的是，误解也严重。

1. 历来的误解

对《关雎》的解说，西汉与东汉不同，宋代又与汉代有别，至于近代以来的解说，又是迥异于古人的。看西汉流行经学的解释（西汉流行今文经学），得读一下清代末期学者王先谦《诗三家义集疏》，就会看到如下的说法：诗篇是刺诗，具体说是刺周康王的。该书引《史记·十二诸侯年表》所存今文经学之说：“周道缺，诗人本之衽席，《关雎》作。”“衽席”与后世的“炕席”差不多，只是周代好像不睡炕，准确解释“衽席”，大致就是“床笫”，即“床上”的意思。那么，是谁的“床笫”之事出了差错呢？是周康王，即西周第三代王。可是，西周的周康王时代不是说是“盛世”吗？《史记》就说“成康之际，刑措不用”呢。是的。可是，这也很难说周康王在私生活上没有“衰”事。那么，周康王的私生活到底怎么“周道缺”了呢？是这样的，“周康王承文王之盛，一朝晏起，夫人不鸣璜，应门不击柝，《关雎》之人见几而作”。大意是：周康王承继周文王事业，王朝还是盛世，但是他又一次早朝起晚了，按规矩，侍寝的夫人应该早早起床，并用佩璜发出声响，告诉门外值夜的人员，自己该出门了。值夜把消息传给看守宫门的人员，看守宫门的就敲击棒子，告诉大家王和夫人起床，朝政就要开始了。康王和他的夫人都起晚了，这就是“周道缺”，所以，就有诗人——好麻烦的诗人——以小见大、防微杜渐，作了《关雎》加以讽谏。这就是“刺诗”说的大概。

可是，我们读《关雎》，再怎么读也看不出任何“刺”的味道。这就是不了解汉代以“刺”说《诗经》的奥窍了。儒家有一个说法叫作“谲谏”，就是拐着弯儿地谏。例如，在课堂上，有同学迟到了，老师不直接批评他，而是念“学生守则”中的“不许迟到”。老师这样念，学生听懂了。这就是“谲谏”，手法高了去了。用《毛诗序》的说法，这叫作“言之者无罪，闻之者足戒”。这就是经学家说的“刺诗”之说。这样“谲谏”地解释《诗经》中的诗篇，还有不少。再举一例如《小雅》中的《楚茨》，叙说的是年终用藉田生产的粮食祭祀祖先，《毛诗序》则说：“刺幽王也。”可是找遍全篇，也不见“幽王”俩字，弄酸了鼻子也嗅不到“刺”的气味。可是，接着读《毛传》，就该自惭脑筋不灵活了：“政烦赋重，田莱多荒……故君子思古。”原来这是“思古”，要点就在这“思古”一词。幽王时荒于农耕，田地荒芜、赋税又重，诗人要批评他，不好直斥，只好借着思古、说古来拐弯抹角地讽刺了。这又叫作“反经以为权”，既刺了周王，也保证自己没有危险。

回到对《诗经》的解说，以这种“谲谏”思路解读《关雎》，在西汉还可以看到别的说法，矛头不是直指过去很久的周康王，而是“今时大人”即“今上”。这也见于王先谦《诗三家义集疏》，原文却出自刘向《列女传》。刘向生活在西汉的元帝、成帝时代，两位皇帝父子相继，都好色，前一位因好色而命短，后一位因好色而绝嗣。所以，《关雎》的解释针对“今时大人”其实也是“谲谏”的实用之例。

到了东汉，流行的古文经学解释《关雎》，也有了新说：“《关雎》，后妃之德也。”这就是见于《毛传》的今文家之说。那么，“后妃之德”的“德”指什么呢？《毛诗序》说：“乐得淑女以配君子”，就是后妃想要“君子”即自己的丈夫多得淑女，就是丈夫多找妻妾她也“不嫉妒”。到了宋代，还干脆把这样的“不嫉妒”之“德”，明确说成是文王家里的“太姒之德”。在今人看来这很是不近人情的解释，在当时也自有其考虑：《关雎》中的“后妃之德”，可以为那个一夫多妻时代的天下家庭，树立“不嫉妒”的榜样。诗篇在这些解释下，就被视为驯服女性“嫉妒”的大法。

这就是《诗经》解释上的西汉与东汉的分别。简单说，西汉解释经典，重在以此矫正帝王的做法；东汉儒家解释经典，则意在为万民树立榜样。汉代完整的《诗经》解释著作，只留下一部《毛诗》。

对《毛诗》解释的《关雎》，我想抄一段林语堂《〈关雎〉正义》短文里的一段权当评价。林语堂先举了几条有关《关雎》的旧说，意在告诉读者，古代儒家解经道学的气氛浓厚，早有其端绪，不是从宋明理学才开始。然后，林语堂又说：

> 我想象在台北可有这一幕："妈，您为什么睡不着？翻来覆去？"孩子问。
>
> "儿啊，你不知道，你爸爸想娶一个年轻女子到我们家来。"
>
> "妈，这不是很好吗？你应当学文王后妃，她真好。她也失眠，倒不是怕她先生讨小老婆，而是怕她先生娶不到小老婆，想到发热昏，真真足为楷模。"
>
> "谁说这种话？"
>
> "学校里的老师。"
>
> 第二天，张太太、李太太约同赖太太、杨太太，一起大闹学校去，老师早已闻风由后门逃走了。这几位太太没法，只有把学校里的《诗经》课本全撕烂了。

读此文字，快哉快哉。说这些属于学术史的东西，似乎与读《诗经》无关，其实不然。这对了解一点学术史上的各种说法有帮助，更重要的是，可以打破一些人至今还在那里讲的“汉代离《诗经》时代近，其说更可信”的糊涂观念。汉代确实比我们离《诗经》近，留下的很多文献材料也很有用。可是，若一味信从汉代说法，不了解经学解读经典有其特定的目的，那就难免在解读上违背常情了。

于是现代人又有了新说，这新说就是各种课本、注解本中讲滥了调子的“爱情”说。这其实是一种现代误解。尝见过一个选本说《关雎》是写一位男子“偷偷爱上”一位淑女的。不过，这样理解倒也不是找不到依据，他们是从诗篇“求之不得，寤寐思服。悠哉悠哉，辗转反侧”等句子来立论的。一位男子因思念淑女，弄得寝不安枕，翻过来、调过去地在床上折腾，在一些现代人看来，不是堕入情网、为情所困，又是什么？爱情说以此得立。单看上述句子，的确如此，可是，据此就说诗篇是“爱情”之作，却难免有断章取义且“现代化”古人之嫌。

2.《关雎》为婚礼乐歌

其实，《关雎》为婚礼乐歌。何以这样说？主要根据有三点：

首先是诗篇中的称谓形态不对。诗篇中“君子”“淑女”对举，明显是旁观的第三者才有的语态。表达爱意的诗，能用这样的人称语态吗？《关雎》篇以“君子”与“淑女”的人称名谓对举，不是表白爱情该有的称谓。《诗经》中也有传达爱慕的篇章，例如《郑风·褰裳》，其“子惠思我，褰裳涉溱”（你可好心看上我？看上我，撩起裙子渡溱［zhēn，河流名］水来会你）的句子，就是“子”与“我”并举的。这才叫传达爱情。这是第一点，即诗中人的称举方式不对。

其次，是诗篇中的乐器不对。诗言“琴瑟友之”，《小雅·常棣》中“妻子好合，如歌琴瑟”和《郑风·女曰鸡鸣》中“琴瑟在御，莫不静好”都是以“琴瑟”喻夫妻和睦。就现有《仪礼》等关于“周礼”的记载而言，一般典礼都有“升歌”，即目盲的四位乐工升堂演奏，二人唱、二人以琴瑟伴奏。因此，《关雎》言“琴瑟友之”，暗示的应该也是典礼场合。单看这一句，很容易将“琴瑟”视为示爱乐器，但诗篇下文还有“钟鼓乐之”一句。中国古代很早就有鼓，大汶口文化、山西陶寺文化等遗址，都曾出土过用鳄鱼皮蒙制的木鼓；说到钟，就今天发现的西周最早的钟而言，是三件一套，要敲击成乐，还需要一个悬挂乐器的架子。如此，挟瑟之外还得带着一套编钟，拖一副木架，组织一个小乐队，有这样去向女子示爱的吗？

第三，也是更关键的，当琴瑟与钟鼓一起出现于诗篇时，暗示的是一场典礼才有的音乐规模。周代举办典礼，如上所说，堂上一般有目盲的乐工歌唱，用琴瑟伴奏，称为“升歌”。同时，堂下的庭院还有乐工奏乐相应和。就《仪礼》记载而言，升歌之后，堂下演奏，称“间歌”。升歌与间歌相应相和，才是一场典礼的歌乐之局。《仪礼》所记之礼等级略低，所以没有出现钟鼓，但是在《左传》《国语》等文献所记载的列国使者聘问活动中，却是有“金奏”即使用铜钟乐器演奏的。王国维先生在《释乐次》一文中说“凡金奏之乐用钟鼓”“天子、诸侯全用之，大夫、士鼓而已”。可见“钟鼓”的出场所指示的礼仪场合是天子、诸侯级别的。

《关雎》先言“琴瑟”，再言“钟鼓”，正是暗示出典礼场合的用乐情形，符合周礼的规制。据《仪礼·士昏礼》和《礼记》等文献记载，周代婚姻有六礼，即纳采、问名、纳吉、纳征、请期、亲迎。纳采和问名是媒妁奉命到女子家说明结亲之意，送一点礼物，并请问女孩子名字，以便占卜定吉凶。纳吉是将占卜的决定告诉女子家，纳征即下定亲礼，请期是确定具体婚期，亲迎则是婚礼的高潮，男子亲自迎娶女子成婚。《关雎》这首诗篇，从其内容看，应该就是亲迎典礼的乐歌。诗篇其实是祝愿新婚之人生活幸福。一言以蔽，《关雎》属于西周礼乐的一部分。

3. 两点释疑

至此可以说，《关雎》不是现代人理解的“爱情诗”，而是婚姻典礼的乐章。诗篇原本是带着自己使用场合的印记的。不过，笔者设想，这样的理解起码要受如下两方面的质疑：

其一，还是会涉及上面说到的“辗转反侧”那几句。人或许要问：你说《关雎》不是爱情诗，那上举“辗转反侧”云云，又是什么？答曰：难道结了婚的夫妻就不需要爱情了？一首婚礼的乐歌却写到夫妻情深，是承认夫妻关系也应以相互爱恋为重要条件，是诗篇人道情怀的表现，值得珍视，不应该因此混淆诗篇的题材类型。诗篇言“辗转反侧”，也是在表达“好婚姻”的理想。这样的祝福其实是有其生活的针对性的，因为在父母之命、媒妁之言之下的婚配，好夫妻难得。

其二，也许有人还会质疑：《礼记》等文献不是说“婚礼不用乐”“取妇之家，三日不举乐”吗？是的。答曰：《礼记》等确有这样的说法。而且，可以肯定的是，古代很多学者不敢把《关雎》视为婚姻典礼的乐歌，就是因为有这些横在那里的文献，这是个巨大的障碍。可是，古人云：尽信书不如无书。“之子于归”的《周南·桃夭》，难道不是嫁女之歌？“之子于归，百两御之”的《召南·鹊巢》，不是表送亲的“用乐”吗？《礼记》成书于东方的儒生，时间为战国；周南、召南之地在今河南、陕西，时间总的在春秋以前。地域相差数百公里，时间相隔几百年。在《诗经》与《礼记》之间，到底哪个可信，相信是不用多言的。总的来说，儒家文献所说“婚礼不用乐”，应该是西周之后流行于东方的风俗，据之否认《关雎》篇婚礼乐歌的属性是很成问题的。

二、诗篇文化内涵透视

注解《诗经》中的诗篇，确定其主旨，仿佛石油钻探的打井，一口井打得是位置，大地的蕴藏就会喷薄而出。《关雎》就是如此。当我们调整了对它主题的理解后，诗篇所蕴含的内涵，马上会迫使我们去发问、发现。《关雎》既然是一曲“亲迎”婚礼上的乐章，是一首有关婚姻关系缔结的诗篇，那么，问题也就随之而来：婚姻在西周时代社会生活中的地位如何？按照儒家文献记载，孔子论《诗经》特重《关雎》。《韩诗外传》载孔子论《关雎》谓：“大哉《关雎》之道也，万物之所系，群生之所悬命也。”看这样的说法，感觉难免有“玄乎”之感。然而就笔者而言，早就有一个疑问：《关雎》位列“三百篇”之首，是偶然巧合还是有意的安排？看《韩诗外传》的说法，《关雎》列为《诗经》之首，似乎应是孔子的编排。然而，后来读《仪礼》中的《乡饮酒礼》和《燕礼》，在宴会招待宾朋时，有一个节目就是歌唱《周南》和《召南》中的六首诗，首先歌唱的就是《关雎》，看来并不是孔子或者其他任何人的安排，而是早就如此。无论如何，《关雎》在《诗经》中占据“首出”的位置，应该不是毫无意味的。那么，这意味又是什么？

这里需要补充说明一点，即婚姻关系的缔结在西周封建制中所起到的巨大作用。常见许多历史教科书在论述西周封建时，往往会忽视与封建制相伴而生的婚姻制变。《礼记·大传》说“周道”即周人的婚姻规定是“虽百世而昏姻不通”，意思是同为姬姓的男女，百代不可以通婚。这与殷商可以“内取”即可以娶同姓截然有别，而后世中国人的婚配原则基本遵循周礼的规定。西周大封建实行，将众多同姓异姓的亲戚盟友分配到当时各个战略要地，建立诸侯家邦以拱卫王室。大封建导致的是周人及同盟者群体的大拆解，同时也是周人及其盟友与天下众多其他异姓异族的全面接触。于是一个问题随之而来：与众多的异姓异族是联合融通，还是压迫对抗？历史表明，新王朝的缔造者选择的是前者即联合与融通，其重要的表现，就是周贵族与异姓异族之间广泛婚姻关系的缔结。这就是西周封建刚柔相济的两个方面。刚的一面是军事镇服，柔的一面是周人试图利用婚姻来打破自封建以来形成的族群壁垒。由此，也完成了对原始社会以来血缘关系的重大变革：那就是用婚姻的方式，将众多的族群联合起来，缔造一个几乎可以说贯穿天下、笼络天下的新的庞大的血缘关系系统。这个庞大的血缘关系系统，大体是由同姓亲戚和异姓姻亲构成，也就是王国维在《殷周制度论》里所说的封建制形成的“道德团体”。《礼记·丧服小记》说周人“亲亲尊尊”。“亲亲”，就是重视血缘关系；“尊尊”，则是在“亲亲”基础上形成的“长幼有序”。到东周时期，文献记载，周王见异姓诸侯，一无例外地称“伯舅、叔舅”，见了同姓诸侯一无例外地称“伯父、叔父”，这便是用婚姻缔造的新的大血缘意识已成习惯的体现。有意思的是，后来中国人的社会关系，特别重视表亲（姻亲关系），费孝通先生在《乡土中国》中说：中国人重表亲，一表三千里。这应该也可以从西周血亲封建那里找到源头。周人的血缘关系是融合了天下的血缘关系。

这里有一种大智慧值得注意，那就是顺势而为。三千年前的西周，不论是周人还是其他人群，“非我族类，其心必异”的观念，应该是普遍的根深蒂固的生活意识。而且，本书第一讲“历史瓶颈”那一节说过，不能有效地将辽阔地域上分布的各有渊源的众多人群在文化上真正融合起来，正是夏、商两代面临过的重大难题。周人解决这个难题，突破历史瓶颈，正因其机智地利用了人们相信“有血缘关系的人就亲”的“族类”意识，用婚姻的缔结广泛地营造不同人群之间的交融。由此，也就不难理解在《诗经》中，像《关雎》这样的诗篇位居篇首的道理了。婚姻关系的缔结既然如此重要，那么，婚姻缔结之际，举行隆重的钟鼓齐鸣的婚姻典礼，不是必然的吗？这样一来婚礼上有“关关雎鸠”祝愿夫妻和谐的乐歌，不也是很自然的吗？在了解西周特殊历史背景的前提下阅读《关雎》，才可以感到它的历史沉重，才可以了解到先民在缔造文明社会时所显示的智慧。由此，《诗经》作为一部文化经典，其记录历史的价值才可以被真切地感受到。

以上所谈，是《关雎》作为婚礼乐歌的历史内涵。历史总会成为过去，而“过去”的历史造就的文化逻辑，却可以延续很久。大家读《论语》，第一篇章就是“学而时习之”，之后的第二章就是：“有子曰：其为人也孝弟，而好犯上者，鲜矣！不好犯上，而好作乱者，未之有也。君子务本，本立而道生。孝弟也者，其为仁之本与！”这段话直接表达的意思，是强调“孝弟”之道的根本。若从文化逻辑上看，这段“有子曰”不是强调“好家庭出好的社会成员”这样的文化逻辑吗？再简而言之，就是承认这样一点：家庭是培育社会成员的第一学校。《论语》中“有子”的见解，不正与《诗经》的重视家庭存在密切的联系吗？西方《圣经》说，人类是因为受了诱惑才偷吃禁果，才有了男女生活，是“失乐园”之始；可是在中国古典的《易传》中，对男女婚姻是这样说的：“有天地然后有万物，有万物然后有男女，有男女然后有夫妇，有夫妇然后有父子，有父子然后有君臣，有君臣然后有上下，有上下然后礼义有所错，夫妇之道不可以不久也。”（《周易·序卦传》）这就是中国关于家庭生活的文化逻辑：与天地阴阳合生万物一样，男女结合才是人伦的开端，才是社会生活的起点。

当然，领悟这样一种文化逻辑，实有赖于对《关雎》主题的重新认定。很明显，将《关雎》读作“爱情诗”，其背后所涵藏的文化意蕴，就会被弄得黯然不彰。这对了解本民族的文化传统，当然是十分不利的。

那么，这样的婚姻关系缔结，是否会产生巨大的作用与影响呢？回答是肯定的。

三、姻亲的情分

婚姻关系，扩大了周人的“亲亲”关系，缔造了不同人群的融通联合。这在《诗经》的一些篇章中，也是信而有征的。《小雅》中有一首《我行其野》：

我行其野，蔽芾其樗。
婚姻之故，言就尔居。
尔不我畜，复我邦家。

我行其野，言采其蓫。
婚姻之故，言就尔宿。
尔不我畜，言归斯复。

我行其野，言采其葍。
不思旧姻，求尔新特。
成不以富，亦祇以异。

这首诗从格调上看，应为西周晚期作品。《毛传》说“刺宣王”，周宣王即为西周晚期之王。为什么说诗篇是“刺宣王”呢？郑玄解释说：“刺其不正嫁取之数，而有荒政，多淫昏之俗。”大意是周宣王政治荒废，不管教人民的婚姻嫁娶，所以当时多有过分的、不合礼法的婚配。毛、郑这样解释诗篇，遵循的是中国古典的政治逻辑。这一古典逻辑，用《论语》中孔子的话说，就是：“政者，正也。”翻译成现在汉语即：“政治，就是引导人民走正确的路。”当然也包括婚姻风俗在内。在这样的政治逻辑之下，婚姻风俗不正，周宣王当然要负责任。可是，诗篇自身有其表达的重点，与政教风俗没有直接关系。诗篇反复说“婚姻之故，言就尔居”“尔宿”，都是强调我们是异姓亲戚，有婚姻关系，如此，才来投奔你家，在你们这里借住、借宿。然而你们却因为我们落魄了，就不念旧姻亲情分，眼里只有新姻亲（当然是富贵人家）。诗篇接着又作诛心之言：这实在不是因你家富有了才变，原本你就是个三心二意的人家。这样的句子，既暗示着“两亲家”有了贫富差异，也暗含“当初我错看了你，才选你做亲家”的意思。从如此峻切的言论中，是可以看出婚姻亲戚应当互助这样的“周礼”大原则的。

由这首诗，可以看出，在西周后期，因为各种天灾人祸，出现了投亲靠友的流亡之民，其中投奔姻亲就是一种选择。然而，毕竟到了西周后期，礼坏乐崩业已开始，人们也开始

“不思旧姻”，于是就有了对这些投奔之人的嫌恶。然而，人们的“旧姻”观念仍在，便有了这首哀怨的诗篇。它一方面显示着社会生活观念的变化，一方面也显示出西周以婚姻关系缔造不同人群之间的关联仍然具有的巨大观念力量。读这首“变风变雅”的哀怨诗篇，正可以了解婚姻关系在西周曾有过的重要性。另外，诗篇中“言采其蓫”“其葍”的比兴之词，也颇有意思，两种野菜，都是可食却不能多食的植物，诗人以此比喻，似乎也表现了他对亲戚关系的理解：亲戚，适度的往来是好的，过于依赖就要出麻烦了。

四、周礼的婚姻经受考验

社会在变化，社会关系也在变化，于是有西周晚期《我行其野》这样抱怨姻亲情感淡薄的篇章。周礼婚姻所缔结的人际关系，在经受着考验。而且，这样的考验还刚刚开始。到了春秋时期，《诗经》文学进入风诗的年代，周礼意义下的婚姻关系所经受的考验还要更加严峻，情况也更加复杂。

首先周礼的婚姻正如上所言，是“合二姓之好”，是建立在缔结人际关系的设计之上的，这样的婚姻本就有难以兼顾当事男女主观情感的局限。在那些重在表现婚姻关系缔结的诗篇如《周南·关雎》《召南·鹊巢》等是看不到这一层的。然而，到了风诗中，这样的问题就暴露了。在《郑风》

中，有一首《将仲子》的诗篇，就颇能表现礼法与爱的真情之间的不相容。诗曰：

将仲子兮，无逾我里，无折我树杞。
岂敢爱之？畏我父母。
仲可怀也，父母之言，亦可畏也。

将仲子兮，无逾我墙，无折我树桑。
岂敢爱之？畏我诸兄。
仲可怀也，诸兄之言，亦可畏也。

将仲子兮，无逾我园，无折我树檀。
岂敢爱之？畏人之多言。
仲可怀也，人之多言，亦可畏也。

诗篇极其巧妙地表达出恋爱中女子婉曲而复杂的心态。逾墙有声，折杞留迹，会暴露隐秘的爱情，招致父母兄长乃至他人的干涉。爬墙、坏树，又表明“仲子”是个性急而鲁莽的家伙；句句暗递情报，姑娘是位真情而心细的人儿。这里有幽隐的深情，有各自的性格。父母、诸兄，都是至近的亲人，情爱却将他们推远了，把他们变成了“可畏”的人。

诗篇的文化内涵就在表现真情与礼法之间的冲突。在“可畏”与“可怀”之间，实际隐含着情与礼的分歧对立。父母、诸兄及不相干的“人之多言”，都是自由爱情对立面的社会意志。因而诗中的里园之墙、杞桑之树，都可视为礼教的象征。女子对恋人“无逾”“无折”的告诫，则又可视为社会礼教内化为她内心纪律的象征。所以她才爱得那么小心，那么谨慎。这里正有诗篇独特的价值，诗篇展现出礼法压力下情爱的挣扎与偷渡，无言地显示出对真挚情感维护的意态。

读这首诗，笔者想到了文学历史的一个非正统的传统，这首诗可以算作这个传统的开端。在一个特别讲究礼法的社会，正统的观念对男女真情是不以为然的，可是真正的文学，有价值的文学，则是予以肯定的。像《孔雀东南飞》，也有类似的对男女真实情感的维护，到《红楼梦》可谓集其大成。这样表现维护真情的文学，始于《诗经》中的风诗，具体说，就是《将仲子》。它与《关雎》在文化中的地位不同，《关雎》是正统，而《将仲子》表现的是真实生命的情感与礼法、责任之类的龃龉。

但是，《将仲子》中的情感终究会成为隐秘。读诗，不妨做一个猜测：以诗中女对“父母”“兄弟”及“他人”“之言”的畏惧，她与仲子的爱情是不会有结果的。就是说，最终她将作为“合二姓之好”的“窈窕淑女”，在“桃之夭夭”的季节被“之子于归”了。于是，现在“将仲子”的声声呼唤，就只作为她隐藏心底的秘密一起出嫁，无奈中也只有淡忘一条路可寻。这应该是从《诗经》的风诗时代开始，延续多少世纪甚而至今不绝的小小的生活样态。从这一点说，“将仲子”的呼唤，又有点“永恒”的意思。

正因为“周礼”意义下的婚姻存在这个龃龉的弱点，周礼的婚姻，还会遇到更大的挑战，那就是各地古老自由婚恋风俗的冲击。这可以从《召南》的《摽有梅》说起，因为“召南”之地为西周王朝的智术地带，要说应该是“周礼”教化最流行之地。然而，异样的风俗却是存在的。《摽有梅》这样写道：

摽有梅，其实七兮。
求我庶士，迨其吉兮。
（首章，急切之情溢于言表。）

摽有梅，其实三兮。
求我庶士，迨其今兮！
（此章数由“七”而“三”，急迫；“今兮”，慌不择日，情见乎词。）

摽有梅，顷筐塈之。
求我庶士，迨其谓之！

诗篇所展现的，是古朴风俗下激荡着的原始生命力。其最值得注意之处，是抒情女主人公无所顾忌地对求偶之情的表露。任何时代婚配、生育都是被承认的权利，但并非每一个时期的人，都敢如此公然地袒露心情，因为，婚姻决定权往往不在结婚之人手中。可是，从诗篇女主人公手中的那些梅子，却可以见到不一样的情形，主动抛出的梅子是自主求取配偶的象征。风俗是人类生活的空气，养育着人的文化气质、精神品格。这样的诗篇见诸《召南》，当时的人歌唱此篇，可能有表现异地风俗之粗野，寄寓必加整齐、改善的用意；对今人来说，坦然而热切的诗篇，却有进一步去认识的价值，因为从中可以读到我们过分讲究“礼法”的民族，在其早年的某些地方也曾有过的“粗野”的青春气息。

又据闻一多研究：“在某种节令的聚会里，女子用新熟的果子，掷向她所属意的男子，对方如果同意，并在一定期间送上礼物来，二人便可结为夫妇。这正是一首掷果时女子们唱的歌。”（《风诗类钞》）梅字从母，暗含生育之意，又写作“楳”，与掌管婚姻之事的“媒氏”之“媒”音义相谐。因此抛梅的行为隐含着男女结合、生育子嗣的双关语意。诗言“摽梅”，由“梅”原产在南方这一点似乎可以推测，诗篇表现的，是周人不熟悉的南方风俗。换言之，诗篇的问世，是周人经营南方，在那里开拓政治区域时对异地风俗的新发现。周人来到南方，见到了他们未曾见过的土著风俗，有人把这样的新见闻谱写成歌，或把当地歌谣做些艺术加工，加以传唱，一种古老的地域风情就这样被保存下来了。

这对周礼的婚姻是否有腐蚀性不得而知，可以知道的是在殷商故地卫，那里流行的风诗显示，古老的风俗对周贵族有严重的影响。先来看《鄘风·桑中》篇：

爰采唐矣？沬之乡矣。
云谁之思？美孟姜矣。
期我乎桑中，要我乎上宫，
送我乎淇之上矣。

【注释】 唐：菟丝子，又名唐蒙、兔芦，攀附在其他植物上的寄生植物。 沬（mèi）：卫国中心地带，殷商旧都故地，在今河南淇县境内。 桑中：桑林之中。

爰采麦矣？沬之北矣。
云谁之思？美孟弋矣。
期我乎桑中，要我乎上宫，
送我乎淇之上矣。

爰采葑矣？沬之东矣。
云谁之思？美孟庸矣。
期我乎桑中，要我乎上宫，

送我乎淇之上矣。

诗篇韵律流畅，风调活泼。篇中之“我”，看似是当事人的现身说法，也可以理解为一种设身处地的比拟。“桑中”“上宫”是男女幽会之所；“孟姜”“孟弋”和“孟庸”为幽期之人；“期”“要”“送”则是写幽欢之会的首末。诗篇未必是写某一个人的风流，更像是在展现上流社会的风俗。诗篇每章重复出现的后三句，实际上是在说，不论是在沬乡还是在沬北、沬东，不论是与孟姜还是与孟弋、孟庸，事情的首尾、过程都是一样的。所以，不确定的一面显示的是一种行径的普遍性，确定的一面则表明这种事情的一律性。

五、贵族婚姻生活的败绩

“婚礼”在西周礼乐文明中，如上反复所说，属于新文化，作为主宰了历史的人群，周人势必要推行自己的新文化。然而，那时候八方“风教”，统一的程度还远称不上高。在婚恋方面，在周人的礼乐之外，东西南北还有各种渊源古老的风俗。这些风俗，会影响被封建到各地的周贵族。

这影响，致命的一例，就发生在鲁国。进入春秋，鲁国的君主娶了齐国公主文姜为妻，多种历史文献记载，文姜未出嫁前与其兄长齐襄公有染。最终在鲁桓公十八年偕文姜访问齐国时，文姜与襄公的兄妹“恋情”复发并被鲁桓公发现，于是齐襄公派大力士害死了桓公。诗篇对此有表现，见于《齐风》，有《南山》《敝笱》《载驱》三篇，据历来传统的说法，这三首诗篇就是讥讽襄公和文姜的“兄妹情”的。请看《南山》篇：

南山崔崔，雄狐绥绥。
鲁道有荡，齐子由归。
既曰归止，曷又怀止？

（此章言齐侯之女由坦荡的大道嫁往鲁国。后两句，指责齐襄公与文姜贪恋私情。）

葛屦五两，冠緌双止。
鲁道有荡，齐子庸止。
既曰庸止，曷又从止？

（此章言襄公不该追逐文姜。）

艺麻如之何？衡从其亩。
取妻如之何？必告父母。
既日告止，曷又鞠止？

（此章言文姜的婚姻是合法的，以斥齐襄公为欲望而罔顾礼法。）

析薪如之何？匪斧不克。
取妻如之何？匪媒不得。
既曰得止，曷又极止？

（此章言文姜的婚姻是有媒妁之言的。陈继揆《读风臆补》：“全用诘问法，令其难以置对，的是妙文。”）

通篇都是不屑、斥责之意。而文姜之事在《左传·桓公十八年》及《管子》《史记》中均有记载。今人读到这样的事情，对此等兄妹之事或感诧异。实则在远古时代，兄妹成为夫妻也是可以的（按：近年学者研究春秋齐国器齐侯壶铭文，提出文姜与齐襄公可能为父女关系，引《礼记·檀弓》所载“或曰”齐襄公夫人为鲁庄公外祖母为证。果然如此，则又不在此论了）。传说中的伏羲、女娲是什么关系？不仅我国，在古代的埃及、希腊都有这样的情况。不仅是兄妹，还有的国家叔叔可以娶侄女。总之，据记载，“同姓不婚”的原则是周人确立的。《太平御览》卷540引《礼外传》：“夏殷五世之后，则通婚姻。周公制礼，百世不通，所以别禽兽也。”“百世不通”实即同姓绝不可通婚。夏、殷商时期则尚未有此规矩，五世之后即可通婚。此外《公羊传》又说，宋国人“三世内娶”。三世、五世，表明同姓男女隔几代就可以通婚则是明确的。

在这件事中，周贵族鲁桓公还只是受害者。在卫地的风诗中，周贵族则是风俗的接受者。这一点在《桑中》篇实际已有清晰的显示，更典型的事例则是卫宣公的一段风流案。文献记载卫宣公先是娶了父亲留下的庶母夷狄姜，生了儿子伋子，并立其为储君。若干年后伋子到了娶妻年龄，宣公为之与齐国结亲。不想齐国公主宣姜天生丽质，宣公一见便“难自弃”，结果据为己有。宣姜为他生了两个儿子，男儿爱后妇，宣公年迈，却不乏此好，于是就为了宣姜设计害死伋子，宣公的一个儿子也为保护伋子而丧命。家庭悲剧啊。宣公一生正应了两个“古典”说法：“烝”与“报”。古人将娶母庶（今天所谓的继母）称之为“烝”，是对上辈的，所以有称“上烝”；对下，例如宣公与儿媳辈的宣姜成其好事，就是所谓的“下报”。有学者称，宣公这样做，是遵循了古老的婚姻习俗。这是很有道理的。然而因此不承认《诗经》的一些篇章是在抨击这种行为，可就有流于一偏的危险了。

综上所述，到了春秋时期，周礼的婚姻原则，确实经受了冲击的考验。诗篇表现这些的同时，也将对在这样的冲击下周贵族的“投降”予以断然的否定。很明显，后来中国人的婚姻风俗，大体是沿袭了“周礼”的，诗篇在当时对卫宣公之流作为的不齿，该是起到了很大的作用吧。

第七讲

凝铸传统的农事诗篇

中华文明以农耕为底色。表现在《诗经》篇章，就是《风》《雅》《颂》中都有农事题材的诗篇。见诸《风》，有《豳风·七月》的长篇；见诸《小雅》，有《楚茨》《信南山》《甫田》和《大田》等；见诸《周颂》，则有《噫嘻》《臣工》《载芟》《良耜》《丰年》等。这里要说明一下的是《楚茨》和《丰年》两诗。

这些诗篇，表现着西周王朝对农耕的高度重视。考古发现，早在距今八千年以前，华夏大地就有相当发达的农业，南方的先民开始种植以水稻为主的农作物，北方先民则种植以粟（小米）为主的农作物。据此，今天的学者判定，中国是粟和水稻两大农作物的发源地。此后，农耕文明一直在不断进步。到了有文字记载的商代，甲骨文显示，王者对耕种事业十分重视。这一点，周人也不例外。每年的耕种及意在号令天下人重视耕种与田间管理的农事典礼，都是极隆重的王朝大事。《诗经》中的诗篇，就多与这些典礼有关。这样的典礼结束了，《诗经》农事诗篇的创作大体也截止了。也就是说，《诗经》的农事诗篇，主要产生于西周早期和中期，到晚期“宣王即位，不藉千亩”（《国语·周语》上），农事诗篇的创作也停止了[①]。

这些诗篇，还表现出西周时人们对自己所具有的农耕传统的高度关注。中华文明诞生于大小河流冲击而成的平原，最适宜农业，因而农耕成为最重要的生产事业，按说也不难理解。然而，将重视农业上升为一种精神传统，却还有其更复杂的原因。那么，周人为什么将对农事农耕事业的重视，塑造为一种精神传统呢？他们又是如何型塑这样的精神传统呢？这就是接下来我们要经由解读《诗经》中的农事诗篇加以探索的问题。

一、藉田典礼与西周的重农

上面说到，农事诗篇的创作都与当时重要的农事典礼有关，这一农事典礼在文献中被称为“藉田典礼”。

说“藉田典礼”，应先说说“藉田”的“藉”字。这个字在甲骨文就有，是一个人持耒耕作的会意，字形由“耒”踩踏耒臿入土的动作组成。后来的文献中这个字就写作“耤”或者“藉”，后者更通行一些。总之，这个字的本义就是持耒耕作。

说“藉”字，是因为它与藉田典礼有关。藉田典礼的一个重要特点就是周王在春耕时要亲自来到田间，与众多的农

① 关于《诗经》中农事诗篇的断代，笔者《诗经的创制历程》一书有专门章节加以讨论，在此不做详细论述。

夫一起拿起农具劳作，也就是说他也要做那个“藉”的动作。当然这样的“动作”只是一种表演性的动作而已。至于千亩大田的耕种，还是由胼手胝足的“庶民”来做完。

藉田典礼的举办，据《国语·周语上》，应该在二十四节气的立春（一般在夏历正月）那一天举行。此前此后，还有一系列郑重的准备及后续活动。例如，在之前的第九天，负责观察天象等自然变化的太史告知农官后稷（周人始祖曾任此职，该官职西周也有）：“自今至于初吉，阳气俱蒸，土膏其动。弗震弗渝，脉其满眚（shěng），谷乃不殖。”是说到正月初的几天，土壤松动，若不加翻动变化，可以生殖的地气就过劲了，谷物就不能丰收了。农官后稷将这消息告诉周王，周王命司徒之官遍告百官，开始各项准备。当时判断时令有一种办法，就是吹乐管。同一个乐管，气温不同、气压有别，吹出的音响高低自然也不同，古人就根据吹乐管声响上的细微差别，判断时令的变化。到典礼之前的第五日，负责吹乐管判断时令的瞽人（又称音官），测查当天的“土风”，即吹乐管断时令。有结果后，向周王禀告：“有协风至。”告诉周王：和风开始吹拂，春耕的时节马上来临。于是，王开始斋戒，百官及有关人员也要斋戒三天。之后的一天，王还有举行典礼之前的“飨礼”，即高级的饮酒礼。再之后，就是典礼正式举行的当天了。这一天，“百官、庶民毕从”。王在亲耕之前，还有专门的官员为王陈述“藉礼”，王执农具亲耕时，农官后稷负责监理，以免动作有差错，太史在前面负责引导，“王敬从之”。典礼的仪式动作是不能有任何差池的，否则触犯神灵，那可是大错，要招致灾害的。此外，典礼这一天，还有饮食礼仪，就是《国语》所说：“宰夫陈飨，膳宰监之。膳夫赞王，王歆大牢，班尝之，庶人终食。”《诗经》农事诗篇中常见的“馌彼南亩，田畯至喜”表现的就是“庶人终食”的场景。

不要以为，藉田典礼只是亲耕的礼仪，该典礼的举行，随着农耕各个环节，要持续一年。就是说，藉田上的典礼伴随着耕种，也伴随着田间管理乃至农作物收获。《国语》记载说，耕种之后，农官后稷发布“徇农”之令，且言“王则大徇”，还有就是“耨、获亦如之”。就是说，王巡视农耕，在田间管理及收获的季节，都要亲自来到田间。强调这一点，是因为《小雅》中的某些农事诗篇，就属于表现“耨获”时节王亲自主持典礼的乐歌。

藉田典礼起码有以下两个要点：其一，王要亲自下地与民同作，其意义在显示王朝对亲耕的重视；其二，王要亲自下地劳作，这是周人的老传统，在位的周王应当遵循。每一次藉田典礼，都像是一场盛大节日，农夫农妇都盛装前往。这在诗篇是有所体现的。农耕，本来与其他生计如商业、手工业等是一样的，可是在周人心中，农耕绝非如此简单，它已经被视为西周政权法理基础的重要部分，而且还是保持政治德行的重要条件。西周的重农，绝非是简单的重视农事生产。

不过，藉田典礼的出现并不是因为西周的重农，它的出现时间应该更早。只是因为西周重视农耕，将农耕与周人得以治理天下的理由联系起来，古礼才显得那样重要、那样备受关注，也才有诸多的农事题材的诗篇，应这典礼的需要而创作。

二、农事诗篇宣示王朝大政

现在我们就来看西周早期的两首农事诗篇。两首诗篇都见于《周颂》，一首为《噫嘻》篇，另一首为《臣工》篇。先看《噫嘻》篇：

噫嘻成王，既昭假尔。
率时农夫，播厥百谷。
骏发尔私，终三十里。
亦服尔耕，十千维耦。

【大意】 噫嘻周成王，我们已经向您敬诚意，现在就率领这些农夫，开始播种百谷。迅速翻耕您千亩的私田，一天就可以完成三十里播种。人们使用您的耕具，成千上万的合耦而耕。

诗篇为早期风格，质直简朴，其中的“成王”当为西周武王之子，即第二代周王，“成王”是其死后的谥号。据此判断，诗篇很可能是康王时期的作品。《竹书纪年》称：“康王息民。”农耕之事，就是“息民”的重要内容。诗篇应该是藉田典礼上的乐歌，是唱给先王听的，篇中两次出现的“尔”，都是指先王，具体来说，“先王”即篇中出现的周成王。诗篇与其他《周颂》篇章的不同，在其主旨并非献神，而是向神灵表示自己重视农耕的作为。

前文说过，藉田典礼的仪式，节目繁多，有祭祀，有饮食，还有射箭等等。但是，质朴的诗篇只用了一句“既昭假尔”，将上述所有的礼仪推向身后，以凸显主题，那就是播种百谷。这样的构思，显示的是一种风俗的简朴，突出的是实干，表现的是对农耕事业的高度重视。周王遵循的是古老的风俗礼仪，一如既往地从事开春的亲耕。诗篇中表现这一点，其立意就是要向天下人宣示，王朝重视农耕，周王亲自操起农具耕作，是要为天下树立重视农耕的榜样。同时，诗篇虽然简古，却又不乏诗意。春耕时节，广阔的田野，成千上万的人齐心协力地劳作，是何等壮观的光景。当然，这都是自然流露的，不是着意的表现。

再来看《臣工》篇：

嗟嗟臣工：敬尔在公，

王釐尔成，来咨来茹。

嗟嗟保介：维莫之春，

亦又何求？如何新畬？

於皇来牟，将受厥明。

明昭上帝，迄用康年。

命我众人：庤乃钱镈，奄观铚艾。

【大意】（王官传令：）喂喂，你们这些大臣们，要仔细完成各位的公事了。王要检查你们的劳绩，要考核你们手中的公务。喂喂，负责田界的官员们，眼下已是暮春时节，还有什么工作上的要求？那些生熟各种田地的麦子长得怎么样？（保介回话：）光灿灿的麦子啊，马上有个好收成！这是我们敬奉上帝的结果，才有这样的好年景。（王官听罢，再传令：）命令我的大众，收起他们的各种锄具，马上要看镰刀的了！

暮春时节，正是北方小麦将要成熟的时节，《国语》说："耨获亦于藉。"据此，诗篇是周王暮春"大徇"农事之前的征询。这样的征询，其实也是宣布小麦收获的农耕大政，应该附着于隆重的典礼，典礼的情形如今已难知其详，典礼的地点应在祖庙之中。按《礼记·月令》等文献记载，王亲耕之后，要到祖庙行礼，前面引用的令鼎铭文也是记载王亲耕之后返回康宫祖庙。由此推论，宣布收获大政的典礼也应在祖庙（很可能是康宫）中举行。

有意思的是，诗篇采取了对唱的方式：一边是王者、更准确地说应该是王的传令官员，这一点可从“王釐尔成”一句得知。王的传令官员先向各位大臣发出命令：王要检查他们的工作（当然是围绕着农事的工作）。接着又转而向管理田界的官员发问，询问其工作需求，并询问小麦的长势如何。当田界官员称即将获得丰年之后，传令官再次发布王命：告知所有的人，收起田界管理用的农具，马上要开镰收割了。“维莫之春”的句子，并非描绘之句，可是总会勾起读者关于暮春光景的遐想。“於皇来牟”的语句，又含有多么强烈的丰收的喜悦！最后一句“庤乃钱镈，奄观铚艾”，带有明显的口语色彩。这是来自三千多年前的关于农事的言说，今天读来却是那样的亲切。诗篇只是在记录对话，然而其强烈的感染力，就在这段简朴的记录之中。

以上两首早期的农事诗篇，是农耕大政典礼的乐章，是遵循传统的藉田典礼的作品，其制作、歌唱诗篇的用意，就是要显示王朝对农事的高度重视。这是西周早期农事诗篇区别于后来即西周中期农事诗篇的显著特征。中期诗篇当然也显示王朝对农事的重视，然而，中期的农事诗篇还特别强调这样一点：王者有意遵循祖先重视农耕的传统。早期王者对重农传统的遵循是自然的，中期却有意强调这一点，正是《诗经》农事题材诗篇的一个重要变化。

三、诗篇凝铸传统

下面就让我们来读一读《周颂·载芟》这首西周中期与农事有关的颂歌。诗曰：

载芟载柞，其耕泽泽。
千耦其耘，徂隰徂畛。
侯主侯伯，侯亚侯旅，侯彊侯以。
有嗿其馌，思媚其妇。
有依其士，有略其耜；
俶载南亩，播厥百谷。
实函斯活，驿驿其达；
有厌其杰，厌厌其苗，绵绵其麃。
载获济济，有实其积，万亿及秭。
为酒为醴，烝畀祖妣，以洽百礼。
有飶其香，邦家之光；
有椒其馨，胡考之宁。
匪且有且，匪今斯今，振古如兹。

【大意】　去除大田草木根，土壤被疏松。千人万人合耦作，新田旧田一齐耕。王侯公卿来田野，老少强弱齐出动。吃饭声音嗿嗿响，农妇个个妆扮靓。田野男士多，手中耒耜利，翻土在南田，百谷播大地。种子生沃土，行行幼苗齐。高高禾苗壮，满满生田畦，禾穗绵密密。庄稼收获多又多，累累粮仓积，禾捆有万亿。做成香酒与甜酒，美酒献祖妣，完美行百礼。祭品气芬芳，邦家有辉光。馨香真浓郁，先王来安享。不是此时才如此，不是今天才这样，老礼从古就如斯。

这首诗从春耕开始，一直写到秋冬之际的年终祭祖。那么，诗篇到底为“做何使用”的乐章？《毛传》说：“春籍田而祈社稷也。”是说诗篇为春天祈求丰饶的篇章。可是，诗篇却用了相当的笔墨写到年终祭祖，而且郑重交代：“匪且有且，匪今斯今。”《毛传》“祈社稷”之说，明显与此抵牾。正因如此，到朱熹作《诗集传》时干脆说：“此诗未详所用。”实际上，从诗篇结尾部分的内容，例如“为酒为醴，烝畀祖妣”句可知，诗篇为年终祭祀祖妣的乐歌。与祭祀周文王、后稷等先公先王不同，《载芟》等农事诗篇所显示的祭祖，每年年终都要举行，属于常规的祭祖典礼。然而，年终祭祀祖先，却要从春天的耕种起笔，这是有其文化观念上的原因的。《礼记·祭统》中的记载可以解释这里的问题：“天子亲耕于南郊，以供齐盛（粢盛［cī chéng］，装在容器中的献祭粮食），王后蚕于北郊，以供纯服……身致其诚信，诚信之谓尽，敬尽然后可以事神明矣。”大意是：王者在年终祭祖时，他奉献的粮食是他亲自到藉田耕种产出的，他身上的衣服是王后亲自养蚕缫丝生产的，如此对神灵的祭祀，才是最虔诚恭敬的。据此，诗篇从春耕写起，写周王率领百官亲耕，写作物生长以及收获，也就不难理解了，都是在向神灵表明，进献的贡品是王亲自劳作所得。就是说，诗篇表春耕秋收，原委齐备，是受一种特殊观念制约的。这正造成了《载芟》与较早于它的《周颂》农事诗篇如《噫嘻》《臣工》的明显区别。

区别在哪里？《噫嘻》《臣工》两篇侧重表现周王的对农耕稼穑的重视，而《载芟》除此之外，还要着力加以表明一点，即"侯主侯伯"们对重视农耕这一周王朝老传统的遵循。《噫嘻》《臣工》是遵循着重农传统的，但是诗篇对此却没有任何的表示，这就与《载芟》大不相同，后者在表达上的着力点，是尽量让祖宗知道并且相信，献祭给祖先的"齐盛"祭品，是献祭者自己亲自下地劳作所收获的产品，自己是遵循了祖先创立的传统的。诗篇表明的是一种意识，那就是对重农传统有意遵循的意识。这样的意识，到结尾处就表现为"匪且有且，匪今斯今"的言说。这样的言说表达的是祭祀者的宣示：自己知道重视农耕传统是多么古老而神圣的，表明的是作为子孙记住并传承古老传统的意志。于是，祭祖诗篇歌唱的立意就开始有了新的内涵：记住老传统，并遵循老传统。

这不是孤立的现象。前面我们讨论过《大雅》中祭祀周人始祖的《生民》篇，在这首长篇“史诗”的后半部分，具体说从第六章结尾“以归肇祀”句开始，就转入了对始祖后稷所创立的年终祭祀大典的歌咏。诗篇不厌其详地述说着“或舂或揄，或簸或蹂。释之叟叟，烝之浮浮。载谋载惟，取萧祭脂，取羝以軷，载燔载烈”的祭祀过程，其归结处则在“以兴嗣岁”，强调了来年农耕事业顺畅进行的前提是必须要遵循后稷创立的大典，也就是诗篇结尾处“庶无罪悔，以迄于今”。对传统的遵循，就是对祭祀仪式“庶无罪悔”的行礼如仪，毫无差错，记住传统，记住传统的仪式。这样的意识，在《小雅·楚茨》篇中还有更多更强的表现。

下面就来细读一下《楚茨》。诗篇共六章，因篇幅较长，所以分两段来读。先来看前三章：

楚楚者茨，言抽其棘，自昔何为？
我艺黍稷，我黍与与，我稷翼翼。
我仓既盈，我庾维亿。

（此章从藉田上的劳作说起。言删除荆棘杂草，种植黍稷，黍稷茂盛丰收，堆满粮仓。年终用这些粮食制作的酒食祭祖，款待神尸，祈求大福。）

以为酒食，以享以祀，以妥以侑，以介景福。
济济跄跄，絜尔牛羊，以往烝尝。

或剥或亨，或肆或将。
祝祭于祊，祀事孔明。
先祖是皇，神保是飨。
孝孙有庆，报以介福，万寿无疆！

（此章写祭祀中男人的献祭，男人将献祭的牛羊献给祖先。正祭之前，还要举行寻索神灵的祊祭。整个祭祀十分周详完美，先祖之灵前来代替祖先享用。神对孝敬的子孙十分满意，赐予大福。）

执爨踖踖，为俎孔硕，或燔或炙。
君妇莫莫，为豆孔庶。
为宾为客，献酬交错。
礼仪卒度，笑语卒获。
神保是格，报以介福，万寿攸酢！

（此章写家庭主妇用献祭粮食制作的熟食。写主妇操持灶台，制作供桌上的祭品。祭祖如招待宾客，子孙们与神灵觥筹交错，还特别强调祭祀过程的言语动作无差错，祖先赏福。）

诗篇的开始与《周颂·载芟》有着相同的构思，那就是先从藉田上的春耕劳作起笔，其用意应该也是一样的：“自昔”句的设问及下面的回答，强调献祭给祖先的粮食，是祭祀者亲自耕种所得。这决定了诗篇所依附典礼的总体倾向在于延续农耕传统，诗篇从“我艺黍稷”开始，就已经表明了这一点。前三章的主要内容是表现献祭过程，第二章先表家族男主人献祭牛羊，第三章则表主妇制作粮米和烧烤肉食贡品。按照人类学的发现和我国一些其他兄弟民族至今仍延续的祭祀习惯，可知先生食、后熟食是献祭前后相继的两个步骤，其背后含藏的则是文明的不同历史阶段：生食代表狩猎，熟食则代表农耕。这是社会文明进步的不同阶段，不过，到了西周时期，狩猎虽仍是经济生活的重要补充，但其原有的重要地位早已被畜牧业取代，尽管如此，作为祭祀仪式，先生后熟的程序遵循的应该仍是更为古老的礼数。需多加注意的是“礼仪卒度，笑语卒获”两句所强调的内容，献祭仪式中献祭者言谈举止皆无差池，才是最重要的。研究人类记忆文化的学者早就发现：在通过仪式保存传统的时期，人们反而比进入文字书写时代更能准确地记住过去。“卒度”“卒获”的句子，正显示着人们对典礼仪式所做的每一个动作，所说的每一句话的精确记忆与使用。古语云：“礼主敬。”合乎神圣规范的仪态举止，合乎祭祀场合的言语谈话，都是“敬”以及虔诚的表现。人类学发现，在一些古老的原始部落人群，典礼上的行为言语错误，可以招致一次祭祀的失败，出错的人甚至会被处死。典礼上极其严格的行为言语规范，实际促成了一个文化人群在行为举止上的一致性，因而成为一种“文化”；而且，这样的规范往往是无意识的、持久的。

以上三章是表祭祀仪式的两个步骤，下面的内容则转入人神交流以及祭神之后的活动。请看后面的三章：

我孔熯矣，式礼莫愆。
工祝致告，徂赉孝孙：
苾芬孝祀，神嗜饮食；
卜尔百福，如几如式。
既齐既稷，既匡既敕。
永锡尔极，时万时亿！

（此章表工祝传达神的赏赐，并命令行祭的孝孙回到自己位置上听赏。）

礼仪既备，钟鼓既戒；
孝孙徂位，工祝致告：
神具醉止，皇尸载起；
鼓钟送尸，神保聿归；
诸宰君妇，废彻不迟。
诸父兄弟，备言燕私。

（此章表工祝所转达的新指令：祭祀转入宴会的阶段。）

乐具入奏，以绥后禄。
尔肴既将，莫怨具庆。
既醉既饱，小大稽首。
神嗜饮食，使君寿考。
孔惠孔时，维其尽之。
子子孙孙，勿替引之！

（此章表私宴的情形：各种音乐重新奏响，菜肴可口香甜，大家欢喜无怨言。最后叮嘱子孙不忘古礼。）

后三章表现的是神对子孙的赐福，进而由工祝之口宣布：祭祀典礼人神交流的程序结束，礼仪该进入“备言燕私”，即亲族宴会分享祭品的尾声关节。三章中，首先是神对子孙的赐福。神赐福子孙当然是因为子孙丰厚的献祭，然而，这还不是诗篇表达的重点。第四章开始即说“式礼莫愆”，接着在同一章，工祝又传达了神对此次典礼仪式的态度：“既齐既稷，既匡既敕。”这才是神赏赐子孙的条件，这一章最后工祝还说“永锡尔极，时万时亿”。“极”是对此次祭祀仪礼的总括性评价，子孙做到了行礼的“中正”以及良善，所以获福无限。这就是说，典礼的礼仪不出差错，才是获得大福最重要的原因。

由此，诗篇在表现上又有了另一个突出特点，即详细表述典礼的程序与行仪。诗篇对一次常规的年终大祭典礼的表述，可谓首尾详备。诗从春天的耕种开始起笔，如上所说，强调献祭的粮食祭品的来历合乎祖先的要求。继而述说肉食与食粮的进献，而表述进献肉食，特言祭者脚步的“济济跄跄”；表述粮食祭品的蒸煮，又特言主妇的“莫莫”及其脚步的“踖踖”。显示出只有正确严谨的仪式动作，才可获得神灵“礼仪卒度，笑语卒获”的嘉许和赐福。继而，诗篇表两次工祝的“致告”，第一次宣示神的赐福，第二次则是宣告祭典献神部分的结束与私宴的开始。私宴，是对祖先祭品的分享，其含义绝不简单。神享受之余的祭品，是神圣之物，共同享有祖先享受后的祭品，是强化同族的认同意识，这也是祭祖之后“备言燕私”最重要的用意。祭祀最后，即诗篇结束部分，还不忘郑重地宣明“子子孙孙，勿替引之”的嘱告。诗篇仿佛是对一场祭祀的全程录音录像，诗篇有如此的笔触，当然与上述祖先赐福子孙“礼仪卒度，言语卒获”的条件有极其密切的关联。

前面讲到的几首农事诗篇，如《噫嘻》是藉田典礼上的歌唱，《臣工》为麦收之前下动员令的乐章，《载芟》则是年终祭祖时向祖先生灵表达祭祀者遵循农耕传统的献歌。那么，《楚茨》这首用笔绵密、感情浓厚的诗篇，肯定不是献祭神灵时的歌唱，因为献祭神灵的歌唱除了上面谈到的《载芟》《周颂》中还有一首《丰年》。那么，《楚茨》又具体用于典礼的哪一个环节呢？求诸诗篇本身，有迹可循。诗篇先述说正式的祭神以及神的赐福，接着由工祝宣布典礼进入“备言燕私”，一场典礼最终因“燕私”完成而首尾具备。那么，诗篇就应该演唱于“燕私”即典礼即将最终完备之时。有西方学者称，此诗各章是由参与祭祀人员的发言构成的，这是不顾诗篇事实的片面之说。诗篇并不全是“发言”，它还有正式祭祀之后的言说；更重要的是，诗篇的视角是站在祭祖典礼全过程之外的，就是说，诗篇的作者颇似一位参加了一场祭祀的记录员，其职责就是要完整观察和记述一场完备的年终祭祖大典的全过程，其中包括一些重要细节，并对其加以诵唱。“诵唱”的目的，即诗篇结尾的两句：“子子孙孙，勿替引之。”诵唱就是要告诉参与祭祀的子孙不忘祭典的过程与细节。祭典当被永远牢记，“子子孙孙”的语句，就是对“永远牢记”的告诫。

这决定了《小雅·楚茨》是一首“仪式”文学。人类记忆传统，有依赖举办仪式来完成的时代，也有通过文献记载完成的时代。《诗经》雅颂作品出现的西周时期，起码仪式的举行是牢记传统的重要方式之一。仪式举办的特点，就是重复，一些古老仪式年复一年地举办，一次一次地重复，连一些细节即言行举止——正如诗篇“礼仪卒度，言语卒获”两句所显示的——都不可擅自更改，否则，神就不会赐福。然而，诗篇的出现还是一种新意识的表现。古老的礼仪要重复，不可更改言行举止细节，但是，用诗篇表述诵唱一种古老的礼仪，却是一个新现象。正如上文谈过的，在西周较早的时候，如《噫嘻》和《臣工》等诗篇表现重视农耕，其着眼点还是王者的亲耕和亲自关怀收获，诗篇是表现王者遵循古礼、重视农耕的。现在则是将歌唱“献给”典礼，即用歌唱表现一场典礼，典礼成为文学观察并加以表现的对象，因此，我们可以称之为文学题材的扩大，文学视野的拓宽。正是在这样的拓宽中，农作物的生长情形被描述，手持农具的农夫和打扮靓丽的可爱的农妇形象出现，虽然只是简笔勾勒，却是最早的农民形象。然而，这种文学层面的变化，在古人那里是无意的、自发的，或者说是随着有意而主动的文化意识的新变而发生的。从文化角度说，这是一次主动的“记忆”，经由对典礼首尾的歌咏，经由表现典礼过程并突出其重点的关节，其明显的用意，是要将典礼“凝铸”在诗篇中，经由诗篇的传唱将典礼深植于人们的记忆中，并传之久远。

四、含在农事诗篇中的精神变迁

由此，我们看到了《周颂》的《载芟》篇与《楚茨》篇之间的相互关联：《载芟》篇宣示典礼“振古如此”，强调的是典礼的古老；《楚茨》篇强调对祭典“勿替引之”，则意在未来。《载芟》的结尾侧重述古，《楚茨》的嘱告则警示未来；一为向神表达自己对农事传统的领悟，一为向子孙告诫对传统的谨守勿失。两首诗篇的共同焦点或曰中轴，就是祖先重视农耕的传统。同时，我们又能看到《载芟》《楚茨》与早期的《噫嘻》《臣工》之间的区别。早期的诗篇表现的是王者率领农夫按照传统的习惯“遵行”于礼仪之中，后期的诗篇则有意表现“我在全心全意地遵循祖宗农耕传统”。这就是横亘在先后不同时期的几首农事诗篇中的跨越，一个可借以观察《诗经》内所含观念意识重要变迁的要点。

那么，这种明显的变化又因何发生[①]？要回答这个问题，应该再次回顾一下前面所引用的《国语·郑语》“夫成天地之大功者，其子孙未尝不章”那段文字。前面说过，那段文字中一个重要的含义，就是一种“族群的区别意识”。区别，往往出现于联系之际。在本书第三讲曾经谈到，由《有客》《有瞽》等诗篇，可以看到西周人群的交融。在《尚书》中，西周的文献写制者就宣称在尧舜那个重要时代，周人的始祖

① 笔者曾在《诗经的文化精神》一书中讨论过这个问题。当时以为，西周重视农耕典礼的传统曾经一度被忽略。这主要是由于以下两点：一是因为对外征服，周王朝自周昭王后期曾开始对东南淮水、汉水一带的人群，进行过长达五六年的征战，昭王死于战事之后，战争仍在延续，一直到周穆王初期。另一个原因，周王朝继昭王在位的周穆王，好大喜功，大兴建筑，荒废了农业。到穆王之子周恭王上台，才着意恢复农业生产，于是创作了包括上面所谈《载芟》《楚茨》等篇在内的许多农事诗篇。这样的解释，虽有其合理性，却也存在很大缺陷。因为，如果单单是恢复农事生产，就是创作新的农事诗篇，也不会在观念上出现早、中期那样明显的差异；差异的出现，一定还另有原因。

后稷是负责种植粮食，同时，《尧典》也宣称，夏朝的祖先大禹负责治水，殷商的始祖则负责教化民众等。在这“分工”的言说中，正含有周人的区别意识，而区别意识的趋于明显，其背景与起因正是前面谈到的西周人群的交融。西周人是历史的主宰，当然会坚持自己的文明生活的方式和方向。农耕，就是周人最习惯的生存方式之一[①]。如此，为了坚持农耕的文明生活，周人在礼乐上便有一番新的制作，以突出自祖先以来神圣的农耕传统既是自然的，也是势在必行的。质言之，当《载芟》《楚茨》等诗篇反复强调藉田劳作，强调只有用藉田亲耕劳作产品祭祀祖先，才是最虔诚的表现时，就是在强化对自身文化传统的认同意识。《载芟》《楚茨》等篇章，是强势人群有意强化自己文化方向的宣示。由此，就可以推测，这些年终常规祭祖篇章中高扬农耕传统，与前一讲所谈祭祀那位对人群生存有大功的始祖后稷，存在着密切的呼应。

这里，还可以了解另一个早晚期诗篇的区别。早期的《噫嘻》篇只是呼唤“成王”，显示的应是一种古朴的意识：儿子继承父志耕种父亲留下的祖业田地。然而《载芟》《楚茨》显示的祖先意识明显不同：两首诗篇更刻意强调，重视农耕、亲耕于藉田是历代祖先薪火相传的传统。诗篇将祖先与传统

① 像商业，周人的兴趣似乎就不大，而《尚书·酒诰》《康诰》等文献显示，殷商遗民喜欢从事商业，周王朝就应允他们去从事这一产业。

牢固地联系在了一起，“祖先=传统”的观念正式成立。于是，强调农事的诗篇表现为祭祖典礼的歌唱，也就可以理解了。因为年终的常规祭祖，是对列祖列宗的祭奠，正适合突出“传统”，正适合表达对传统的整体回顾。如果说，早期的《噫嘻》《臣工》只显示出对传统的遵循，那么后期的《载芟》《楚茨》则显示着到了一定时期，周人开始反观、反思自己的传统，并着力加以弘扬。

这里，还应该做一点补充，这种“型帅祖考”[①]的意识，即出现在《载芟》《楚茨》中“振古如兹”和“子子孙孙，勿替引之”的嘱告，并不是孤立的现象，而是西周建立几代人之后普遍高涨的社会意识。有大量的金文资料为证。另外，《楚茨》篇对仪式有颇为详备的描绘，这样的文学表现，也不是孤立现象。在西周早期，不论多大的人事任命，多重的赏赐，铭文只记载任命、赏赐的内含。但是，大体从西周中期的周穆王开始，不论是任命还是赏赐，总是要记录仪式的场面。当时的人们不仅记录王事任命，还记录任命的仪式。铭文记录任命之事，是显示家族荣耀，而颇为详细地述说任命仪式的场景，应该在接受任命的荣耀之上，这样的述说为任命增添了什么？即任命的庄严性。也许说明的是这样一点：庄严的仪式，可以使任命更加荣耀。重视仪式，其实正

① 该词出现于西周较早时期的历鼎铭，意思是取法祖先。

是西周礼乐文化的重要特点。

“礼云礼云！玉帛云乎哉？乐云乐云！钟鼓云乎哉？”（《论语·阳货》）西周是“礼乐文明”，由《诗经》中这些创作时间不同的农事诗篇，从它们对古老传统的遵循，从它们“念兹在兹”地提醒子孙，从它们讲古老的传统与祖先的敬奉之间的联系，都可以观察出西周创立礼乐的真实用处及其文化品质。

第八讲

农事诗篇中的天地情怀

《诗经》表现了我们的文化在奠基时代对几个重大关系的理解：一条是上下关系，其理解，表现在宴饮诗篇中；一条是家国关系，其理解，表现在战争诗篇中；一条是族群与族群之间的关系，表现在婚姻诗篇中；还有一条，就是蕴含在农事诗篇中的天人关系[①]。在前面一讲，我们讨论过了《诗经》农事诗篇所蕴含的“凝铸传统”问题。这一讲将讨论农事篇章中另外一个很重要的问题，就是表露在农事诗中的情感，包括人与人、人对自然的情感等方面。

一、回报天地的情感

让我们从《周颂》中的《良耜》篇谈起，因为这首诗可以说是《载芟》的姐妹篇。诗篇是这样的：

畟畟良耜，俶载南亩。

① 关于《诗经》的“精神线索”问题，请参笔者为袁行霈主编“中华传统文化百部经典”之《诗经》（2017年出版，李山解说）所作的“导言”。又见李山、华一欣合著《对话诗经》（中华书局2013年版）开头的“对话”部分。本书后面也还有讨论。

播厥百谷，实函斯活。
或来瞻女，载筐及筥，其饟伊黍。
其笠伊纠，其镈斯赵，以薅荼蓼。
荼蓼朽止，黍稷茂止。
获之挃挃，积之栗栗。
其崇如墉，其比如栉，以开百室。
百室盈止，妇子宁止。
杀时犉牡，有捄其角。
以似以续，续古之人。

【大意】　利手耒耜入土快，开始翻土在南田。种下各种谷，发芽生机见。有人来送黍米饭，筐筥都装满。头戴斗笠纵横编，锄头锋利将草铲。野菜杂草朽，黍稷茂茂然。收割刷刷响，层层积如山。禾堆高墙似，鳞次栉比般，百间仓房都装满。仓库充盈了，妇孺安宁了。杀头黑唇大黄牛，犄角曲弯弯。这是接，这是续，接续古人老规矩。

诗篇不论在格调上还是在用语和句法上，都与《载芟》有着高度的相似，应为同时期作品。那么，诗篇用于哪一个典礼呢？《毛诗序》说：“秋报社稷也。”是说诗为一年农事结束时祭祀神灵的乐章。作为姊妹篇，《载芟》献祭祖宗庙之诗，《良耜》则为回报社稷神灵之歌。祭祀对象不同，内容亦有所不同，《良耜》篇虽也表耕种、馌食、作物生长、收获丰饶以及献祭，然而与《载芟》相比却有两点不同：一是没有写“侯主侯伯，侯亚侯旅”之人参与春耕，二是后半部分言祭祀，没有用粮食献祭的内容，而是用黑嘴黄牛做牺牲。这是因为祭祀对象不同。据《礼记·祭统》记载，古代祭祀有内外之别：“外祭，则郊社是也；内祭，则大尝禘是也。”所谓“内祭”是祭祀祖宗，“外祭”则是秋冬之际祭祀社稷一类的神。《良耜》之所以不表现“侯主侯伯”的藉田劳作，是因为作为“外祭”的乐章，用不着向神灵表现自己的亲耕。献祭的贡品也因为祭祀对象不同而有差别，属于“外祭”的《良耜》篇表示用牛，遵循的应是渊源古老的礼数。在前面讲《楚茨》的时候谈到过，用肉食祭祀神灵应与狩猎时代的生产生活有关，《良耜》的用牺牲还保留着古老的风俗。至此我们发现，《良耜》和《载芟》虽然创制时间相同，所遵循的祭祀习惯却不一样。前者古老，后者则新。就是说《载芟》对应的是周人重视农耕的新传统，《良耜》用肉食祭祀天地神灵，则是老传统。但是，说《良耜》保持老传统也不是十分准确。因为诗篇写耕种收获，还是围绕着农事而来，就是说，年终虽祭祀社稷神，还是因为这些神灵保佑了一年农事的顺利进行，保证了年成的丰饶，只不过献祭的贡品还沿袭着古老的惯例而已。也就是说，沿袭这古老习惯的《良耜》显示的是一种报恩之心，也就是一种农民特有的厚道，是一种天地之情。

再看《小雅》中另外一首农事诗《信南山》篇，是如何表达的。诗曰：

信彼南山，维禹甸之。
畇畇原隰，曾孙田之。
我疆我理，南东其亩。
（此章是说曾孙的田是大禹治水垦治的。）

上天同云，雨雪雰雰，益之以霢霂。
既优既渥，既霑既足，生我百谷。
（此章写上天恩情。）

疆埸翼翼，黍稷彧彧。
曾孙之穑，以为酒食。
畀我尸宾，寿考万年。
（此章表年终将用此田所产祭祖。）

中田有庐，疆埸有瓜。
是剥是菹，献之皇祖。
曾孙寿考，受天之祜。
（此章表眼下的礼仪。）

祭以清酒，从以骍牡，享于祖考。
执其鸾刀，以启其毛，取其血膋。
（此章继续表礼仪程序。）

是烝是享，苾苾芬芬，祀事孔明。
先祖是皇，报以介福，万寿无疆。
（此章是表祝福。）

这首诗与《楚茨》《载芟》和《良耜》等一样，也是从春天亲耕起笔，其“曾孙田之”句告诉人们“南山”下的天地就是王室的藉田。王室藉田在终南山下，是此诗流露的消息。而诗篇所依附的农事典礼，据第四章“中田有庐，疆埸有瓜。是剥是菹，献之皇祖”几句，为田野瓜果成熟时的尝新之礼，也就是一年常规祭祀礼仪“禴、祠、烝、尝”（出自《小雅·天保》）的“尝”，“尝”可以是新粮，也可以是新的瓜果，此诗所言即后者。而且诗篇在第五章还交代，尝新之礼也还有清酒、骍牡之祭。《礼记·祭统》说：“于尝也，出田邑，发秋政。”诗言“曾孙”剥瓜、杀牲祭祖，很明显是“出田邑”即来到田间举行的祭祀活动。曾孙来到田间，一方面可以祭祖尝新，另一方面也是“出田邑，发农政”，即以亲到田间的形式，发布农事政令。

这些都不是这里要讲的重点，这里的重点在第二章，即

“上天同云”诸句所表露的天地情感。一个“同”字，将云的聚集变成一种似乎是有意志、有目的的行为，他的施行者即“上天”，上天聚集浓云就是为了“雨雪”，就是为了降雪纷纷。在《大戴礼记》这本书中，古人就说雪和雨不一样，雪是不避高下的，不论地点高低平坦，雪都可以积存，不像雨水那样避高趋下。可是雪积平均，反而容易有所不足。上天想得很周全，在“雨雪雰雰”之后，还要再来一阵小小的“霢霂”，于是大地就润泽优渥，含水充足，就有力气多生长百谷。如此的美句，如此的清新温雅，如此的动人心扉。这就是天地情感，是漫长的农耕生涯中天地大自然的感知，是天地真情的不自觉流露。有学者研究中西宇宙观、世界观的异同，指出古代中国有一个稳定的倾向，就是认定自然是和谐的，不和谐的现象是偶然。这样的哲学认定，不正与诗篇所呈露的情感息息相关吗，不正是这样的情感的升华吗？

《诗经》的农事诗篇中“上天同云”的句子，还有《小雅·大田》篇如下的句子：“有渰萋萋，兴雨祈祈。雨我公田，遂及我私。”那雨水也是体贴着人情的需要先公后私地下的，自然的雨雪好像都有了人格特征似的。

据《国语·周语》记载，藉田所产的粮食，一部分要“廪于籍东南，钟而藏之，而时布之于农”，即藏于特定的仓库里，到一定的时节分发给农民。另外一首与《大田》《信南山》应为同时期作品的《甫田》篇里，也有“倬彼甫田，岁取十千。我取其陈，食我农人，自古有年”的句子，大意就是广大的藉田盛产粮食，每年都有数以万计的粮食，当新粮食上场时，陈粮就可以拿出来给农夫吃了。看来，《国语》所言是有根据的。

二、淳朴明净的农事生活

前面已读了不少农事诗，从上一讲开始的《周颂》中的《噫嘻》和《臣工》，《小雅》的《楚茨》，以及这一讲中的《周颂·良耜》《小雅·信南山》诸篇。读这些表现农耕生活的诗篇，除了上述的情感内容外，还可以感受到的是诗篇所表现的古代农事生活的清新淳朴。首先，这些诗篇是按照特定的生活节奏而来的。春耕、春耕之后的田间管理（如《甫田》篇所表），最后还有秋季收获，而秋收，又有两季，一个是夏季的麦收，即《臣工》篇所表，一个是秋天的收获，《载芟》篇所表现的收获即是。诸多农事诗篇就这样详雅周致地述说着一年的农事。

然而就诗篇的主题而言，特别是《楚茨》等几首诗，还不是表现一年的劳作，而是一年之内各个时节的神事。《楚茨》篇展现的是年终隆重的祭祖，其情感调子也颇为浓烈。此外，就是《信南山》，其“疆埸翼翼，黍稷彧彧”和“中田有庐，疆埸有瓜”即表明诗篇的时令，是瓜果成熟的夏秋之际，所依的祭祀就是这个时节的“尝新”之礼。《周颂》的《良耜》与《载芟》则为一年春耕秋收结束之后，对天地诸神予以回报的乐章。对天地与农事相关的诸神的祭祀，真有点层层叠叠。正是从这层层叠叠中，我们可以读到《诗经》时代农耕生活的节奏，诗篇正是这节奏的节点上的歌声。

可是，神事活动的层层叠叠，并不妨碍表现这些神事活动类诗篇在格调上的澄澈。这里的要点不在于那时没有鬼神，而是诗篇述说的重点是什么。看农事诗篇中关于各种神灵的祭祀，其中《噫嘻》篇作为春耕大典的乐章，大典祭祀肯定有对土地社稷等各种神明的祭奠，然而诗篇说“昭假”成王，诗篇更倾意于表现承接父业之情。《臣工》篇中干脆就没有神灵之事，先民也不是事事都事神。《楚茨》如前所说，表达传统记忆的倾向最为强烈。而《信南山》的向祖先“荐新”，《甫田》的“以社以方”也只是交代出祭祀对象而已。说诗篇“明澈”就在这里。先民只是按照老礼，按照关于神灵的古老观念，如式如仪地祭献，至于神灵有怎样的神威魔力，如何保证作物丰饶等等神话方面的东西，都一概付诸阙如。神灵是有的，对农耕的护佑也是肯定的，因而也是需要侍奉的。不过，神灵的护佑又是如期如约的，神的厚恩不是表现在临时的或额外的云行雨施的赏赐，而是对这个冬去春来稳定而有节律世界的维系。祭祀神灵，不是不安的祈祷，而是对稳定世界力量的报答。因而，定期的祭祀典礼，表现出的与其说是宗教，不如说是文化；与其说是祈求，不如说是对世界节律的感激。因而，一切的祭祀，都是在延续着与大自然长久以来形成的默契，没有关于神灵的传奇，也很自然。在《大田》和《甫田》篇中，都提到的“田祖”，《甫田》第二章是这样说的：

以我齐明，与我牺羊，以社以方。
我田既臧，农夫之庆。
琴瑟击鼓，以御田祖。
以祈甘雨，以介我稷黍，以谷我士女。

【注释】 齐明：献神的粮食。齐，“粢”字假借。明，献给的稷又称明粢。

诗句赞美田祖功德有加，然而田祖为谁，其神力如何，只字不言。据《国语》等文献记载，在周人始祖后稷负责天下农事之前，还有一位叫作“柱”的人为后稷，当然再早的田祖，就像朱熹《诗集传》所说，应该是神农。据《山海经》记载，叔均治理了天下水旱，被封为田祖。这样说来，历代的田祖保护农耕，是颇有故事可讲的。然而表现祭祀的诗篇，对这些神灵只有祭奠，没有述说，没有对田祖作为神灵的神迹加以歌颂的内涵。于是，表现神事活动的诗篇就缺少宗教的氛围，更显得像是在如期地过节日。于是，诗篇的格调也就明朗澄澈。我们不能指望距今三千年的先民没有鬼神观念，如何对待神灵才是表现先民精神品格的关键。如是如斯尽人力，如是如斯过节日，庄重斋明，而非满篇牛鬼蛇神。

相映成趣，《诗经》的农事诗篇更愿把笔墨用到作物的生长、祭品的馨香和年景的丰饶上去。《载芟》篇“播厥百谷，实函斯活”和“有飶其香”就是生长与馨香的佳例。至于年景丰饶，有《甫田》的结尾一章为例：

曾孙之稼，如茨如梁。
曾孙之庾，如坻如京。
乃求千斯仓，乃求万斯箱。
黍稷稻粱，农夫之庆。
报以介福，万寿无疆。

【注释】　茨：茅草。这里指屋顶，古代用茅草覆盖屋顶。　坻（chí）：水中小岛，这里指粮堆。　京：高丘。

这是何等的喜庆！丰收固然喜悦，对作物生长情形的描述与概括，更可以显示农事诗篇的作者对农耕生活的熟稔与喜爱。

再来看看农事诗篇中的安详。祭祖的农事篇章情感较为热烈，例如《载芟》《楚茨》都是如此。《良耜》的情感就相对平淡些，至于《信南山》《甫田》两篇，闲雅安详则是其主调，三千年前农村生活的安详有序的气息，从篇章字句中扑面而来。还是让我们举《甫田》的开头部分为例：

倬彼甫田，岁取十千。
我取其陈，食我农人，自古有年。
今适南亩，或耘或耔，黍稷薿薿。
攸介攸止，烝我髦士。

【注释】倬：高大，这里形容甫田的广阔。耔（zǐ）：为苗根培土。薿（yǐ）薿：茂盛的样子。介：停息。止：休，歇。烝：众多。髦：俊，美。

广大的藉田，每年都有好收成。正是这年年都有的年景使人自信，使人生活有底气，说起生活来也不忧不虑、不急不躁。这是诗章的起调，平稳安详。接着“我取其陈”说的是每年的青黄不接的艰难时刻，但因有陈粮满仓，就可以天下无饥人。祖辈相传的农耕生活，只要勤劳便无所匮乏，于是诗篇很自然地转入田间劳作，写劳作休息的众多农夫，由衷地赞美一句“烝我髦士”。安详雅致，波澜不惊，是源于对生活的把握与自信。何以这样说？这样安稳的调子，显示了对生活的有底。而这有底的深层原因，可以从上面我们曾举过的“上天同云”以及“兴雨祁祁”等句里去寻求答案。那些对天地云行雨施充满深情的描写，实际表达的是一种认定和信念：天地大自然是生养人类的母亲。读这些安稳详雅的农事诗篇，可以有一个非凡的感受：人是依偎在大自然怀抱中的。所以诗篇述说一年的按时操作，就好像述说家常，大自然就像大家既亲切又熟悉的父母，在他们的护佑下生活，还有什么可以焦虑不安的呢？

三、劳作于天地之间

《豳风·七月》是《诗经》农事诗篇中的杰作。下面就先来看这首诗：

七月流火，九月授衣。
一之日觱发，二之日栗烈。
无衣无褐，何以卒岁？
三之日于耜，四之日之举趾。
同我妇子，馌彼南亩，田畯至喜。

【大意】　夏历七月黄昏大火星始西偏，九月就向农夫发放冬衣来御寒。周历一月噼里啪啦风吹物，二月凛冽冬风寒刺骨。没有冬衣与寒服，年终岁月怎么度？周历三月治耒耜，四月里来要下地。聚集妇女和孩子，送饭田头管饭吃，田官负责发饭食。

七月流火，九月授衣。

春日载阳，有鸣仓庚。

女执懿筐，遵彼微行，爰求柔桑。

春日迟迟，采蘩祁祁。

女心伤悲，殆及公子同归。

【大意】 夏历七月黄昏大火星始西偏，九月就向农夫发放冬衣来御寒。春来一天天变暖，黄鹂也开始啼鸣婉转。少女持深筐，走在小径上，野外去采桑。春天暖洋洋，蘩蒿齐齐长，少女心惆怅，即将出嫁公子做新娘。

七月流火，八月萑苇。

蚕月条桑，取彼斧斨，

以伐远扬，猗彼女桑。

七月鸣鵙，八月载绩。

载玄载黄，我朱孔阳，为公子裳。

【大意】 夏历七月黄昏大火星始偏西，八月收割苇和荻。夏历三月治桑树，斧头砍削远扬枝，嫩桑留枝采叶子。夏历七月伯劳啼，八月着手即纺织。丝织色泽赤又黄，那红的更是明晃晃，好料裁成公子裳。

四月秀葽，五月鸣蜩。

八月其获，十月陨萚。

一之日于貉，取彼狐狸，为公子裘。

二之日其同，载缵武功。

言私其豵，献豜于公。

【大意】　四月苦菜花开，五月蝉儿始叫。八月正收获，十月万物落叶飘。周历一月打野獾，捕捉狐狸取毛皮，好为公子制裘衣。二月男子再齐聚，继续狩猎习武艺。小的野猪留给个人，大的野猪归集体。

五月斯螽动股，六月莎鸡振羽。

七月在野，八月在宇，

九月在户，十月蟋蟀入我床下。

穹室熏鼠，塞向墐户。

嗟我妇子，曰为改岁，入此室处。

【大意】　五月斯螽磨腿发声响，六月莎鸡展翅膀。九月在田间，八月在屋檐，九月在屋堂，随人走的蟋蟀，十月在我床下藏。火熏泥塞驱老鼠，用泥封涂北向窗。叹我妇女和孩子，过年改岁这几日，才回室内得歇息。

六月食郁及薁，七月亨葵及菽。

八月剥枣，十月获稻。

为此春酒，以介眉寿。

七月食瓜，八月断壶，九月叔苴。

采荼薪樗，食我农夫。

【大意】 六月采食郁李野葡萄，七月烹煮葵藿当菜肴。八月要打枣，十月割水稻。稻米酿酒春日成，献给长者助养老。七月有瓜吃，八月摘瓠子，九月拾麻籽。食物是苦菜，臭椿烧作柴，我们的农夫先民们，就是这样艰辛生活在古代。

九月筑场圃，十月纳禾稼。
黍稷重穋，禾麻菽麦。
嗟我农夫，我稼既同，上入执宫功；
昼尔于茅，宵尔索绹，
亟其乘屋，其始播百谷。

【大意】 九月修治打谷地，十月庄稼都上场。黍稷连同早熟晚熟各庄稼，堆积五谷和桑麻。嗟叹我农夫，庄稼事已完，再把各种公共工程建。白天打茅草，晚上搓麻绳，快上房子修屋顶，马上又要下地把百谷种。

二之日凿冰冲冲，三之日纳于凌阴。
四之日其蚤，献羔祭韭。
九月肃霜，十月涤场。
朋酒斯飨，曰杀羔羊。
跻彼公堂，称彼兕觥，万寿无疆。

【大意】　周历二月开始凿取河冰冲冲响，直到三月都能把冰藏。周历二月头几天，献神羔羊韭菜鲜。九月天气凉，十月风涤荡。年终盛宴双尊酒，还要杀羔羊。大家齐登堂，兕觥美酒扬，生活永久万年长。

读过这首诗，主要谈以下几点：

1. 诗篇的使用

关于这首诗，有许多问题。其一就是创作时间问题，至今不少学者认为它是春秋时期的诗。这是有问题的。笔者的看法[①]，其创作时间与《小雅》中的《楚茨》《信南山》等几首相同，也与《周颂》中的《载芟》和《良耜》一样，还与歌唱后稷之德的《周颂·思文》《大雅·生民》同时。

诗篇之所以不是春秋时期的，看诗篇第一章就可以知道。因为第一章言“九月授衣”，是深秋初冬之际由集体向农夫发放御寒衣物。这样的做法，与古代财产管理制度有关。古代因为耕作技术的限制，耕种还是以大家族为基本生产单位；到了春秋时期，随着铁制农具以及牛耕的普及，以一家一户为生产核算单位的现象才逐渐占据社会生活的上风。也就是说，到了春秋时期，“九月授衣”已经成为过去时。还有，就是诗篇出现的一些词语如“馌彼南亩”“万寿无疆”

① 关于此诗时代详细的考证，请参看笔者《诗经的创制历程》一书相关部分的讨论。

等，都与《小雅》几首诗一样，是时代相同的证据。

说《七月》与《思文》《生民》有关，是说《七月》也是古人祭祖、强调农耕传统的篇章。

《毛诗序》说《七月》：“周公遭变，故陈后稷先公风化之所由，致王业之艰难也。”这样的说法有可取的部分，也有不可信的内容。它把诗篇说成周公时代的作品，就不可信，其言“致王业之艰难”则颇可取。因为诗篇确实有不少诗句讲述的就是农耕稼穑的辛苦不易，像“嗟我妇子，曰为改岁，入此室处”和“七月亨葵及菽，六月食郁及薁”“采荼薪樗”等句，还有“昼尔于茅，宵尔索绹，亟其乘屋，其始播百谷”的段落，表现的就是农事生活的艰苦与紧张。在祭祀后稷、公刘祖先的典礼上，用很原始的“土鼓、蒉桴、苇籥”诸乐器吹奏《七月》，其目的应与《楚茨》篇详言祭祀礼仪各环节的用意相近，那就是记忆传统。不同的是，《楚茨》重在强调礼仪，《思文》《生民》和《公刘》重在宣扬祖德，而《七月》篇，则详说古人一年的艰苦劳作，强调的就是一般农夫生活的劳累与简朴。所以诗篇总体格调上语带风霜，口吻像一位饱经沧桑的老农。

2.“农夫”创造生活

正因其特定的用处，《七月》篇与《小雅》中《信南山》《甫田》和《大田》诸篇有一个基本的分别，即它不是依附于某个祭祀的节日，而是全面地审视一年的农耕生活。正因为诗篇不以神事为表现的焦点，于是“农夫”劳作变得突出。诗篇中的行为主体，也就不再是某些赐予丰饶的神灵，不再是《思文》《生民》和《公刘》中的某一位英雄祖先。“嗟我农夫”“食我农夫”中的“我农夫”亦即“我先民”，才是诗篇所显现的农耕生活的主人公。“我先民”在农耕生活中所表现的耐劳和坚韧，才是诗篇传达给后人的内容。这是诗篇最值得珍视的地方，因为它将崇敬的目光献给坚韧劳作的“我农夫”这个无名群体，也使诗篇变得平实。生活的创造，靠的是坚韧的劳作，靠的是在劳作中积累的对天地自然运行，对云行雨施的大自然节律的把握，于是一切灵魅鬼神的存在就可以存而不论，掌握了大自然节律的“我农夫”在农耕劳作创造生活上，就越发显示出“我的生活我做主”的气概。前面说过，《小雅》中的几首农事诗篇的格调是明澈的，到了《七月》，这样的格调越发明朗。这意味着一种自信，一种相信“勤则不匮”的生活原则的自信。这样的自信，是建立在几千年农耕实践的发现与掌握基础上的，如篇中所显示的时令变化，涉及天文历法的探索与发现。正是因为有这样的自信，有这样的“勤则不匮”的信条，与鬼神的关系，也就越发的“敬而远之”。《七月》篇的明澈就来源于此。因而可说，《七月》是几千年农耕实践的精神结晶，显示的是几千年农耕劳作经验所获得的一种坚实的信念：天地有节律，掌握这样的伟大节律，就可以在天地间生存。这样的信念，被后来的哲学家表达为“天行健，君子以自强不息”。《易传》的人生哲学实来自诗篇所显示的生活智慧。

3. 表现天地之大美

诗篇以一年十二月为经，以四时蚕桑耕稼及狩猎活动为纬，交织成一幅朴茂而又色彩缤纷的农耕生活图景。农耕生活是艰辛的。如上所说，诗篇正强调了这一点；然而，诗篇又没有停止于这一点。请看诗篇开头：“无衣无褐，何以卒岁？”这样的发问是沉重的，艰难自在言外；再看结尾：“跻彼公堂。称彼兕觥，万寿无疆。”这是多么欢愉的情绪，与前面沉重的发问形成鲜明对比。在沉重与欢愉之间，就是辛勤的劳作。“采荼薪樗”的生活是清苦的，“嗟我妇子……入此室处”“昼尔于茅，宵尔索绹”的劳作是繁剧的。然而，劳作是有实在的回报的。诗篇浓墨重彩地表现了丰收的喜悦：“黍稷重穋，禾麻菽麦”表现了收获劳动产品的欣悦；“八月载绩。载玄载黄，我朱孔阳”显现的是劳动创造了色彩，创造了美好。还有更多的，那就是对大自然的审视，如“四月秀葽，五月鸣蜩”，又如“五月斯螽动股，六月莎鸡振羽。七月在野，八月在宇，九月在户，十月蟋蟀入我床下”。这些不同季节、月令出现的花草与昆虫，从其最初的起源上说，都是古人借以判断时令物候的，讲述这些现象，主观上应该有强调农耕时节性的用意，然而也不能排除其中有古人写意与抒情的意味。人在天地间劳作，也是与万物为友的生存。“仓庚”飞鸣，意味着春夏之交的时令，“葽”开花、“蜩”鸣叫，即意味“四月”“五月”的到来，在古人眼里这才是真正的时令的运行，它本身就是生机的展现，是生物现象的如时蓬勃，这些时令的标志，久而久之，就是天地自然的生机勃勃。最有意思的是“七月在野”和“入我床下”的关于“蟋蟀”随人迁居变化的诗句。对蟋蟀随人移动的述说，与其说是判断时令，不如说是一种长期观察发现的趣说，显示了这样的意识：自然生灵与人事活动息息相关，缺少了它们，季节变化便显得少了点生气，少了点情味。同样，像“斯螽动股”“莎鸡振羽”的描述，同样显示的也是对自然万物生息的体察。如上的诗句，给人以这样鲜明的印象：天地是活泼的，是生机勃勃的。这就是农夫眼中在农耕生产中形成的世界，其中也孕育了中国哲学的世界观、宇宙观。《易传》中说，周易之学是圣人“仰观”“俯察”的结果，将中国的世界观归于“圣贤”，真不如归于这里的“我农夫”“我先民”，有他们在数千年农耕生活实践中对世界四季流传的动情体察，才可能有《易传》的判断。一个文化人群的哲学观念，往往是有哲学家（也就是《易传》所说的“圣人”）明确表述的，可这不仅是对文化经验的提炼，这经验更源于持久而丰富的生存实践，源于从生存实践中确定的人与自然的关联。读《七月》的篇章，其间的世界体验正是《易传》哲学的生存来历。

有人说《诗经》时代的物象描写，只有“物色”而无“景色”，然而，像上述诸句，却是源于对古老物候的观察，可若说是一点情感的因素也没有，似乎也不合实情，例如对蟋蟀活动的述说。此外，已经颇能显示出一些“情景交融”特点的是《七月》第二章。“春日载阳，有鸣仓庚。女执懿筐，遵彼微行，爰求柔桑。春日迟迟，采蘩祁祁。女心伤悲，殆及公子同归”的描绘，春光明媚之中，一群少女采桑，面对暖洋洋的春色，茂密的蘩蒿，耳听声声的黄鹂，春光美景惊醒了少女的春心，想到自己即将出嫁，于是不住地阵阵惆怅。其中“女心伤悲”的句子，《毛传》解释说：“春，女悲；秋，士悲，感其物化也。”《郑笺》说：“春，女感阳气而思男；秋，士感阴气而思女，是其物化，所以悲也。”身处春光春色之中，心旌未免摇动，诗篇对“载阳”的“春日”，“有鸣”的“仓庚”以及“祁祁”的蘩蒿的描写，不是正好构成引起“伤悲”之情的“景物”吗？

当然，《诗经》属于“物色”的描述更多，越早越是如此。然而，不就是《诗经》三百篇的物色纷披，为后来擅长情景交融的诗篇奠定了基础？在经典研习过程中，《七月》表现的情感自然会影响历代的读者；更关键的似乎还不在诗篇本身的影响，而是在诗篇，特别是像《七月》这样的诗篇所显示的人与大自然的亲密关系，这还会持久延续。总体上说，《诗经》的诗篇固然还不会用更多的篇幅去刻画景物，并借之以抒情。然而，这些诗篇含有的人与天地自然的缤纷物象之间的亲密之情，却没有片刻的中断，因而这样的情感，早晚有一天要被敏锐的诗人正视，并专门加以诗性的表现。有学者指出，人类对大自然风景的喜爱是一样的，然而喜爱的方式却有文化的差异，以农耕生活为其深厚背景的诗人（还包括画家）对于自然光景的欣赏，其欣赏的趣味自然不同于以商业、航海为背景的文学家。从这样的角度说，《诗经》的农事诗篇、特别是《七月》为后来古典诗文的借景抒情奠定了基础。读《诗经》正是从根源处把握我们的文学来历。

第九讲

宴饮的社会价值

《诗经》中有不少宴饮题材的诗篇。如前所讲，农事诗篇显示了古代先民在农耕实践中确立的人与自然的关系，而在宴饮诗篇中，则可以看到西周宗法社会人群内部上下关系的基本精神准则。

一、宴饮的基本礼数

古代的贵族好宴饮，是世界现象，古代希腊、罗马和印度都是很早就有宴饮的诗篇。然而，将宴饮活动上升为礼乐，样式繁多，程序复杂，西周贵族大概算是很独特的一个。首先是宴饮的场合多，单独的宴饮，与其他典礼相配合的宴饮，有级别的高低不同，高级的宴饮礼称“飨礼”，行于君臣之间的宴饮，称“燕礼”，还有就是举办于周人群体的基层即乡间的“乡饮酒礼”等。《诗经》所处的时代，吃饭实在是重要的事。生活奢华的贵族多宴饮，这不难理解，全然属于贵族享受场合的诗篇，也多无甚价值。然而，有一些用于宴饮场合的歌唱则必须予以关注，因为在这样的诗篇中，歌唱的是西周社会的某些基本原则。这样的篇章，才是《诗经》宴饮诗篇的代表之作。

一场宴饮礼仪，就是一次饮食的分享。西周王朝实行封建制，就是按照血缘亲戚关系、按照奖赏功劳的原则，将王朝境内各地的土地人民分给大小贵族，封邦建国。由此，西周国家权力的分配制度成立，那就是“贵族分权制”的政体。由此，宴饮活动就有了政治的象征意义，那就是政治权力的分享。宴饮中有政治，道理不难理解，封建制的权力分配与贵族群体同享一场盛宴之间，有着相似的逻辑，因而一些重要的宴饮活动，就可以成为封建政治原则的宣明与强调：既然大家共同分享社会的利益，就必须讲究礼仪，既要遵循共同秩序，又要讲究各自的身份仪态，只有这样才对大家都好。同时，西周封建制下的诸侯各个邦国及诸侯国内各级卿大夫领地，都有相当强的独立性，只有这样，各邦国及邦国内的各级贵族，才能真正对王朝、诸侯公室起到拱卫作用。这表现为宴饮，就是主宾之间的互相尊敬。了解这些很重要，是理解宴饮诗篇的钥匙。

当然，古人不是发现两者的相似性才举行宴饮的，实际上宴饮的起源很早。在我们的语言中一个很常用的词，叫作“乡亲”。“乡亲”的“乡”字，本义是“向”，即相向饮食的意思。学者研究，早在史前氏族部落时代，存在着血缘地域等亲密关系的乡民，就有在一定节日相聚而食的风俗，同时相伴的还有物品的交换，以及社会显贵人物夸豪斗富以博取社会威望的事情。乡民之所以称“乡”，就源于定期的相向而食。保存在《仪礼》和《礼记》中的“乡饮酒礼”，就是古老的相向聚餐风俗在周代的延续。这仍与周代社会强调血缘宗法，强调人群内部之间的精神凝聚密切相关。就现有的文献特别是出土的西周铭文资料来看，将古老的饮酒礼加以新变，令其嬗变为“周礼”，这样的事情始于西周早期，到中期达到高潮[①]。过去人们总说“周公制礼作乐”，实际的情况是，西周礼乐文化的形成，非一朝一夕之功，当然也不是某位“圣人”所能完成。周代的饮酒礼就是这样的新变现象之一。正因如此，“乡饮酒礼”和“燕礼”的程序基本相同。不过，因为对礼仪记载较晚，《仪礼》中见不到高级贵族的宴饮礼的内容，关于高级贵族的宴饮礼，要看《诗经》中的篇章。古老的风俗之所以在周代延续，如前所说，与封建制有关。虽不能说《诗经》中的所有宴饮诗篇都有“大义”存乎其中，但宴饮诗篇宣示社会上下和谐的基本精神，是颇为显著的。

那么，一场宴饮典礼的基本规模是什么呢？以《小雅·瓠叶》为例：

幡幡瓠叶，采之亨之。

① 对于西周礼乐制作的高潮在西周中期，是近年中外学者研究的结论。可参考刘雨《金文论集》以及笔者拙作《西周礼乐文明的精神建构》一书。

君子有酒，酌言尝之。

【注释】　幡幡：叶子舞动貌。　亨：烹。

有兔斯首，炮之燔之。

君子有酒，酌言献之。

【注释】　炮、燔：烧烤。

有兔斯首，燔之炙之。

君子有酒，酌言酢之。

【注释】　酢（zuò）：宾回敬主人酒。

有兔斯首，燔之炮之。

君子有酒，酌言酬之。

【注释】　酬：导饮，即主人自饮，并劝宾饮。

这首诗中后三章的“酌言献之”“酢之”和“酬之”，正好是规模初具的一次宴饮礼仪的全过程。三个环节即献、酢、酬，就是所谓的“一献之礼”，是作为典礼的宴饮活动中最基本的步骤。诗篇应该是西周晚期的作品，也有可能是王室东迁后即东周较早时的作品，其中表现的饮酒礼相当简单。高级的饮酒礼，据《周礼·秋官·大行人》记载，可以多达“九献”。即宾主来回九次“献、酢、酬”，是相当繁难艰巨的。《礼记·聘义》对此就有这样的说法："质明而始行事，日几中而后礼成，非强有力者弗能行也。故强有力者将以行礼也。酒清人渴而不敢饮也，肉干人饥而不敢食也，日莫人倦，齐庄、正齐而不敢解惰。""质明"就是天将亮未亮、麻麻亮之际。最有意思的是强调聘问行礼必须是"强有力者"。之所以如此，还不单是因为"一献"至"九献"次数繁多，更是因宾主间相互献酒之际的跪下起立的动作繁多而辛苦。看一下《仪礼·乡饮酒礼》记载的"一献之礼"中第一个步骤，即主人向宾敬酒这个礼仪的片段，就可以知道，从主人拿起酒具开始，相互的谦让、跪起的礼让客气就开始了。主人向宾敬酒，要讲究洁净之道，得当着宾的面将酒具洗干净，所以"酌言献之"的第一步就是洗爵，然后酌酒献给宾，宾饮之。这样的一个环节，记录在《仪礼·乡饮酒礼》中，笔者想了又想，还是决定抄一段给大家看，以便感受礼仪的繁难。

主人坐（1），取爵于篚，降（下台阶）洗（庭下设有洗爵之处），宾降（下台阶）。主人坐（2），奠（放置）爵于阶前，辞，宾对。主人坐（3）取爵，兴（站起来）。适（往）洗南面，坐（4）奠爵于篚，下盥洗。宾进东北面，辞洗。主人坐（5）奠爵于篚，兴，对宾复位（请宾回到自己原位上去）。当（对着）西

> 序（西面墙壁）东面，主人坐（6）取爵沃洗者，西北面，卒洗。主人壹揖、壹让，升；宾拜洗。主人坐（7）奠爵，遂拜。降盥。宾降，主人辞，宾对，复位。当西序卒盥（完成盥洗），揖、让，升。宾西阶上疑立（凝神站立），主人坐（8）取爵实之（把酒具注满酒）。宾之席前西北面，献宾。宾西阶上拜，主人少退，宾进受爵以复位。主人阼阶（东侧的台阶）上拜送爵，宾少退……拜，告旨（称道主人献的酒甘美）。

大意就是主人为宾洗爵，宾不能大模大样干看着人家给自己操劳，需要客气一下，说些“让我来”之类的客气话。宾一礼让，主人就“坐”、其实是跪下来，还礼、安宾，然后继续完成洗爵下面的动作。谦让要“坐”（跪地），两手就着地了，手脏了，还要洗一下。这里笔者要提醒大家注意一下引文中笔者所加括号的数字，小小的洗爵献宾的片段，其间“坐”的次数竟可高达八次！这还只是“一献之礼”中“献”的环节，若是饮酒礼把“一献之礼”反复到九次，那得需要多么“强有力”才能做完？所以，许多贵族在这样的典礼中身体扛不住。《左传》就记载孔子和子贡一起参加一次这样的典礼，善于观察的子贡就说：某某怕是活不久了。孔子骂他乌鸦嘴，果然没多久那人就呜呼了。这不是子贡有什么预见未来的特异功能，而是实在是因典礼太劳累，许多贵族身体并不强健，繁难的行礼难免令其歪歪斜斜露出病态原形。

说这些，什么意思？不外乎强调“周礼”礼仪行为是在繁文缛节上吃功夫的，然而“礼主敬”，严格的、态度庄严的行礼如仪，正可以检验贵族生活的精神状态。因为繁难的仪式，可使人进入“神圣之域”，与维系社会所必需的崇高精神相合一。严谨恭敬而又从容的行礼如仪，可以令人暂时摆脱日常的凡俗，进入庄严的状态。典礼的排场，典礼的各种繁缛的节目，都是为营造氛围，以便使人忘怀一切凡俗。这便是“礼主敬”讲究细节的真谛。由此，一次成功的隆重的宴饮礼，才越发地成为精神的洗礼。进入西周王朝社会，古老的饮酒礼之所以被延续并得到许多的完善和加工，就在于饮酒礼还适应社会的需要，适应由此打造贵族应有精神的需要。从文化的角度来说，行止跪起中的严谨恭敬、揖让谦和、讲究洁净等，正可以塑造一个文化人群的行为举止应有的神形意态的基本模型，每一个文化人群，行住坐卧乃至言笑表情，都各有其基本的规范，中国古代人的基本样态，就是从这样繁难的典礼中锻造出来的。

古老的部落乡民聚食风俗，可延续至西周礼乐文明，这种现象就叫作“旧邦维新”，又叫作“即凡而圣”。后一个词语，借自美国学者芬格莱特研究孔子的《即凡而圣》一书。芬格莱特说，孔子与基督、释迦牟尼这些圣贤有一个明显的不同，就是在凡俗生活中成就神圣的人生。例如作为“圣人”，孔子也结婚生子等。实际上，这样可以概括中国古代文化的基本特征。像饮酒礼，不论其起源多么古老，说到底不过吃饭喝酒而已。可是，人间都有的吃饭喝酒却衍生出神圣的仪礼，从而在很长时间内起到延续传统、维系社会的作用，这也正是饮酒礼的基本特点。

二、宴饮上的组曲

饮酒礼是繁难的，这繁难，还不仅是典礼间的动作，一场饮酒礼的全部过程也是程序复杂、内容繁多的。周代贵族社会更为流行的饮酒礼是燕礼和乡饮酒礼。前面说过，乡饮酒礼最古老，是后来许多饮酒礼的原生形态，燕礼就是其中之一。乡饮酒礼[①]一般用于周人群生活的乡间，而燕礼，在仪式程序上，据《仪礼》对两种饮酒礼的记载，与乡饮酒礼差别不是很大。当然其中不同也很重要，燕礼用于君臣之间，列国招待宾客一般也用燕礼。下面要谈的三首《小雅》中的《鹿鸣》《四牡》和《皇皇者华》就是这一典礼上的组曲。

① 乡饮酒礼按照文献记载有以下四类：第一，三年大比，诸侯之乡大夫向其君举荐贤能之士，在乡学中与之会饮，待以宾礼；第二，乡大夫以宾礼宴饮国中贤者；第三，州长于春秋会民习射，射前饮酒；第四，党正于季冬蜡祭饮酒。《礼记·射义》说：“乡饮酒礼者，所以明长幼之序也。”

不过，一场完整的燕礼用诗，绝不仅仅上述三首，三首诗篇只是“升歌”部分，典礼开始主客就位后，先行献酒礼。之后就是“升歌”，即两位歌唱的乐工和两位弹瑟伴奏的乐工升堂而歌。之后，吹笙演奏的乐工入位（位在堂下），吹奏三首曲子，就是保存在今本《毛诗》中的《南陔》《白华》《华黍》。这三首诗有曲目，无词句。之后就是“间歌”，即堂上乐工唱一首诗篇，堂下吹奏一首曲：“歌《鱼丽》，笙《由庚》；歌《南有嘉鱼》，笙《崇丘》；歌《南山有台》，笙《由仪》。”歌诗三篇，笙奏三篇。笙奏曲目的内涵已不得而知，那三首乐工所歌的诗篇，也不外祝愿之词。之后，还有一个节目就是“合乐”：歌唱《周南》的《关雎》《葛覃》《卷耳》，和《召南》的《鹊巢》《采蘩》《采蘋》，又是六首诗篇。然后才“正歌备”，即歌乐的部分完成。当然，典礼尚未完结。原先辅助失明乐工的“相”变为“司正”，由他执礼，饮酒进入“旅酬”阶段，就是依次向众宾敬酒。之后，才脱掉鞋子，再升堂，饮酒进入“无算爵”“无算乐”阶段，喝酒、听乐歌，可以随意，即进入实质的饮食阶段。宴会结束后，还有送宾之礼。典礼的次日，还要特别招待司正等执事人员。

前面说过，宴饮伴随的是艰难的行礼，这就是典礼“主敬”的一面，同时宴会还有其轻松动人的一面，就是奏乐歌唱。儒家经典《礼记·乐记》称繁难的议程为“礼”，称歌乐为“乐”，论其两者的关系，前者主分别，后者达和同。礼仪上自然有身份地位等差别，所以行礼者必须以“表演性”的举止姿态显示这样的差别，这样才能做到各有限定，秩序井然。然而，差别会导致分张、疏离，所以必须要有音乐诗篇来强化典礼的另一面，那就是不同身份地位者的同一性。行礼如仪，展现出必要的差别，然而歌乐声起，大家同听共赏，歌乐表达的理想则是共同的，如此差异得以消除。所以，典礼是一场差异与和同的辩证。此外，典礼中讲究行为举止的合乎规矩，还有就是提倡洁净，提倡长幼有序。

这是一般性地说礼乐。具体到燕礼的三首诗篇（乡饮酒礼也用这三首诗，就变成纯然的宴会用乐了），除了礼乐的一般通性，还有其显示的文化功能，那就是抚平“家”与“国”之间的伦理龃龉，消除人内心的伦理冲突。这就是我们要重点谈《小雅·鹿鸣》等三诗的原因[①]。下面就来读这些诗篇。先看《鹿鸣》：

①这三首诗篇本来为款待列国使臣的乐歌，其最初的用处应属于“燕礼”的范围，即王室接待列国使臣、诸侯，接待兄弟邦国使臣的乐章。然而在《仪礼》和《礼记》中，这些诗篇也用于级别较低的“乡饮酒礼”，应是后起的“移用”现象。前面说过，乡饮酒礼起源甚古，原本有无乐章已不得而知，而《鹿鸣》《四牡》和《皇皇者华》为西周时的诗篇是无可怀疑的，就是说，今天所见文献记载“乡饮酒礼”所“移用”的诗篇，为西周作品，至于何时移用，也难以详考。今见“乡饮酒礼”上其他诗篇的情况也大抵如此。

呦呦鹿鸣，食野之苹。
我有嘉宾，鼓瑟吹笙。
吹笙鼓簧，承筐是将。
人之好我，示我周行。

【注释】 苹：今名山荻、珠光香青，陆生植物，菊科。簧：笙管上安的可以发声的舌片。 周行：大道。

呦呦鹿鸣，食野之蒿。
我有嘉宾，德音孔昭。
视民不恌，君子是则是效。
我有旨酒，嘉宾式燕以敖。

【注释】 视：示。假借字。 恌（tiāo）：轻浮。 式：语助词，含祈愿之义。

呦呦鹿鸣，食野之芩。
我有嘉宾，鼓瑟鼓琴。
鼓瑟鼓琴，和乐且湛。
我有旨酒，以燕乐嘉宾之心。

【注释】 芩（qín）：蒿一类的植物。 湛（dān）：乐之久。

诗篇含义明确，表达欢迎嘉宾到来之情，强调嘉宾之来，带来的是大道，带来的是可以令民众肃然起敬的美好风范。诗篇中的“承筐是将”，显示的是礼品的交换，是诗篇歌唱礼仪为燕礼的证据。诗篇虽然格调详雅中和，若单看也实在无甚大旨，不过一首迎宾曲而已。然而，读诗，正如在本书开始就谈到的，有时一首诗可作两篇读，有时几首诗应当作一篇看。《鹿鸣》《四牡》和《皇皇者华》，就是“几首诗篇当作一篇看”的例子。三首诗在文献中本来就被称为“鹿鸣之三”，就是三诗联合演奏的意思。所以，迎宾之歌演奏之后，马上就是《四牡》篇的演唱：诗曰：

四牡騑騑，周道倭迟。
岂不怀归？王事靡盬，我心伤悲。

【注释】　騑（fēi）騑：行进貌。　倭迟（wēi yí）：曲折遥远。　靡盬（gǔ）：没有做完、做好。

四牡騑騑，啴啴骆马。
岂不怀归？王事靡盬，不遑启处。

【注释】　啴（tān）啴：马喘息声。　骆：身白尾黑的马。

翩翩者鵻，载飞载下，集于苞栩。
王事靡盬，不遑将父。

【注释】 鵻（zhuī）：一种黑色短尾鸟，喜肉食，性凶猛。 苞：丛生。 栩：栎树。 将：奉养。

翩翩者鵻，载飞载止，集于苞杞。
王事靡盬，不遑将母。

驾彼四骆，载骤骎骎。
岂不怀归？是用作歌，将母来谂。

【注释】 骎（qīn）骎：马疾驰貌。 谂（shěn）：思念。

此诗与前一首《鹿鸣》相比，抒情的主体忽然一转，转而为“岂不怀归”的使臣，表达的情感又是一个古老的伦理悖论：忠孝不得两全。诗言“岂不怀归”，又言“王事靡盬”，一种人生难题由此而见：公私不得兼顾。也就是所谓“忠孝不得两全”这句老话概括的家事与国事之间的冲突。单独看诗篇是一种看法，将诗篇作组曲的单元看，又是另一番情形。将诗篇视为组曲的大单元，其实就是将诗篇放回到宴饮典礼上的联合歌唱来观察，如此，款待嘉宾的宴饮之礼，在先以《鹿鸣》之歌表示欢迎之情后，接着歌《四牡》，即以使臣的口吻歌唱，抒发其忠孝不得两全的悲哀之情，在这样的歌唱的格局之下，“忠孝不得”的悲剧纠结，就成为演唱整体的一部分、一个组件，是组曲中表意的一个相对独立的单元。质言之，当迎接嘉宾的宴会上，让歌者以使臣的口吻高唱伦理冲突时，不是要表现“悲剧性冲突”，而是要排遣疏松那个冲突。

就是说，在欢迎宾客的宴会上这一特定场合下歌唱《四牡》，单独看诗篇，是抒发“忠孝”的伦理冲突，若将这样的歌唱放回到“宴会场合”来理解，理解为宴会典礼上的组曲声部，诗篇歌唱的用意就更加清楚：传达了一种来自社会的对使臣的理解，是社会对为了国而忘家、忠孝难顾的使者的体恤。古希腊悲剧着意表现伦理悖论所引发的冲突与毁灭，然而款待使臣的宴饮典礼上，之所以歌唱《四牡》等诗篇，其意恰在体恤使臣公而忘私的牺牲，是对那些忠孝不得两全者的精神补偿；换言之，是舒缓“忠孝不得两全”的伦理矛盾。诗言“我心伤悲”，诗篇的抒情主体是“我”，然而这是一个小“我”，作为宴饮典礼还有一个大“我”，那就是社会，是王朝整体；款待使臣的宴饮活动，就是社会的大“我”，对小“我”的安慰，即是说，典礼歌唱使臣忠孝难以兼顾的悲哀，不是要引发冲突与毁灭，而是尽量消除它、缓解它。这里正有礼乐的基本精神：抚平社会共同体与个体之间的龃龉矛盾，以达致社会整体的精神和谐。

后世关于这首诗的创作有一种说法，认为这首诗本来属于个人抒情的作品，后来被挪用为宴会歌曲。这样说，首先是无关宏旨，其次是有脱离当时诗篇制作总体状况的嫌疑。因为一直到西周晚期之前，“诗人”这个身份还没有出现，为典礼制定篇章的还多为礼乐活动的专业人员。心怀“忠孝不得两全”之苦就赋诗言志，在当时似乎还未成为社会风尚。当时的专业人员根据社会生活经验模拟诗篇，以表现使臣“忠孝”的内心矛盾，也是完全可能的。没有“诗人”，不意味着没有诗才，《诗经》中的许多作品都显示出创作者出众的诗歌才华，他们为典礼创制《四牡》这样的诗篇是毫不奇怪的。同样出于礼乐专业人员创制的“鹿鸣之三”是《皇皇者华》。诗曰：

皇皇者华，于彼原隰。
駪駪征夫，每怀靡及。

我马维驹，六辔如濡。
载驰载驱，周爰咨诹。

【注释】　咨诹（zōu）：征询。下文“咨谋”“咨度”等同义。

我马维骐，六辔如丝。
载驰载驱，周爰咨谋。

我马维骆，六辔沃若。
载驰载驱，周爰咨度。

【注释】　沃若：和柔协调的样子。

我马维骃，六辔既均。
载驰载驱，周爰咨询。

周贵族车驾马匹的毛色讲究四马如一，《小雅·六月》“比物四骊”句即言此意。《皇皇者华》称马匹毛色有“骐”“骆”“骃”之变，表明诗篇不属于具体哪一位使臣，而是宴会款待使臣这一类人的乐歌。另外诗篇第一章言“每怀靡及”，明显与前一篇即《四牡》“岂不怀归？王室靡盬”的含义密切相连，是为组曲中不同篇章的表现。然而，在此诗中“每怀”的情绪只是一点残余，诗开始一句“皇皇者华”（灿烂的鲜花开遍原野）即开门见山地显示出此诗昂扬的情绪与上一篇即《四牡》有明显差异。然而，昂扬的情绪，正是从上一篇转变而来，没有上一诗篇对使臣“忠孝不得两全”悲哀的体恤与抚慰，就没有这一篇昂扬的格调。昂扬之后就是自豪，对车驾马匹颜色以及“周爰咨诹”“咨谋”“咨度”的言说，正是使臣对身肩使命的自豪。有此诗中的自豪与昂扬，可以反观《四牡》篇抒情的价值，宴会上的对使臣“忠孝”情绪的体恤，是对牺牲的承认与关怀，更是对牺牲的尊重与表彰，也是对使臣身上所肩重任的敬重。于是，三首诗篇的组合歌唱，形成一种相互映衬、相互补充的礼乐格局。《四牡》重在写使臣征夫的“伤悲”之情；而《皇皇者华》虽也言“每怀靡及”，却主要是铺叙使臣肩负的重任，洋溢的是自豪之情，特别是以原隰上盛开的鲜花为比兴之词，更使得那自豪之情光彩照人。三者互为鼎足，实际都是在精神上补偿那些为国而不能顾家的人们。将三首诗篇合观，方可愈加清晰地感受《诗经》诗篇中的礼乐精神。承认“悲剧性”冲突，力图防止悲剧冲突的发生，正是礼乐的民族文化特点。

灿烂的鲜花开遍原野，肩负重任的使臣奔走四方。这就是《皇皇者华》这首诗篇给读者的鲜明印象。诗篇所呈现的空间之境是辽阔的，西周王朝地域辽阔，需要多少使臣日夜奔走、经营四方。《皇皇者华》在内容上还有一点颇值得注意，就是显示的咨询制度。据《国语·晋语》《周礼·秋官·小司寇》记载，周代王朝有军政大事遍访臣下、万民之制，诗篇所显，如此的征询范围，应该遍及天下诸侯。这样的制度在后来的王朝中虽然保存不多，却是最值得珍视的古代遗产之一。从三首诗的诗意感染力来说，《鹿鸣》表示对来宾“吹笙鼓簧”热情欢迎的礼乐场面，是“公与私”的交融点，是使臣的中间站又是出发点；《四牡》和《皇皇者华》则表示“在路上”。《四牡》的“四牡騑騑，啴啴骆马”是大路曲折，来宾由远及近；《皇皇者华》的“皇皇者华，于彼原隰”

则意在远方。其间“翩翩者鵻，载飞载下，集于苞栩”又展现的是使臣的所见所感，虽衬托的是孤寂，却也生气盎然。三诗合观，正可见《诗经》艺术展现出的大光景。

三、宴饮歌唱宣示的准则

一场款待使臣宾客的宴饮，舒缓的是家国伦理龃龉，这就是宴饮诗篇的价值。不仅如此，宴饮的诗篇中还有同样重要的内涵，那就是王朝社会内部上下关系的精神准则。这就是下面读《小雅·伐木》要谈到的。诗曰：

伐木丁丁，鸟鸣嘤嘤。
出自幽谷，迁于乔木。
嘤其鸣矣，求其友声。
相彼鸟矣，犹求友声。
矧伊人矣，不求友生？
神之听之，终和且平。
【注释】 丁（zhēng）丁：象声词。 矧（shěn）：何况。

伐木许许，酾酒有藇。
既有肥羜，以速诸父。
宁适不来，微我弗顾。

於粲洒扫，陈馈八簋。
既有肥牡，以速诸舅。
宁适不来，微我有咎。

【注释】 酾（shī）：过滤酒渣。 藇（xù）：酒清澈美好貌。 羜（zhù）：未成年的羊。 速：邀请。 适：碰巧。 微：不是，非。 於（wū）粲：犹言灿灿。 八簋：簋，盛食粮的容器。据记载，天子宴享用八簋。

伐木于阪，酾酒有衍。
笾豆有践，兄弟无远。
民之失德，干糇以愆。
有酒湑我，无酒酤我。
迨我暇矣，饮此湑矣！

【注释】 阪：高坡。 衍：盈溢。 笾豆：两种盛食物的容器。 德：和。 干糇（hóu）：干粮。 湑：用草过滤酒渣。

诗篇共三章，典礼的规格很高，从“陈馈八簋”的句子看，可能是周天子宴饮同姓异姓亲戚的乐章。诗篇的风格是豪迈奔放的，与诗篇力图表达的贵族应有的慷慨精神相得益彰。第一章欲言饮酒增进亲戚和谐，先表自然光景，借着“嘤嘤”之鸟的鸣叫及其“出自幽谷，迁于乔木”的“升进”意象中，传达出人也应当取法自然、当"求友声"的正大之理。一章之中，有领悟，有议论，更有对景物的描述，全然象征的笔法，所造之境启发神智，引人遐思。

这首宴饮的诗篇之所以重要，就在于它所展现的慷慨，其实是提倡主宰天下的贵族集团应有的品格。这与古代社会的基本特征息息相关。中国自夏商以来，已经很明显地呈现出"单线索"的社会样态。一个族群的贵族率领他们的属众打天下、坐天下，更广大的一般小民从这样的改朝换代中，一时间得到大小不等的好处；前朝政治昏暗、残酷以及混乱等等也得到一时的安稳。说"单线索"，是因在这样的社会中，基本不存在一个知晓自己利益所在，并且自发地追求自己利益的阶层或阶级群体。贵族及其亲贵集团的胜利，往往就"代表"了天下所有人的胜利。就是那些先朝的遗民也必须顺从当今的胜利，否则就会被镇压[①]。在这样的社会状态下，对统治者集团而言，有一个至关重大的问题就是：民众为什么会跟你走？这样的大问题在很早之前便被意识到，具体表现为西周的诗篇，也就是宴饮诗篇中所宣扬的贵族、社会领导者应有的慷慨精神。具体到《伐木》的表现，那就是"於粲洒扫，陈馈八簋""以速诸父""诸舅"中的慷慨大方。诗篇与其说是好客，不如说是强调施舍，而施舍正是周贵族

---

①关于"单线索"社会的更多说明，请参看拙作《先秦文化史讲义》（中华书局2008年版，第75—77页）中的讨论。

所强调的重要品格。从大的方面说，封建就是一种施舍，以此来换取贵族属众的遵从。“陈馈八簋”的盛宴，就是以一种生活的方式，强调贵族应该遵守的精神。可以说《小雅·伐木》的篇章，道出的正是贵族政治重要的基本原则，那就是以必要的施舍引领民众相追随。

诗中有一句非常富于哲理的句子，就是“民之失德，干糇以愆”。哪怕一点小小的干粮，施舍分配不均，也会导致人际关系的失和。这样的句子，闪耀的是人性洞察的光芒。再亲近的人伦关系，若没有物质分享作为基础，也会失去维系的效力，而公平地分配利益更是至关重要。这就是诗篇对生活、对人性的洞察，“於粲洒扫，陈馈八簋”的慷慨正源于这样的洞察。而“宁适不来，微我弗顾”“有咎”（意思是：他们可以不来，我不能不请）的句子，同样属于这洞察的一部分，十分富有生活的智慧。人终究是物质动物，亲情、伦常终不可脱离物质基础。诗篇告诉人们的正是这一点。

这首诗篇的年代，历来被认为是西周末年宣王时期。这一时期距西周建国两百余年，贵族精神整体没落，上接周厉王之乱，宣王即位之初，颇有些振作措施，因此被视为“中兴”。《伐木》提倡慷慨施舍，未尝不可以理解为“宣王中兴”努力的表现，那就是重彰贵族之德。前面说过，“陈馈八簋”显示诗篇为王家宴请同姓异姓亲戚的歌乐，如此，就未尝没有王家为天下贵族做慷慨的榜样之意。恢复贵族对下应有的德行，是古代衰亡政治的常态，诗篇所表现的宴饮未必有效，诗篇高扬的原则，却对理解贵族政治的盛衰有相当大的帮助。在一个“单线索”的社会，习惯于政治跟从的民众，统治集团能对民众做些施舍，民众的日子就好过一些，相反则糟糕，社会也就混乱。这便是古代王朝的盛衰之理。

一首《诗经》的篇章，往往含有一段历史、一段思想史。《伐木》是这样的例子，同样为宴饮题材的《小雅·常棣》，也是如此。

四、挽救社会关系的宴饮诗篇

西周社会的衰亡是必然的。这固然有贵族的精神衰朽、王朝内政外交的困顿等原因，还有一个更根本的原因，那就是王朝社会宗法血缘关系的日益废弛。从一些宴饮诗篇中可以读到这样的废弛，当然，诗篇并不是从正面表现，相反，它们表现为对社会关系松动瓦解的救败。这就是《小雅·常棣》篇所含的内容。诗曰：

常棣之华，鄂不韡韡。
凡今之人，莫如兄弟。
【注释】　鄂不：何不。　韡（wěi）韡：光华貌。

死丧之威，兄弟孔怀。
原隰裒矣，兄弟求矣。

脊令在原，兄弟急难。
每有良朋，况也永叹。

【注释】　脊令：字又作“鹡鸰”，鸟名，麻雀科，飞则鸣叫，行走时则尾羽摇摆。　每：虽。　况：语助词。

兄弟阋于墙，外御其务。
每有良朋，烝也无戎。

丧乱既平，既安且宁。
虽有兄弟，不如友生？

傧尔笾豆，饮酒之饫。
兄弟既具，和乐且孺。

【注释】　傧：陈列。　饫（yù）：醉饱。　孺：愉，和悦。

妻子好合，如鼓瑟琴。
兄弟既翕，和乐且湛。

宜尔室家，乐尔妻帑。

是究是图，亶其然乎？

【注释】　帑：字当作“孥”，子孙。　图：考虑。　亶：实在。

这首诗虽是为宴饮所歌，但诗中解释宴会的内容却很少，只在第六章才略有表示。全篇正说反说，都不外乎要强化突出这一句的意思：“凡今之人，莫如兄弟。”因为诗篇应属于家族内部的饮酒礼[1]，其用意即在强化、稳固兄弟关系。

血亲意识，由来已久。有一句流传甚广、格调不高的俗语叫：“妻子如衣服，兄弟是手足。”其实这句话最初的表述，就是诗篇第七章的“妻子好合，如鼓瑟琴。兄弟既翕，和乐且湛”。《常棣》这首诗篇所言的“兄弟”，其所指的范围已经不再是一般意义上的“兄弟”，而是指宗法制下家族内部各支脉的代表。

要了解诗篇所映现的社会现实，需要从诗篇出现的年代

① 西周家族内部的宴饮之礼情况如何，是不是也像“乡饮酒礼”和“燕礼”那样繁文缛节，《仪礼》《礼记》等文献很少记载，《诗经》中却不乏其例。不仅如此，像《大雅》中的《行苇》《既醉》《泂酌》等表现高级贵族宴饮的酒礼，也很难在《礼仪》等文献中见到。这是因为《仪礼》《礼记》等儒家记录“周礼”的文献写制较晚，而且多为春秋后期流传在东方诸侯邦国之中等级相对较低的“周礼”。由此也可以说，就记载各种饮酒礼的范围而言，《诗经》是最宽广的。

说起。关于《常棣》，其创作年代古来有两种说法：一种见于《国语》，称诗篇为西周初期的周公所作；还有一种见于《左传》，谓诗篇为周厉王时期的召穆公所作。今人杨树达先生在其《积微居金文说·六年琱生簋跋》一文中说："周公诛管蔡而召公乃言'凡今之人，莫如兄弟'，岂非责骂周公乎？此于情理必不可通者也。"杨说可信，即以诗篇所呈现的艺术风貌及篇章中的语词语法而言，也应该是西周后期的作品。也就是说，诗人面临的人伦情感的变化，要比"管蔡之乱"复杂得多。管蔡之乱是争权夺利，西周后期的诗篇面临的问题则是因为社会变化引发的。诗篇的"兄弟"应该是指兄弟们各自的小家庭，诗篇所言"妻子好合，如鼓瑟琴"的"妻子"就是指兄弟的小家庭。如此，诗篇应该针对的是，人们热衷于自己小家庭的妻子儿女倾向，已经大过了关心兄弟大家族的倾向了。诗篇意在维护的是大家族关系。

五、酒德的重申

商周兴亡之际，出现了一个十分重要的思想：殷鉴意识。《尚书·召诰》说："我不可不监于有夏，亦不可不监于有殷。""监"即鉴，这样的观念表现于《大雅·文王》就是："宜鉴于殷，骏命不易。"表现于《大雅·荡》就是："殷鉴不远，在夏后之世。"这一观念影响至大，后来中国人特别重视对前朝兴亡的记录和书写，很大程度上即源于此。在西周时期，“殷鉴意识”之一，就是对于饮酒之事的高度戒惕。因为周人认为，殷商王朝灭亡的一个重要原因，就是饮酒无度。这样的判断，见于《尚书·酒诰》，其中有则文献是周公教导卫国的始封君康叔的。周公说，殷商后期的王公贵族“惟荒腆于酒，不惟自息，乃逸”。意思是：殷商上层只知道饮酒，不仅不好好做事，还放逸无度。因为整天饮酒作乐，所以“腥闻在上”，于是引起上帝震怒：“故天降丧于殷，罔爱于殷。”有鉴于此，《酒诰》中周公对西周大小贵族提出“刚制于酒”，如有无端“群饮”者，周公对康叔说：“尽执拘以归于周，予其杀。”全部把他们押到王室来，统统杀掉。当然，全面断绝饮酒是不可能的，对各种必要场合的饮酒，周公制定的原则是：“德将无醉。”

有了这样的认识，下面就先来看《小雅·湛露》这首诗：

湛湛露斯，匪阳不晞。
厌厌夜饮，不醉无归。

【注释】　湛湛：露水浓重的样子。　厌厌：饱足。厌，通“餍”。　夜饮：晚间举行的饮酒礼。

湛湛露斯，在彼丰草。
厌厌夜饮，在宗载考。

【注释】 载：则。 考：成，成礼，即饮酒典礼顺利完成。

湛湛露斯，在彼杞棘。
显允君子，莫不令德。

其桐其椅，其实离离。
岂弟君子，莫不令仪。

【注释】 椅：又名山桐子、椅桐等，落叶乔木，结果实。 离离：低垂貌。 岂弟（kǎitì）：恺悌，和乐平易。

这首诗也涉及“酒德”的问题。诗言“厌厌夜饮，不醉无归”，就是号令参加饮酒礼的人们满宫满调地饮酒，一直喝到醉。上面说过，饮酒礼进行过“一献”或“多献”之后，原先辅助失明乐工的相，就转身变为“司正”，宴会进入“旅酬”阶段。司正也是像诗篇一样，高声号令大家“众无不醉”，单独来看，这与上文所言及的周公对酒德的强调严重相违。可是，若将下文的“显允君子，莫不令德”“岂弟君子，莫不令仪”联系起来，就是一个“德将无醉”的格局，亦即既要饮酒适宜又要威仪无失的中道而行了。

关于这首诗的用场，《毛诗序》说：“《湛露》，天子燕诸侯也。”《郑笺》又说：“诸侯朝觐会同，天子与之燕，所以示慈惠。”这样说法的根据就在《左传·文公四年》记宁武子之言：“诸侯朝正于王，王宴乐之，于是乎赋《湛露》，则天子当阳，诸侯用命也。”宴享时的人群际会，更有与会者显示自己德行修养的意义。于是诗篇在“厌厌夜饮，不醉无归”与“显允君子，莫不令德”之间形成了张力。宴饮即使享乐，也是德行的展现，如何把握其间的度，就是一种考验。理想的状态当然是两者兼顾，生活的享受与德行的增长兼顾，才能达到宴饮以“合好”的目的。

前面说过，宴饮作为典礼，含着提倡上下长幼秩序，提倡谦让恭敬，甚至洁净的生活之道的用意。参与典礼，合乎礼仪的行为举止，既可以表现出一个人对自己社会地位身份的自我意识，也可以从典礼中待人接物的行为举止中见出一个人的自我修养。人是社会的成员，必须遵守一定的文明规则；人也有其动物的一面，有物利的享受追求。前者为“人性”的，后者为“动物性”的。在宴会的美酒美食面前，是否还能以礼仪自我控制，是否因对物利美食的贪婪，冲破文明的规则，这就是对一个人的“德性”的检验。饮酒的特殊就在于，酒可以使人醉，可以令人失态，忘乎所以。因而饮酒礼就越发能检验一个人的德行。文献记载，在一些高级的饮酒礼结束送客的环节，是要敲击金属乐器的，目的就是以有节奏的乐声，检验饮酒者的步伐是否还能走到点上。在今天看，好像是无谓的繁文，可是，贵族阶层在分享美食的饮酒礼上的表现，实在与该阶层的普遍德行相关，因而可以观世道的盛衰。

第十讲

战争诗篇中的家国情

在这一讲，我们读《诗经》中战争题材的诗篇。

战争是人类的普遍现象。文学表现战争，可以显现不同文化人群对战争的态度。对战争不同的态度，又强烈影响战争诗篇的表现形式。

一、《诗经》战争诗的大要

《诗经》所表现的战争大概有以下几种：

其一，对西北方的异族玁狁的战争，像《小雅》中的《采薇》《六月》《出车》等表现的都是这方面的战事。

其二，对东南方人群的征战，这里王朝的敌人或被称为“荆蛮”，或为“淮夷”等，这些人群与玁狁有别，他们对王朝叛服不定，文献上称他们是王朝的“帛晦臣”即缴纳布匹粮食的臣民，于是王朝与他们的战争也就有所不同。《小雅》的《鼓钟》《采芑》和《大雅》的《江汉》《常武》都是表现这类征战的篇章。《小雅》中还有一些作品不知是何方战事，但也表现了远征士卒的困苦，如《小明》。另外，《周南》《召南》中也有一些短篇，如《周南》的《兔罝》《麟之趾》《汉广》和《召南》的《殷其雷》等，也都与东南战事有关。以上两方面的战争主要发生在西周中期和晚期，尤以晚期战事居多。

其三，就是发生在西周早期的“周公东征”，为了平定今山东一带殷商及叛乱势力的征战。这方面的诗篇主要见于《豳风》，如《东山》《破斧》。要说“东征”为早期战事，其诗篇应为西周早期，但是事情往往不那么简单。这里有一些历史曲折，下面再谈。

其四，就是春秋时期王室与诸侯、诸侯与诸侯之间的战事。例如《王风·扬之水》，应与东周早期楚国人北侵、周人戍守有关。还有《邶风·击鼓》篇，应是春秋卫国与某诸侯的战事。此外还有风格强悍的《秦风》战争诗。《秦风》战争诗中有的篇章不排除与西周后期反击玁狁有关，因为西周后期的宣王时期，秦人首领曾率众人与玁狁（文献称“西戎”）死战。但《秦风》中相同题材诗篇的风格却与《小雅》篇章迥然有别。

有战争就有武备，上述许多诗篇虽被冠以“战争题材”，其实严格说有不少属于“军事生活”题材。在本书这些诗篇也是被视为“战争”题材的，例如《郑风》中的《清人》。据《左传·闵公二年》记载：当公元前662年北狄大举入侵卫国时，作为封建同姓邦国的郑国君主却“恶高克，使帅师次于河上，久而弗召。师溃而归，高克奔陈。郑人为之赋《清人》”。意思是君主厌恶大臣高克，就派他率领一支军队在黄河南岸驻守，久而军队溃散，于是郑国人不满，赋诗《清人》，从诗篇“左旋右抽，中军作好”一句看，诗篇确有讽刺高克的军队在那里摆样子的意思。这样的作品还有一些。

上述诗篇，年代有早晚之分。一般而言，属于“雅”的较早，而且多为战争典礼乐章；属于“风”的，则应该已经脱离了仪式歌唱的形态。例如《击鼓》，明明是表现国民厌恶战事的篇章，这样的诗篇与仪式歌唱相去甚远，然而其对战争表现出的态度，则与西周那些属于礼乐精神的诗篇一脉相承。

这又涉及战争诗篇内涵上的一个重要区别，即王朝礼乐精神与贵族勋业追求情调的差异。具体说，战争题材的诗篇可分为如下两大类：一类是属于王朝礼乐精神及其影响下的篇章，这一类篇章数量多，如《小雅》中的《鼓钟》《采薇》《小明》和《周南》《召南》中的诗篇都是；一类是以显示贵族功勋为主调的篇章，这类诗数量上并不多，却是属于战争诗篇的重要变种，其作品主要有《大雅》中的《江汉》和《常武》，以及《小雅》中的《六月》《出车》等。两类诗篇的基本分野如下：王朝因战争而制作礼乐，是出于安慰众多参战将士和那些战争中死去的亡灵；而贵族表战争功勋的篇章，则把歌颂的焦点集中在少数人身上。

这一讲就先从第一大类诗篇谈起。

二、战争的哀伤

这类诗篇从何说起？就让我们来读《小雅》中的《鼓钟》篇。诗曰：

鼓钟将将，淮水汤汤，忧心且伤。
淑人君子，怀允不忘。

鼓钟喈喈，淮水湝湝，忧心且悲。
淑人君子，其德不回。

鼓钟伐鼛，淮有三洲，忧心且妯。
淑人君子，其德不犹。

鼓钟钦钦，鼓瑟鼓琴，笙磬同音。
以雅以南，以籥不僭。

这首诗旧说是刺周幽王的。西汉今文家认为《鼓钟》一诗，为西周昭王时期的作品。清末学者王先谦《诗三家义集疏》，又认为是周昭王南巡、由淮入汉时所作。联系西周昭王曾对南方淮水流域的人群进行过为期数年的征战，诗篇为昭王时作，是可信的。因为大体从昭王十五至二十年，西周王朝对东南方即今淮河流域一带的“东夷”展开了旷日持久的征战。除了传世文献之外，西周金文在这方面也多有记录。诗篇言及“淮有三洲”，清代陈奂《诗毛氏传疏》认为其地在颍水与淮水交汇处，即古“洲来”之地，今属安徽省寿县。诗反复言“忧心”“伤”“悲”和“妯”，且反复赞美“淑人君子”之德，据此日本学者白川静在其《诗经研究》中就提出，诗篇“可能也是挽歌……也许是行临淮水葬人的诗歌”。白川静的说法十分可取，诗篇是“挽歌”，而且是哀挽那些为国捐躯于淮水之畔的西周将士的哀歌。诗篇见诸《小雅》，为王朝乐章，在距离王朝中心区域较远的淮水之旁歌唱如此哀婉的乐歌，只有理解为哀挽那些为国捐躯的将士才是最合适的。诗篇最后说“以雅以南”，“雅”为中原音乐，“南”则为当地风调，中原之人战死沙场，等于做了南方之魂，用标准的中原乐和南方的地方乐为阵亡将士安魂，是十分合情合理的。

这就是我们讲战争诗篇之前先谈《鼓钟》篇的原由：《诗经》中合乎礼乐精神的诗篇，多有哀伤的调子，这是其显著的特点。打仗就会有死伤，而且死伤者往往为大多数普通参战者。战争结束，固然有人要立功受奖，然而，“一将功成万骨枯”，“功成”的勋章都会染有许多普通士卒的鲜血，这就是残酷的甚至可以说是不公道的现实。充溢着哀伤的诗篇，不是献给那些立功受赏者，而是献给阵亡的人，这正是诗篇特有的价值。或者说，诗篇传达的是普通士卒的感受和心声。笔者称“有属于王朝礼乐精神”的战争诗篇，原因也就在这里。

挽歌的哀伤自然是最沉重的，再看《召南·殷其雷》篇，就不是挽歌，但其情感亦别有样态。诗曰：

殷其雷，在南山之阳。
何斯违斯，莫敢或遑。
振振君子，归哉归哉！

【大意】　殷殷的雷声，轰响在南山之南。多么沉重的离别啊，没有谁可以片刻脚步停闲。英武的君子，早点归来，早点归来啊。（下两章大意相同。）

殷其雷，在南山之侧。
何斯违斯，莫敢遑息。
振振君子，归哉归哉！

殷其雷，在南山之下。
何斯违斯，莫或遑处。
振振君子，归哉归哉！

关于这首诗，过去理解为在家女子思念在外的丈夫，但是“上博简”《孔子诗论》出现后，理解上就有所改观。《孔子诗论》第27简言：“可斯雀（爵）之矣，离其所爱，必曰吾奚舍之，宾赠氏（是）也。”学者认为“可斯”即篇中的“何斯违斯”句，“上博简”文取此两字代表全篇。简文大意是：《可斯》这首诗的具体情境是，已经送给离人酒爵了，她要离别她的所爱了。一定得说：我怎么舍得呢？这就是送别啊！据此，原来诗篇恳切地呼喊“归哉归哉”，不是在备受离别煎熬之后，就是在离别之际。从“莫敢或遑”“遑息”“遑处”看，不像是一般的行差役，更像是接受战争动员令后众征夫的匆忙。未出征家人先呼“归哉”，这才是面临战争死亡之际民众最真实的情感。诗篇的情感主调，当然不是《鼓钟》篇那样的哀伤，然而，战争几乎就意味着死丧的哀伤。这才有诗篇既是期盼又是嘱告的“归哉归哉”的肺腑呼告。

《周南》和《召南》中，有不少西周时期的诗篇，如前面讲过的《关雎》等。虽然“南”可能如旧说所讲，来自南方，但“二南”中有不少篇章仍属于王家歌乐，具体说，《殷其雷》或为出征之际送别礼的乐歌。然而，就是这样的王家乐章，《殷其雷》所抒发的情感，仍然是最普通的参战民众的，这就是诗篇礼乐的价值。此外，诗言“殷其雷，在南山之阳”，滚滚的雷声在南山之南，更暗示了战争发生的地点在南方。就现存的不论是传世还是出土的文献看，对南方的征战，始于周昭王，此后穆王时期也有征战，再后来南方稍微平静了若干年，待晚期周宣王时，金文显示，南方又变得颇不宁静。那么，《殷其雷》这一诗篇，据笔者判断，应该属于对南方战争的较早时期。

诗言“南山”，《召南》诗篇的相关地域，在今陕西一带，所以诗篇中的“南山”应该就是终南山。周家出师征讨东南，大体有两条路线。一条是从今洛阳出发，沿淮水支流沿岸向东向南。还有一条道路就是从今天的陕西关中出发，向东南之南阳盆地、汉水下游前行。《殷其雷》言“南山之阳”，当与后者的路线有关。

以上两首诗篇，或表达对阵亡将士的哀伤，或表达对征夫战事归来的期盼，都属于社会情绪的抒发。

三、征夫的苦痛

社会民众对战争是哀伤的。除此之外，难能可贵的是，《诗经》还记录了那些参加过战争归来的征夫的内心世界，深切表现了战争给征夫内心造成的苦痛。在这方面，大家熟知的就是《小雅·采薇》篇。诗曰：

> 采薇采薇，薇亦作止。
> 曰归曰归，岁亦莫止。

靡室靡家，猃狁之故。
不遑启居，猃狁之故。

【注释】 薇：又称野豌豆，可食。 作：初生。 莫："暮"的本色，岁晚。 启居：安处的意思。

采薇采薇，薇亦柔止。
曰归曰归，心亦忧止。
忧心烈烈，载饥载渴。
我戍未定，靡使归聘。

采薇采薇，薇亦刚止。
曰归曰归，岁亦阳止。
王事靡盬，不遑启处。
忧心孔疚，我行不来！

彼尔维何？维常之华。
彼路斯何？君子之车。
戎车既驾，四牡业业。
岂敢定居？一月三捷。

【注释】 常：棠。假借字。 路：大车，在此形容战车强大。 业业：强壮貌。 月：此字有的传本作"日"。捷：接，交战。 一说：告捷，获胜的意思。

驾彼四牡，四牡骙骙。
君子所依，小人所腓。
四牡翼翼，象弭鱼服。
岂不日戒？猃狁孔棘！

【注释】　腓（fěi）：依傍。　象弭：弓背末梢处靴装象骨，以其尖利，可用来解系战车上的缰绳，称为弭。鱼服：鱼兽皮做的箭鞘。　棘：急。

昔我往矣，杨柳依依。
今我来思，雨雪霏霏。
行道迟迟，载渴载饥。
我心伤悲，莫知我哀！

《毛诗序》说这首诗篇是“遣戍役”时的乐歌，即是一首出征典礼上的诗歌，可是诗篇写到了归来的场景，而且这部分也最动人。诗篇为周懿王时期的作品。周懿王为西周中期稍晚时段的王。将此诗与后来宣王时期的《七月》《常武》等战争诗篇相比，其忧伤的格调明显与后两篇有别。

诗篇言王朝的外患来自“猃狁”。关于这个人群，《毛传》解释说：“北狄也。”颇嫌笼统。自上世纪60年代以来的考古发现，在今阴山南麓鄂尔多斯及其周围地区，历史上存在一个“草原青铜文化”，时间上限约为夏商之际，其发展过程中与商朝相始终，后期则延至西周、春秋之交。史书记载与此文化有关的人群或为荤粥（鬻字之省）、鬼方、玁狁、戎、狄等，而匈奴部族的形成则在此之后。另外，这个人群不像汉代的匈奴那样为单纯的草原游牧人群，他们也用车马作战。大约从西周中期、晚期之交开始，玁狁人群曾对西周王朝构成重大威胁，是可以肯定的，更早或者更晚的部族是否与玁狁为同一人群，则需要进一步研究。

诗篇的结构很别致，第一章就揭出了两个主题：其一是由“曰归曰归”唱出的思家主题，其二是由“靡室靡家，玁狁之故”道出的战争主题。我们还记得《小雅·四牡》这首宴饮的诗篇吧，典礼场合慰劳使臣，不就是以歌吟“公”与“私”不得兼顾的伦理冲突来达成的？《采薇》篇也有同样的思致，只是表现手法各不相同而已。诗篇先展开的是思家主题，写士卒“靡使归聘”的焦心，写“我行不来”的辛苦；之后则展开战争的主题，写战争“一月三捷”的激烈，写战事“岂不日戒”的紧张。诗篇的调子，也由“采薇采薇”的舒缓，变为顿挫有力的节奏。两个主题的交织，明显表露的是这样的态度：战争是他们不得不承受的事情，只是由于爱家邦，爱“启居”的和平生活，才毅然走向战场。正因如此，当士卒回到阔别已久的家乡，面对着眼前的物是人非，才百感交集，心绪难宁。于是诗篇归结为最后一章：“昔我往矣，杨柳依依。今我来思，雨雪霏霏。行道迟迟，载渴载饥。我心伤悲，莫知我哀！”其情感的调子是强烈而动人的感伤。这样的情绪，实际代表了普通士卒对战争生涯的负面评价，为了捍卫和平生活才不得不走上战场。

《诗经》中的战争诗篇，无意塑造战争英雄，对战争场面的描写也是概括的，这也使得《诗经》战争诗篇显得干净。这些，原因何在？就在于社会一般民众对战争的评价。《采薇》“杨柳依依”的浓郁感伤，正是这一评价的诗性的显现。

《采薇》的感伤，代表的还是社会最普遍的情绪。《诗经》中还有更加具体地展示战争给人内心深处带来折磨的诗篇，如《豳风》中的《东山》篇。

我徂东山，慆慆不归。
我来自东，零雨其濛。
我东曰归，我心西悲。
制彼裳衣，勿士行枚。
蜎蜎者蠋，烝在桑野。
敦彼独宿，亦在车下。
（此章写归途，及所见。“西悲”是眼目。）

我徂东山，慆慆不归。
我来自东，零雨其濛。
果臝之实，亦施于宇。

伊威在室，蟏蛸在户。
町畽鹿场，熠耀宵行。
不可畏也，伊可怀也。
（此章表归途上想象家园的荒废。）

我徂东山，慆慆不归。
我来自东，零雨其濛。
鹳鸣于垤，妇叹于室。
洒扫穹窒，我征聿至。
有敦瓜苦，烝在栗薪。
自我不见，于今三年！
（此章写归途想象及归家所见。）

我徂东山，慆慆不归。
我来自东，零雨其濛。
仓庚于飞，熠耀其羽。
之子于归，皇驳其马。
亲结其缡，九十其仪。
其新孔嘉，其旧如之何？
（此章写士卒归家，未婚者娶妻，久别后夫妻团圆。格调终于变得明朗。）

诗篇的主题是周公东征，这一点古来无异说。史载西周建朝后不久，武王去世，周公辅政，管叔、蔡叔等不满，与殷商残留势力勾结，煽动东方地方政权反叛。周公毅然东征，三年平叛。然而，虽然西周初年有周公东征的大事，但《东山》的诗篇，无论其风格还是语句词汇，都不是西周早期的，反而更接近西周中期的篇章。就是说，诗篇的出现，要比那场周初大事的发生晚近百年。原因大致是：周公返政以后，曾被迫出奔，生前再也不能返回都城。他的家族也因此大受牵连，因此在之后相当长的时间里，王朝政治舞台，没有周公家族成员的身影[①]。直到数十年之后，大体在昭王、穆王之际，周公才得以平反，其家族势力再次兴旺。表现周公东征的诗篇就创作于这个时候。而且，表现周公东征的作品还不只这一篇，《豳风·破斧》所歌之事，即与《东山》相同。此外，据《毛诗序》等说法，《豳风》中的《鸱鸮》《伐柯》《九罭》和《狼跋》等，均与周公的遭遇有关。

细看《东山》一诗，与《小雅》的《采薇》《四牡》一样，也隐含着“家”和“国”的相悖。因为诗篇最动人的内容是“我心西悲”的士卒对“家”的思恋与悬想。所不同的

---

① 关于周公遭遇的问题，学者说法历来纷纭复杂。笔者的关于此问题的说法，主要见拙作《西周礼乐文明的精神建构》（河北教育出版社2013年版），《诗经选》（商务印书馆2015年版）中关于《豳风·鸱鸮》的解读等，可参看。

是，这首诗篇在表现上选取的视角，却是“在路上”[1]，与《小雅·采薇》篇表回家的“今我来思”片段相比，走在回家的路上在《东山》中则为全篇的整体格局。于是，战争就成为身后渐行渐远的往事，然而“三年”征战的阴影，在诗篇中却是挥之不去的。何以这样说？由四章组成的诗篇，每一篇开头都是“我徂东山，慆慆不归。我来自东，零雨其濛”。前两句是哀怨，后两句是光景，一片阴雨潮湿的光景，将诗篇的气氛晕染得沉重低垂。陈子展先生在其《诗经直解》中引用了清朝女学者王照圆《诗说》中的几句议论，说：“何故四章俱云‘零雨其濛’？盖行者思家，惟雨、雪之际最难为怀。”说法很好。然而这不能仅仅理解为行路人路途的艰辛，还有其更高一层的象征，那就是战争生涯造成的阴郁心理状态。这样说是否有意拔高？不是。《诗经》时代借景抒情的手法固然没有唐诗宋词那么纯熟，却已经有了开端，前面谈到过的《小雅·斯干》的“幽幽南山”，《伐木》的“鸟鸣嘤嘤”，《常棣》的“常棣之华”等，不都有营造全篇气氛的作用吗？表现从“东山”返回西部的士卒，遥遥千百里的路途，不会总是阴雨连绵，诗篇却只取一个“零雨其濛”为比兴，且一“兴”到底，这在《诗经》中并不多见。此外，稍微观察诗篇情绪的总体变化就可以发现，到了第四章“仓

① 这个词用的扬之水《诗经别裁》关于《东山》篇的一个说法。

庚于飞”句之后，诗的情绪格调才变得明朗欢快，阴郁是占了很大篇幅的。战争结束，将士回家，本应是令人欢快的事，然而诗篇却只有“西悲”，这正是诗篇不同凡响之处。

在诗篇的第一章“零雨其濛”之后，就是“制彼裳衣，勿士行枚。蜎蜎者蠋，烝在桑野。敦彼独宿，亦在车下”的景象。后四句中的第二、三句，描述归乡士卒路途中所见：成堆的野蚕，聚集在桑叶之下。最后两句则是自然的联想：蜷缩在战车下的生活，就如同微末的桑叶蠕虫。三年的生活，就是这样度过的。这已经将士卒对战争生涯的评价含蓄地道出了。正因如此，那“制彼裳衣，勿士行枚”之句的祈愿才显得那样发自内心。

然而，这里还需要注意的是诗篇关于三年征战生活内容的沉默。三年征战，绝不仅仅是像野人一样的风餐露宿，厮杀呢，死亡呢？这些必有的战争经历，都是只字不提，也无任何功绩表白。战争已在背后，就让他永远远去，诗篇的无言，不是可以解读为这样的态度吗？阴雨中桑叶下聚集的蠕虫的意象，显示了许多，也遮蔽了许多。与此缄默无言形成鲜明对比的是对家的默念。这默念真可谓魂牵梦绕，因为它事无巨细。特别是第二章，房前屋后一年无人照管而四处蔓延的栝楼，室内则是因长期无人居住而潮虫遍地、蛛网乱挂的荒芜，还有就是庭院的场地变为野鹿的乐园，夜间闪烁流动着的萤虫的幽光，荒残的家园中诸多的景象，其实含着的焦虑不外乎两种：家庭因男子的出征，或父母死丧，或妻子离散。三年的离别，是三年的思念，更是回家路上的恐惧。这是战争给征夫带来的一切。所以当诗中之“我”回到那个让他心心念念三年之久的家时，一句“自我不见，于今三年”的庆幸之语，实际就是一句失声哀叹。这就是诗篇氛围阴郁凝重的原因。同时代、同样文化背景的诗人懂得生活，理解一场大的战争中一般士卒的感受与态度。战争对于一般士卒而言，就是家庭的离散；长期离去，往往就是家庭的破亡。这正是诗篇中人“我东曰归，我心西悲”的原由。诗篇表现了这一点，也就传达出三年征战中士卒受到的煎熬有多深多重。这是诗篇最有价值的地方，因而《东山》篇在情感质量上，距离后来出现那些歌颂战争功劳的作品，相去最远。

礼乐文化的诗篇，不要悲剧。于是诗篇第三章，叹息的妻子出现表明三年离别，家中情况比征夫想象中的要好许多。这也是生活的实际，悲剧也罢，戏剧也罢，生活还得继续。所以到最后一章，诗篇情感的调子终于高昂了起来。征夫之“我”的眼里，出现了羽毛光彩闪耀的仓庚，与此相映，是一场“皇驳其马”的喜庆的娶妻场面。已婚的是团聚，“之子于归”的句子交代：当初有不少单身汉尚未娶妻就上了战场。诗篇渲染喜庆，提供了一个古老的民俗场景：“亲结其缡”，即女儿出嫁前的最后一道手续，妈妈把一件佩蔽膝之类的佩戴物系在出嫁女儿身上，拴成一个扣子，同时嘱咐一些话语。“其新孔嘉，其旧如之何”：新婚的人们是那么好，那些久别的夫妻们又当如何？久别胜新婚，言外之意也应该是不错的。

诗篇的阴郁与结尾的欢快，显示的是这样的理解：战争终究是生活的插曲，属于非常事端，终究要被克服，生活还要继续。诗篇虽然没有对战争本身残酷的正面述说，甚至连“既破我斧，又缺我斨”那样的言辞也没有，却最能表现古人发自内心深处的对战争的厌恶。爱家的征夫，在遥远的东方从事了三年的征战杀戮生活，三年之间一定有很多人死伤，内心的扭曲需要漫长的时间去调整，这些虽然都没有写，然而诗篇写了一路的阴雨，一路的阴郁。“西归”便是“西悲”，“西悲”就是“西归”，前三章的沉重与最后一章的欢愉不成比例的变化，实际可以理解为士卒为了摆脱战争所造成的心理阴霾的艰难。一个民族的战争诗篇，最能够显示他们对于战争与和平的看法。“昔我往矣，杨柳依依。今我来思，雨雪霏霏”一句非常出名，极其动人。然而，真正深入细致地展现了参战士卒内心感受的，却是《东山》篇。

以上我们所读的战争诗篇，哀伤的情调是其主旋律。这势必影响到王朝战争典礼的乐章。下面就来看这方面的诗篇。

四、战争，不仅是战阵

前面已经反复说过，《诗经》中不少的战事诗篇，都是典礼上的歌唱。现在就来谈谈军征典礼上的乐歌演唱。

大的征战典礼，一般要告庙，战争结束还要告庙献功、颁布奖赏；此外，还要祭祀天地。战争结束，军队班师奏凯，有隆重的献俘典礼，地点按金文小盂鼎铭文显示，也是在宗庙中进行。以上为军礼大要。文献的记载虽颇为不少，但是，军事典礼特别是出征、班师之际的诗篇歌咏，究竟在何时何地，文献却并无明文记载。而且，看《小雅》《大雅》的战争诗篇，就其所歌内容而言，基本没有出师时的歌唱，诗篇大都显示为归来时的乐章。如此，《殷其雷》的“宾赠”歌吟，就显得颇为特别。《诗经》何以出师歌少，是个问题。

现在从“周礼”军礼的“大田”礼亦即蒐礼的诗篇说起，这方面的诗篇有《小雅》的《车攻》和《吉日》。《吉日》重在表现周王猎杀漆沮水畔的成群动物，除“吉日庚午，即差（选）我马”句的“庚午”，显示了“马”与“午”日的关系、可知俗话所谓“午马未羊”的“午马”起源甚古之外，其他意思不大。较有意思的是《车攻》篇：

我车既攻，我马既同。
四牡庞庞，驾言徂东。

田车既好，田牡孔阜。
东有甫草，驾言行狩。

之子于苗，选徒嚣嚣。
建旐设旄，搏兽于敖。

驾彼四牡，四牡奕奕。
赤芾金舄，会同有绎。

【注释】　舄（xì）：鞋。

决拾既佽，弓矢既调。
射夫既同，助我举柴。

【注释】　决：以象骨为之，著于右手大指，用以钩弦。　拾：皮制，著于左臂之上，类似今天的套袖，以防衣服阻碍弓弦弹射。　佽（cì）：具，佩戴停当。　柴（zì）：猎物堆积。字当作“㧘”。

四黄既驾，两骖不猗。
不失其驰，舍矢如破。

【注释】　猗：偏斜。　“不失”句：言车驾奔驰合乎规范。蒐礼作为军事训练，车马驾驶有特定要求。　如破：命中目标。

萧萧马鸣，悠悠旆旌。
徒御不惊，大庖不盈。

之子于征，有闻无声。
允矣君子，展也大成。

【注释】 “有闻”句：言军容肃正。 允、展：实在。

诗篇写的是一场大规模蒐礼，年代为周宣王时期。周宣王在位期间外患严重，西北方面有猃狁，东南方面则有淮水之畔的反抗人群。边患严重而诗篇显示宣王却要到“甫草”这一属于王朝中心的地区举行一场大蒐礼，究竟因为什么呢？这实际又涉及“周礼”的文化属性问题。蒐礼与其他许多典礼一样，渊源古老。具体说起源于原始部族时的共同狩猎，而蒐礼实际就是要追寻这种古老的协同精神。周代涉猎的武器即车马、弓箭等，与战争武器相差不多，所以定期驱车射猎，可以起到军事训练的功效。然而，战争需要的，不仅限于技术层面，还需要协同精神。周王之所以在外患严重、边地不安的情况下，举办这样的大蒐礼，其实就是要汲取资源，即王朝应付内忧外患所急需的共同协调的精神资源。许多典礼，例如乡饮酒礼，都是以某种仪式恢复古老的记忆，一场宴饮，激发的是“我们是一群人，是共享统一利益的群体”。蒐礼也是如此，它源于古老的狩猎时代，不像进入王朝时代后森严社会等级分隔了人群与人心，那时候的人群，同心协力，共谋生活。文献记载，举行蒐礼时，周王穿的服装是素地的鹿皮衣帽，取其古朴之意。由此不难看出，大蒐典礼，就是用庄严的仪式，恢复周王与诸侯等各级贵族之间古老的联系。诗篇历来受赞美的是“萧萧马鸣，悠悠旆旌”的句子，动静相衬，又气象不凡。

《车攻》表现的大蒐礼有调动战争精神资源的意义，战争结束后的慰劳将士，如前面谈到的《小雅》中的《采薇》和《出车》《杕杜》等，则更倾向于抚慰将士及其家属。庆功的作用也是有的，但就诗篇显示而言，并不是很突出。《采薇》篇，按《毛诗序》的说法是“遣戍役”的乐章。可是，如上所说，士卒归来时“杨柳依依”的感伤之情最动人，而且诗篇上来就是“曰归曰归”，士卒已经是身在战场了。就是说，从诗篇本身，看不到任何“遣”的意味。如此，《毛诗序》之说，或许只是说的诗篇的移用，或许当初《采薇》作为典礼的诗篇出现时，并非“遣戍役”的用乐。此外，如《出车》篇，《毛诗序》说“劳还率也”。《郑笺》又说：“遣将率（“率”通“帅”，将帅。）及戍役，同歌同如此，欲其同心也。反而劳之，异歌异日，殊尊卑也。《礼记》曰：‘赐君子小人不同日。’此其义也。”郑玄补充说，遣师出征时，所演唱的歌是一样的，班师时所唱的歌就不同，还引了《礼记》为据。班师用歌不同，是可以理解的，因为打仗时需要“同心”，战争结束后谁接受奖赏，则一般要功归上方了。这是千古不变的老例，否则就不会有“一将功成”的古语了。还有《杕杜》篇，《毛传》也说是“劳还役”的。看诗篇“女心悲止，征夫归止”的句子，以“征夫”指出征者，所指地位自然一般。若此，起码在《毛传》这里，人们可以看到《出车》和《杕杜》为班师歌唱的姊妹篇。

现在来看《出车》。诗曰：

我出我车，于彼牧矣。
自天子所，谓我来矣。
召彼仆夫，谓之载矣。
王事多难，维其棘矣。

我出我车，于彼郊矣。
设此旐矣，建彼旄矣。
彼旟旐斯，胡不旆旆？
忧心悄悄，仆夫况瘁。

王命南仲，往城于方。
出车彭彭，旂旐央央。
天子命我，城彼朔方。
赫赫南仲，𤞤狁于襄。

昔我往矣，黍稷方华。
今我来思，雨雪载途。
王事多难，不遑启居。
岂不怀归？畏此简书。

喓喓草虫，趯趯阜螽。
未见君子，忧心忡忡。
既见君子，我心则降。
赫赫南仲，薄伐西戎。

春日迟迟，卉木萋萋。
仓庚喈喈，采蘩祁祁。
执讯获丑，薄言还归。
赫赫南仲，玁狁于夷。

诗篇从战争开始的军事集结写起，直到战胜归来。其中第一个需要注意的地方是诗篇第二章的“仆夫况瘁”句。诗开始一面是写“我”的被征调，“我”之战车的被装备以及战车的旗帜飘扬；另一面则是“王事多难”的叹息，仆夫们的“忧心悄悄”和“况瘁”，显示的又是对战事来临的无奈。正因此无奈，所以诗篇属于“周礼”格调。《老子》第三十一章有云：“吉事尚左，凶事尚右。偏将军居左，上将军居右，言以丧礼处之。”这种以丧礼处军征的说法，其根据，或许就可以追溯到《诗经》这里。或者说，像《出车》这样正式典礼场合的歌吟，其低沉的情调就源自社会大众对战争的意态。

第二个需要注意的是诗篇第四、五章，那是典礼上男女两个声部的歌唱。第四章“昔我往矣，黍稷方华”的调子，明显与《采薇》篇结尾部分相类，当然是属于出征将士的歌唱。继之而来的下一章“喓喓草虫，趯趯阜螽”等句子，与《召南·草虫》“喓喓草虫，趯趯阜螽。未见君子，忧心忡忡。亦既见止，亦既觏止，我心则降”更为接近。《草虫》很明显表现的是思妇对在外“君子”的忧心。诗篇因此就形成了一种歌唱的格局，即男女对唱。在本书开始时，我们曾经举《周南·卷耳》篇为例说过这样的男女对唱，不想在战争的诗篇中也有这样的“对唱”格局。《卷耳》是男女各自思念对方没有见面，与其不同的是，《出车》篇的男女则是相见的欢歌。

这就是《出车》篇最值得注意的地方。在国家庆祝征战结束的庆典上，居然可以听到男女对唱的乐章。这样的歌唱意味着诗篇创制者已经有如下的清醒意识：战争绝不简单的是男人上阵厮杀的事，它关乎千家万户。因为一个人上了战场，便意味着一个家庭缺少了当家的男性；战场上一个战士的阵亡，更意味着家庭中有人永远失去了丈夫，有人永远失去了父亲、儿子等。这正是诗篇加入女子歌唱的原因，它要深化战争的主题：战争不仅是双方的胜败，不论战争胜负，都是要死人的，都会有家庭为之遭受不可复原的创伤。王朝的战争胜利，并不意味着组成王朝社会的各个家的获益，"国"和"家"在成败祸福上，终究是有差异的。《出车》篇女子声部出现在战争结束典礼的乐章中，显示了当时民众对战争最有价值的理解。这样的理解，不仅散漫在《诗经》中的战争诗篇，还散漫在其他"行役"题材的篇章里；不仅见于《小雅》，还见于其他各地风诗。因为不论何时何地，只要是国家征调夫役，就意味着家庭将遭受损失，就会有思妇的悲哀，"归哉归哉"的深情呼唤，实际是在提醒社会这一点，也是《诗经》战争题材、行役题材作用的真正价值。

读这首诗，还很容易令人想起前面讲过的宴饮诗"鹿鸣之三"的歌唱。与款待来宾歌唱《四牡》一样，《出车》的乐章也有抚慰将士及其家庭的目的，也是以礼乐的方式向那些为了国家不顾小家的人们，予以精神的补偿，并向他们致敬。这样的礼仪，在一些记载周礼的文献中看不到，或者看得不真切。毕竟作为礼乐的组成部分，《诗经》的某些篇章（如《出车》）要比有心保存周礼的儒家早，当然也更能直接展现当时的社会精神状态。"家"和"国"之间，永远会存在利益的龃龉，《诗经》的战争诗篇，就是在用精神补偿的方式，协调这样的龃龉。高标某些动人的远大目的，却全然不顾社会家庭的死活，这样的事情，在权力社会不是特别容易发生吗？《诗经》的篇章是无言地反对这样做的。由此，也就不难理解孔子何以说“郁郁乎文哉，我从周”了。

第十一讲

战争与贵族的勋业

《诗经》三百篇映现的是几百年历史文化的嬗变，其中战争诗篇就是如此。前面谈到，《诗经》中的战争诗篇分两类，一类代表王朝礼乐精神，一类则表贵族的勋绩。在这一讲里就来谈谈这后一类诗篇。因而，此讲是前一讲的延续。

一、诗篇中的贵族

封建贵族，军功是其发达的重要条件，在中国的西周王朝也不例外。西周封建制，将诸多的周家亲贵封建到各地镇守一方，在当时，这本身就是一种军事占领与镇守。只是到后来王朝衰落，各地诸侯才纷纷而起，把军事镇守的单元变得越来越像一个独立的邦家。作为军事镇守的诸侯，对王朝的征战，天然地负有参战的责任。这在《诗经》也是有所表现的。请看《周南·兔罝》篇。诗曰：

肃肃兔罝，椓之丁丁。
赳赳武夫，公侯干城。

肃肃兔罝，施于中逵。

赳赳武夫，公侯好仇。

肃肃兔罝，施于中林。
赳赳武夫，公侯腹心。

诗篇的主题历来异说纷纷，例如《毛传》说诗篇表现的是“贤人众多”，现代学者有人说是“猎人之歌”等等。其实，诗篇就是赞美那些来自诸侯的参与王朝战事的士卒的乐歌。通观西周金文，从早期开始诸侯的军队就有配合王家师旅行动的职责，而且，越到晚期，王朝对诸侯军队的倚重也越发明显。周王征调诸侯贵族参战，不是直接向参战者下令，而是向参战者的上级下令，战争结束后的赏赐也是如此，周王赏赐诸侯，诸侯再将赏赐颁发给立功的贵族。“封臣的封臣，不是我的封臣”这句西方中世纪谚语，也适合西周的王者。

王朝战争依靠诸侯，更依靠王朝之内的贵族。《左传·成公十六年》：“苗贲皇言于晋侯曰：‘楚之良，在其中军王族而已。’”苗贲皇为投奔晋国的楚国人，他告知晋侯，楚国军队的精兵，就是中军的王族子弟。这些“王族”就是享有众多封建权益的贵族，因而在征战中也要出现在要害之所。王族之外，就是那些勋贵家族的力量。

有了这些金文的认知，再看《周南·麟之趾》这首诗篇，就好理解了：

> 麟之趾，振振公子，于嗟麟兮！
> 麟之定，振振公姓，于嗟麟兮！
> 麟之角，振振公族，于嗟麟兮！

这首诗按照笔者划分，亦为贵族属性的诗篇。其夸赞“麟”可谓从头到脚，又言“麟”是“公子”“公姓”和“公族”，正表明这所谓“麟”的亲贵身份。“振振”两个字，又令人联想起《殷其雷》中“振振君子”的“振振”，应该是表勇士的词语。所以，这首诗篇，笔者以为可以解释为检阅“王军公族”的军歌。这有旁证，西周早期器铭《中觯》有“王大省公族于庚，振旅”句，“振旅”的“振”字，是唐兰先生认读出来的。“庚”字的意思就是“通”，这在《左传》中有其例[1]；“于庚”就是“在通畅的大道上”。于是，诗句的意思就是：王在通畅的大路上检阅公族军队，举行收兵仪式。如此，《麟之趾》与《兔罝》实可视为“姊妹篇”。《兔罝》系周王检阅来自诸侯国士卒的乐章，《麟之趾》则为检阅亲兵卫队的赞歌。

---

① 如《左传·成公十八年》有“以塞夷庚”句，杨伯峻注引洪亮吉说谓：“庚与通，道也。夷庚，车马往来之平道。”

二、晚期战争诗格调的转变

金文资料对这些参战贵族，也是多有表现。例如早期的过伯簋中记载："过白从王伐反荆，俘金，用作宗室宝尊彝。"短短的铭文有两点值得注意的地方：一是讲俘获，即"俘金"，战争对贵族意味着获得财富。还有就是："作宝尊彝"显示的是家族功勋意识，战争可以增加家族的勋绩，是贵族之家累积权势的重要途径。这样的内容，在那些"礼乐属性"的《诗经》篇章中可谓毫无踪迹。因为这些能用俘获和赏赐之资为家族制作器物的，仍属于那些少数的贵族参战者。

读金文对战争功绩的记录，其中有些语句令人恐惧，如西周晚期的禹鼎铭文，记载的是一位名叫禹的贵族战争勋绩，其间所记王命之辞公然宣布"勿遗寿幼"，其残暴实在是无以复加。此外，还有一件也属于晚期的敔簋中，又可以读到"长榜载首百"（长木板上挑着人头百个）的语句，虽然这样的语句在现存的西周铜器铭文中并不多见，其展现的光景也实在令人惊悚了。然而这样的内容，在《诗经》的战争诗篇中是见不到的。

这可以看作是诗篇在表达上的节制。古语所谓"诗者，持也。"（《诗纬含神雾》）意思是说诗篇在表达内容上有所节制，不能什么都说，什么都说的"诗"，只能算是"灵魂之便溺"（钱锺书《管锥编》语）。《诗经》中表现战争的诗篇，包括马上要讲的表现贵族勋绩的诗篇，也不见金文这样血腥的语句，起码显示诗篇制作在表达上是有所选择的。不过，更深一层的原由，可能还在“为谁发声”这一点。器物铭文，是给家族记载荣耀的，是写给子孙后代，为突出家族的功劳而无顾忌，正是靠军功勋业增长家势的贵族社会品格的自然流露。然而，战争诗篇，尤其是在前一讲我们所讲的诗篇，是为那些普通的参战者宣泄内心苦痛的，过分渲染残暴内容，就难以起到礼乐的安抚作用。就是说，可以相信，在西周时或者更准确地说到西周后期，尽管周王可以公然下达残暴的战争命令，然而同时期的诗篇，对此却是不予表现的。这应该不是无意的疏忽，而是有意如此。就是说“诗者，持也”的意识，在当时已经起作用了。

然而，在西周晚期，高调渲染王家军队的胜利并借以显耀贵族功勋的战争诗篇，成了战争题材的主调，这一变化的结果则是战争中的死亡被掩盖，战争就变成一种值得炫耀的事业。很显然，这代表的是贵族的观念，其对早期以来战争题材诗篇礼乐属性的违反，也是十分明显的。

就让我们从《大雅·江汉》说起，诗篇所表是讨伐东南方淮夷的征战。诗曰：

江汉浮浮，武夫滔滔。
匪安匪游，淮夷来求。

既出我车，既设我旟。
匪安匪舒，淮夷来铺。

【注释】　浮浮：汹涌奔流貌。　滔滔：以水流奔腾喻王师行进。　安：游乐。　游：游荡。　铺：搏击。

江汉汤汤，武夫洸洸。
经营四方，告成于王。
四方既平，王国庶定。
时靡有争，王心载宁。

【注释】　洸（guāng）洸：勇武貌。　靡：没有。　载：则。

江汉之浒，王命召虎：
式辟四方，彻我疆土。
匪疚匪棘，王国来极。
于疆于理，至于南海。

【注释】　浒：水边。　式：以。　辟：开辟。　彻：打通。　疚：病，伤害。一说，久，迟延。　棘：急，急迫。在此有强制的意思。　极：本义为中、正，在此作顺从、服从解。　疆、理：制定疆界，划分土地。

王命召虎：来旬来宣。
文武受命，召公维翰。

无曰予小子，召公是似；

肇敏戎公，用锡尔祉。

【注释】 旬：徇，巡视。 宣：布陈政教。 翰：干，栋梁。 予小子：周宣王自称。 似：继续。 肇敏：图谋的意思。 戎：大。 公：公事。 用：因而。

釐尔圭瓒，秬鬯一卣；

告于文人，锡山土田。

于周受命，自召祖命。

虎拜稽首：天子万年！

【注释】 釐（lài）：赏赐。 圭瓒（zàn）：礼器名，祭神灌酒时酌酒用，以玉装饰手柄。 秬（jù）鬯（chàng）：黑黍酿造的香酒。鬯，香草，酿酒加香草令其味香，祭神用。文人：文德之人，指祖先。 “于周”两句是说：自周家受命于天，召公的家族就得到任命。

虎拜稽首，对扬王休，

作召公考。天子万寿！

明明天子，令闻不已。

矢其文德，洽此四国。

【注释】 休：美。 令闻：美好名声。 矢：陈，布。洽：润泽。

诗言“江汉”，是说周家军队沿着江汉水前行。征讨对象为淮夷，顾名思义，即淮水沿岸地区的人群。

中原王朝对今汉水、淮河乃至长江中游沿岸地区的扩张，早在商代就已经开始。西周王朝延续了这样的态势，对东南方面的经营，始于建朝之初。周初的大保玉戈有“王……令大（太）保省南戈（国）”之语，《大雅·召旻》有“昔先王受命，有如召公（周初召康公），日辟国百里”之句，近年国家博物馆回收的西周早期器物柞伯鼎，其铭文赫然出现周公“南征”字样，更是王朝早期就开始武力经营南方的硬证。因此淮夷人群与来自西北的猃狁不同，他们不是外敌，而是王朝威服下的人民反抗。如此，读《江汉》篇也就容易理解了。

诗篇虽然一开始就“江汉浮浮，武夫滔滔”，看似声势浩大，然据诗的内容，似并未发生大规模剧烈的战役冲突。周军的前来，诗篇也说得明白，是“来旬来宣”，亦即声张王朝在这里的政治权力。这样的情况，也出现在《小雅·采芑》篇这首歌颂大臣方叔荣耀的战争诗篇中。例如其第三章有“显允方叔，伐鼓渊渊，振旅阗阗”（“渊渊”“阗阗”都是形容军旅鼓乐声）的段落，展现王朝军队声势。然而诗篇结尾处“显允方叔，征伐猃狁，蛮荆来威”的句子则明确显示，方叔的军队不过是在抗击过猃狁之后，来到南方，对这里的人民展现王朝的武力威慑而已。

虚夸王朝军队强大与胜利，是晚期特别是宣王时期诗篇的明显特点。虚夸，是为了表现战功，而获得战功，就可以获得功勋，建立属于战争胜利者的功业。由此，又涉及《江汉》在表现方式上另外一个显著特点：把周王册命召虎的内容，嵌入到颂扬召虎征战的诗篇中。《诗经》中雅颂的篇章，因时代相通，与许多金文篇章在语词、语句、语法及篇章上，都会呈现出一些相似点，这为一些雅颂篇章的断代提供了相当好的条件。可是，像《江汉》这样，大段地把周王册命的内容镶嵌入诗，却是前无其例的。说到这里，还有一个小小的学术史话题：最早将《诗经》篇章与西周铜器铭文结合起来解读的学者，据笔者所知，为南宋的朱熹。尽管早在欧阳修的一些“汲古”文字中就可以看到这方面的做法，这显示出宋代《诗经》学术研究的新特点，然而具体用铭文解释《诗经》中的篇章，还是朱熹的《诗集传》。后来到清代的学者方玉润在其《诗经原始》中解释《江汉》篇说：“召穆公平淮铭器也。”再后来郭沫若《两周金文辞大系考释·召伯虎簋铭》更认为，《召伯虎簋铭文》与《江汉》“乃同时事，乃召虎平定淮夷，归告成功而作”。的确，全诗六章，记录周王册命之辞的内容从第三章开始，一直到最后一章的前四句。较诸中晚期的王朝册命的铭文，诗篇言及召虎的始祖，言及“锡（赐）土山川”，言及圭瓒、香酒等，几乎完全保存了册封内容。然而就全篇而言，册命之辞还是包裹在诗的形式之内的，只是诗篇重要的组成部分。所以，方玉润“平淮铭器”的说法有些失于绝对。郭沫若说此诗与《召伯虎簋铭文》时间相同，可信；说两篇文献记载同一件事，则不成立；因为铭文显示的内容很清楚，与此次战争无关。可是，不论是方玉润还是郭沫若，他们的看法中也有其明显的合理性：诗篇突出贵族将领，太明显了。

贵族趣味与追求在战争诗篇中占据上风，实在是其来有自的事情。其最深刻的社会根源还是在封建制。封建制，是以赏赐换取忠诚的制度。王朝要得到大小诸侯、卿大夫等各级贵族的支持，必须将土地人民分封给他们，同时还伴有对功勋的不断赏赐。这就是封建。要注意，封建作为一种制度，不是西周初期封建了诸侯就结束的，实际一直持续到两周结束。即以西周而言，直到宣王时期，还封建了郑国。另外，出土文献如近年出土于陕西眉县的来氏盘显示，宣王时期还封建了杨国等。贵族人群的不断膨胀，按照封建的原则，即必然是不断的封建。同时，西方有句俗语说：“封臣的封臣，不是我的封臣。”这句话，很大程度上也适于西周王朝社会。看到一些金文，例如多友鼎，器物的主人名多友，他受一位被称为武公的诸侯派遣，帮助周王打仗。受命时，铭文显示：先是周王下令给武公，武公再下令给多友；接受赏赐时，也是武公先从周王那受赏，然后武公赏赐多友。这样的情况也见于另外一些铭文。这就是说，王朝不断封建，也就不断失去与某些土地臣民的直接政治联系。久而久之，王朝直接控制的资源与力量会不断减少，而一个贵族阶层会不断壮大，实际到了西周晚期，这样的枝粗于干、尾大不掉的局面已经形成。

第十二讲

雅颂的变调

《诗经》研究古来称“诗经学”，“诗经学”中有一个概念叫作“变风变雅”。所谓的“变”是与“正”相对的。古人的看法：太平盛世的诗篇为“正风正雅”；王朝、诸侯政治混乱导致风衰俗怨，这时候的歌吟就是“变风变雅”。《毛诗序》说“治世之音，安以乐，其政和；乱世之音，怨以怒，其政乖”，就是“正”与“变”的两分法，其实是把诗篇情感与政治好坏连在一起的。西周政治在晚期变得混乱，说到底是历史变化的结果与表象。

当然，晚期的诗篇内涵不仅限于此，还有人们对生活的发现，对生活世界的拥抱等。

承续着上一讲的思路，还是让我们从诗篇中的贵族现象说起。

一、占据“天命”的制高点

说西周后期的贵族现象，要从他们与周厉王的冲突开始。这方面的诗篇，综合古今说法，主要见于《大雅》的《板》《荡》《桑柔》等篇。《板》这一篇，据《毛诗序》说，是“凡伯刺厉王”的诗。“凡伯”其人，具体不得而知，但从诗篇“犹之未远，是用大谏”“老夫灌灌（款诚忠实貌），小子跄得蹻蹻（jiǎo，骄傲貌）”等句看，诗篇作者应该是身份高级的老臣。诗篇第七章言：

价人维藩，大师维垣，
大邦维屏，大宗维翰。
怀德维宁，宗子维城。
无俾城坏，无独斯畏。

【注释】　价人：甲胄之士，即军士。价通介。　大师：执掌兵权的最高官员。　“无独”句：意思是不要陷于孤立，这是可怕的。

像这样强调大邦、大族和大族宗子对王朝的重要，正是大贵族的口吻。其实，正如我们在讲战争诗篇时说的，大家族的众多，正是王朝权力萎缩的原因，而不断的封建，一定会有这样的结果。换言之，大贵族家族在西周后期逐渐兴旺，最终对王权构成威胁，正是封建制度本身内在逻辑的必然。这也是西周晚期与后来其他王朝晚期的巨大不同，西周王朝晚期有一个久经孕育并终致兴盛的贵族阶层，是他们的活跃，使得《诗经》文学在一个王朝结束的时候，散发出了特别的光彩。

《大雅》还有一篇很有意思的《荡》。《毛诗序》说：

“《荡》，召穆公伤周室大坏也。厉王无道，天下荡荡，无纲纪文章，故作是诗也。”所言召穆公就是战争诗篇《江汉》中出现的召虎，为周初召公奭的九世孙。《国语·周语上》曾记载了他很著名的“谏厉王弭谤”，提出“防民之口，甚于防川”的古训。诗篇是这样的：

荡荡上帝，下民之辟。
疾威上帝，其命多辟。
天生烝民，其命匪谌。
靡不有初，鲜克有终。
（此章先言天：天命无常；继而说人：有始无终。）

文王曰咨，咨女殷商。
曾是彊御，曾是掊克。
曾是在位，曾是在服。
天降滔德，女兴是力。
（此章指责商纣王聚敛强横，“天降滔德”句为警策句。）

文王曰咨，咨女殷商。
而秉义类，彊御多怼。
流言以对，寇攘式内。

侯作侯祝，靡届靡究。

（此章言政治败坏导致的社会邪恶。）

文王曰咨，咨女殷商。

女炰烋于中国，敛怨以为德。

不明尔德，时无背无侧。

尔德不明，以无陪无卿。

（此章言商纣王的孤立。）

文王曰咨，咨女殷商。

天不湎尔以酒，不义从式。

既衍尔止，靡明靡晦。

式号式呼，俾昼作夜。

（此章言生活放荡，酒德败坏。）

文王曰咨，咨女殷商。

如蜩如螗，如沸如羹。

小大近丧，人尚乎由行。

内奰于中国，覃及鬼方。

（此章言商纣王内外皆乱。）

文王曰咨，咨女殷商。

匪上帝不时，殷不用旧。
虽无老成人，尚有典刑。
曾是莫听，大命以倾。
（此章言政治失败由于不用老成人。）

文王曰咨，咨女殷商。
人亦有言：颠沛之揭，
枝叶未有害，本实先拨。
殷鉴不远，在夏后之世。
（此章言王朝根本已坏，提出“殷鉴”教训。）

读诗可知，篇中并没有出现具体的作者迹象，就是说诗是否为召穆公所作还难以确定。然而，由诗篇所展现的内容，显然为高级贵族之作，则是可以确信的。诗篇的新奇之巅，最显著的是其采取的言说策略，这种策略按后来儒家关于谏言的说法，属于“谲谏”的方式。所谓“谲谏”，简单说就是绕着弯地表达意思，在本诗中就是指桑骂槐，具体说是托言文王而“咨商”，由此表达对西周晚期王政的愤怒。按照《毛诗序》的说法，谲谏的技巧，可以做到“言之者无罪，闻之者足以戒”。这样的“谲谏”，在古代文学史上还是第一次，有开创之功。

这样的抨击策略，是精心设计的。这样做，现实上实有不得不如此的原因；其次，如此的表达，还有观念层面的需求。先来看现实层面的原由。

诗篇所面对的是周厉王，是个著名的暴虐之王。传世文献都记载他暴虐，专利，还实行特务政治，弄得人民“道路以目”，历来与前朝的夏桀、商纣和自己的孙子幽王，并列为几大亡国罪人。

诗篇指桑骂槐地称周王“强御”，与历史记载厉王时期的事契合；骂周王“掊克”，与历史记载其“专利”一致；骂周王在王国之内“炰烋”，专以“敛怨”即聚集怨恨为能事，与《国语》所载民众“道路以目”相吻；诗篇还骂周王将“内奰”（即对内的暴怒凶狠）延伸到“鬼方”（即遥远的边地），这也有记载可征。

诗篇在声色俱厉地指责中也流露出鲜明的贵族立场。这主要表现在第四章“无背无侧”“无陪无卿”的句子中，周王的众叛亲离很大程度上是由于贵族的不合作。诗篇的嗟叹发展到第七章更是明言周王“不用旧”“无老成人”。周代封建制，如前所说，就是贵族分权制，表现在王朝政治体制，就是贵族的卿士辅贰制[①]，高级官府卿士寮中聚集着宗法制下各大宗族、家族的老少贵族。这些大家族的宗子，世代在

①关于西周政治的贵族“辅贰制”，徐鸿修在其《周代贵族专制政体中的原始民主遗存》一文中有较详细的论述。该文收入徐著《先秦史论集》中，山东大学出版社2002年，第86—100页。

王朝拥有永久政治股份。

在本书开始时，我们就讲过《周颂·敬之》篇，其显示的是辅政大臣对周王所负有的教导之责。

回到《荡》的诗篇，其最后一章说“枝叶未有害，本实先拨”，其实也是在警告周王，他的王朝政治基础已经有崩塌的凶兆。所谓的“政治基础”，首先就是贵族的拥护。在《祭公解》中，祭公在教训周穆王时，先说“上天锡（赐）武王时（这）疆土”，接着又说：“维我后嗣旁建宗子，丕维之始并（屏）。”意思是：我们这些文王武王的后代在王朝建立的时候，也同时建立起各自的家邦宗族，是捍卫周王朝的开始。这样的言语，明确显示出贵族在王朝权力中的政治份额。这是西周封建政治与后世的显著不同。由此，才有芮良夫在贵族与王室矛盾剧烈的时候，说出那番“后作类，后”（王者行善，是王）的严厉言辞（见于《逸周书》）。芮良夫还说到“民至兆亿”，显然他自居为这“兆亿”人民心声的表达者。他这样说，不能算他假传民意。因为，周厉王的专利既伤害贵族又伤害一般民众，所以这时的贵族是可以与普通民众站在一起的。就是说，芮良夫的“弗类，民不知后，惟其怨，不行善，民就不承认他是王，对他只有怨恨，”的言辞，传达的确实是当时的世道人心。

诗还有两点值得注意的地方：一是诗篇传达的天命观念，二是结尾处的“殷鉴不远，在夏后之世”两句的“殷鉴”意识，两者关系密切。诗篇开头一句就是“荡荡上帝，下民之辟”，这两句郑重承认，上天是“下民”的最高主宰者。继而又是两句：“疾威上帝，其命多辟”，是说，发怒的上帝，是要变化（“多辟”之“辟”即“变化”之义）其“命”的，上天原先从殷商人手上拿走那个“命”转交给周人，周王朝得以建立；现在，“上帝”又要将大“命”拿走，周王朝就要完了。有了这样两句，诗人接着才有下面的感慨：“天生烝民，其命匪谌。靡不有初，鲜克有终。”所有生民都是上天所生，都会得到上天眷顾，因而上天不会专门挑选谁来保佑，可惜很多人不理解这一点，于是得志建立了王朝的人群，也会因为有始无终而丢失天降的大命。

这样的意思，正是西周天命观念的内涵。所谓“皇天无亲，惟德是辅”，周人宣称，上天生养了万民，却不能亲自治理，必须选择人间的代理。哪个人群的首领有德行，上天就把管理天下万民的大任交给他，这就叫作“配命”，即配合上天大命治天下，亦即代替上天治理万民。这样的观念，诞生于西周克商后的一段时期，原本是在西周建立后一段时间，说服当时天下众多人群、特别是殷商遗民群体归服于周王朝的观念依据，也是周王朝为自己政权建立合法性的依据。《尚书》中许多西周早期的篇章都在反复强调这一点；在《诗经》，则有《大雅·文王》篇的用天命变化来说服殷商遗民。然而，现在，由《大雅·荡》篇可以看到，西周建立合法性的“天命”的理据，却变成了贵族诗人抨击王朝政治现实的鞭子，原本天命观念与王朝的确立为一体，现在则变成评判王政的标尺。而且，这样的鞭子、标尺，是操在贵族诗人之手的，正施加在那位沾沾自喜自以为得到天命护佑的周厉王身上。这实在是一个重大的变化。

在这种转变中，还出现一个有趣的现象，那就是诗篇第二章“天降滔德，女兴是力”所表达的，上天降下傲慢德性给周王，而不明就里的周王却全力以赴，沿着那“滔德”的方向孜孜然以为恶。这样的意思可以用“天道即诡道”来概括，到春秋时期颇为流行，与后来所谓“天若要谁灭亡，必先令其疯狂”的意思十分相类。历来都说从西周晚期开始天命观念信仰动摇，其实不然，人们并没有断然排开“天命”，而是变化地理解它、使用它。诗篇提出“天降滔德”的问题，目的还是警醒周王。天命开始因为周王朝政治败坏而不再护佑之，才是诗篇最大的忧虑，也是诗篇对暴虐王政最强的警告。

说到这里，诗篇之所以采取“托言”即以周文王出场谴责殷商政治的形式，即上面所言“谲谏”方式的另一层原因，就可以明晓了。这样做，是要突出天命观念下的“殷鉴”意识，也就是诗篇那警策而郑重的结尾句：“殷鉴不远，在夏后之世。”

二、贵族救败的诗篇

贵族的政治权势，在驱逐了周厉王后达到高潮，于是有贵族的“共和”。然而，他们可不想王朝覆灭，因为如果王朝覆灭了，他们这些大的家族、宗族也会变成覆巢之卵。所以，贵族们在政治得势的历史时刻，开始挽救危败的王朝政局。《大雅·民劳》这首诗，就出现在这样的历史情况下。诗篇如下：

民亦劳止，汔可小康。
惠此中国，以绥四方。
无纵诡随，以谨无良。
式遏寇虐，憯不畏明。
柔远能迩，以定我王。

（此章言民众已经苦痛至深，社会奸邪现象严重，大臣应安顿王朝，继而平抚四方。）

民亦劳止，汔可小休。
惠此中国，以为民逑。
无纵诡随，以谨惛怓。
式遏寇虐，无俾民忧。
无弃尔劳，以为王休。

（此章鼓励大臣努力。）

民亦劳止，汔可小息。
惠此京师，以绥四国。
无纵诡随，以谨罔极。
式遏寇虐，无俾作慝。
敬慎威仪，以近有德。
（此章言大臣应该谨慎自己的威仪。）

民亦劳止，汔可小愒。
惠此中国，俾民忧泄。
无纵诡随，以谨丑厉。
式遏寇虐，无俾正败。
戎虽小子，而式弘大。
（此章鼓励朝中年轻后劲，言其任重道远。）

民亦劳止，汔可小安。
惠此中国，国无有残。
无纵诡随，以谨缱绻。
式遏寇虐，无俾正反。
王欲玉女，是用大谏。
（此章点明诗篇作意。）

东汉后期的大儒郑玄作《诗谱》,《民劳》这首诗就被“谱”

在“变雅”之首。诗篇风格凝重，语气谆谆，是一位有经验的老臣对臣僚的忠告。安定“中国”即王朝直属区域进而安顿四方各地；消除朝中各种邪恶，以整顿王朝政治。这些都是秉持朝局经验丰富的老臣口吻；每章结束时的告诫，则明显是对臣僚、特别是那些新进臣僚的提点与鼓励。诗篇最后两句，交代出了诗篇最早的用处，那就是教训在朝的后辈。

诗篇的主旨则在每一章的开始句，即“民亦劳止，汔可小康”，这是朝政的当务之急。这关乎主旨的两句，透露出的“潜台词”也是清楚的。其一，是民众在政治煎熬之下，已经很是疲惫，很是痛苦；而且，天下四方也不安宁；其二，终于到了可以令民众休养生息的时候了。有了这两点，就可以判断诗的年代。

古代学者相信，诗篇的作者为西周晚期大臣召穆公，例如《毛诗序》就说：“《民劳》，召穆公刺厉王也。”就其所言时间而言，大体是可信的。然而此说也有问题，问题就在“刺厉王”这点上。根据就是上述所言诗篇提供的第二点信息，即诗篇明示：民众煎熬许久终于有了苏息的机会。据此，诗篇准确的时间应该在集权专利的周厉王被驱逐、周宣王继位之初，除此之外，没有别的更合适的时间点。也就是说，这首诗篇的时间应该比《大雅·荡》要晚一点，即厉王被驱逐之后，宣王即位之初。

这就说到厉王被逐和宣王继位之事。《史记·周本纪》

说厉王被驱逐后有十四年是“召公、周公二相行政，号曰‘共和’”[1]。诗篇言“柔远能迩，以定我王”，分明是天下曾乱，需要大家（指大臣）同心协力，安定“我王”。这个“我王”若是指周厉王，就很难讲通。这一点还需要多说几句，《国语》《史记》都说周厉王“专利”，所谓“专利”，其实就是加强王室的财政收入，实施各种经济压榨政策。前面我们已经看到周厉王时期战事严重，所以财政负担沉重是一定的。另外，随着不断对贵族的“封建”，其财富收入的来源范围也会日益缩小。一般的经济压榨，都不外是增加或变相增加各种税收，这对普通小民是灾难，对大小贵族也会很不利，所以那个日益强大的贵族阶层也一定不会喜欢周厉王。驱逐厉王的事件史称为“国人暴动”，那个“国人”概念之所含，本来就不单指一般平头百姓，考察《左传》中的“国人”一词，是可以包含贵族在内的[2]。就是说，驱逐周厉王的力量中，是含有那些封建制最大获益者即贵族阶层的推力在内的。贵族联合行政十四年后，周厉王死去，那位被贵族扶上台的周宣王即位后，大臣呼吁同僚“柔远能迩”安定新王政局，这

① 关于“共和”，《古本竹书纪年》还有另外的说法，即“共伯和干王位”。两说互相矛盾，孰是孰非，至今未有定论。然而，即便是共伯和一时间得到了王位，应理解为贵族势力高涨的结果，而且，“干王位”的共伯和，也应该与其他贵族联手才行。

② 这一点，可参拙作《先秦文化史讲义》（中华书局2008年，第116—142页）中关于“国人”的讨论。

十分合乎当时具体的历史情境。

那么，诗篇的作者是否如《毛诗序》所说，就是召穆公呢？很有可能。虽然诗篇本身并无任何召穆公的踪迹，可是古代的说法还是很难推翻。因为文献显示召穆公确实是当时最重要的大臣，与诗篇所显示的朝廷重臣的口吻是符合的。就是说，若将诗篇确定在厉王、宣王两朝更替之际，那么诗篇为召穆公所作的可能性就非常大。前面说过，这位召穆公就是《大雅·江汉》篇的召伯虎，西周后期铜器铭文，也颇有几件是记载这位召公及其家族之事的，他在当时权势十分显赫。更重要的文献是《国语·周语上》关于召穆公与厉、宣两王的关系。《国语》中有大家都熟悉的“召穆公谏厉王弭谤”的记载，那是他曾与厉王抗争的记录。另外《国语》中还记载厉王被驱逐时周宣王还小，寄身召穆公之家，愤怒的国人要杀宣王，召穆公还李代桃僵地献出自己的儿子。最终，召穆公辅佐宣王。这样的记载，无论是否全部真实，召穆公与宣王的关系十分特殊应是可以肯定的。这也是古人相信《民劳》为召穆公所作的合理性所在。

然而，这并不影响整个贵族阶层家族权力的延续。这就是西周晚期贵族势力强盛的基本原因。他们不断在王朝中掌权，也就有不断立功、接受封建赏赐的机会，同时也会不断分化出许多的小宗族、小家族，但整个家族的宗族势力却是不断滋长膨胀的。召公家族就是这其中最典型的例子。

然而，召穆公和他的贵族阶层，能否从根本上挽救王朝的衰败？回答是否定的。因为王朝的衰败，很大程度上是封建制自身矛盾发展的结果，日积月累的贵族之家势力的增多，正与王朝日益衰败相生相伴。既然现在贵族已经可以做到驱逐在位之王，则表明贵族势力的鼎盛，而王朝的不振就是无可挽回的。此外，从诗篇“惠此中国，以绥四方”及“无纵诡随，以谨无良”“以谨惛怓”“以谨罔极”等话语中，可以看出召穆公对政治衰败的理解是表面的，即王朝出了坏人坏事；与此相应，诗篇提出的策略也只不过是警惕防范这些坏人坏事，以为如此即可挽救王朝危局。验诸当时的历史情状，不能说贵族辅佐下的宣王朝一无所为，宣王初期的一些对外征战，如北方对玁狁、东南对淮夷人群的镇压，都是取得了一些成效的。所以能如此，是因为玁狁入侵的和淮夷反抗的，是全社会上下各阶层共同的患难，可以调动起有效的力量予以反击。至于内政，至于社会其他方面的改造，从陈述贵族大策的《大雅·民劳》篇，是看不出任何眉目的。从其他同时期的文献，也看不到相关记载。这不是宣王无所作为，而是贵族政治的不可能有所作为。其中的原因很值得深究。然而这里要说的是，宣王之立，并不意味着贵族势力的消退，因为《诗经》中此时期篇章显示得十分清楚，贵族势力仍然主宰着王朝。他们以为王朝的衰败在于出了坏人，并且以维系“治安”的思路拯救王政的衰亡，显示出巨大的局限，而他们的思路，又成为后世许多政治救败者的习惯逻辑。这也是《民劳》篇“不朽”的地方吧。

三、诗篇中贵族的显赫

除了上述的芮良夫、召穆公等，西周晚期特别是宣王时期，诗篇中还显露出更多的贵族身影。例如《大雅·韩奕》篇，写的是封建在今北京一带的韩侯觐见周王之事。就《韩奕》篇所显示的内容，西周曾在燕国的旁边封建过另一个诸侯韩国，其中心地带可能在北京之南不远的河北固安县境内。诗篇第二章：

四牡奕奕，孔修且张。
韩侯入觐，以其介圭，入觐于王。
王锡韩侯，淑旂绥章。
簟茀错衡，玄衮赤舄，
钩膺镂锡，鞹鞃浅幭，鞗革金厄。

【注释】 修：长。 张：高大健壮。 觐：朝见。 介圭：大圭，长一尺有余。 淑：善，精美。 旂：表身份的旗帜。 绥：文采貌。 章：有花纹的丝织带。 茀（fú）：车篷。 错衡：饰有花纹（或涂金）的车前衡木。 玄衮：黑色的绣有龙纹的袍服。 赤舄（xì）：赤色的木底鞋。

钩膺：马具，即带钩的胸带。 镂钖（yáng）：马额头上的金属头饰。 鞹鞃（kuòhóng）：古车前横木是衡，衡蒙上去毛的皮革，称鞹鞃。 浅幭（miè）：覆盖在车轼上的短毛虎皮。 鞗革（tiáolè）：字当作“鞗勒”，革即勒之省文，即饰有黄铜的马络头。 金厄：黄铜雕饰的轭。“厄”即“轭”字之省，为驾在马颈上的牵车之具。

诗章显示，韩侯来朝见周王是因为老一辈韩侯去世，新的韩侯继位，朝觐周王是为了接受王朝对他的重新册命。新任诸侯朝见周王本是封建的大事，周王及朝廷典礼应该是重点要表现的内容，然而，诗篇在表现过周王对韩侯的赏赐之后，还有另外的表现重点，那就是韩侯回程的送别、回程中韩侯娶妻以及对韩国大地丰饶的赞美。为韩侯送别的是朝中的大臣，请看诗篇第三章：

韩侯出祖，出宿于屠。
显父饯之，清酒百壶。
其殽维何？炰鳖鲜鱼。
其蔌维何？维笋及蒲。
其赠维何？乘马路车。
笾豆有且。侯氏燕胥。

【注释】 祖：祖道，即祭祀路神。 屠：地名，在今陕西鄠县杜陵。　显父：王朝公卿大臣。　清酒：以水掺兑的薄酒。　炰：蒸煮。　蔌：菜蔬之物。　路车：大车，诸侯所乘。　且（jū）：众多貌。

送别中“送”的一方的大臣显父，此人不见其他文献，应该可以肯定是身份较高的贵族。一首表现诸侯接受新的册封的诗篇，却闪现出许多与册封之事相连的其他事，是晚期诗篇开始发生新变的表现（关于晚期新变，下一讲还会论述）。即如此章而言，送别的宴会及宴会的菜肴清酒，成为歌吟的重点。从礼数上说，送别是一种“礼仪”，然而，与王朝的册封相比，这样的礼仪显然要轻得多，生活化得多。或正因如此，周王才不会露面，然而，周王不参加的礼仪，却成为诗篇歌唱的对象，且郑重其事地将送别主礼者即大臣交代出来了。

更明显地显示着贵族身影的诗篇是另一首《大雅》诗，那就是《烝民》篇。诗曰：

天生烝民，有物有则。
民之秉彝，好是懿德。
天监有周，昭假于下。
保兹天子，生仲山甫。

【注释】　烝：众。　物：有类别的万物。　则：法则，规则。“天生”两句是说上天生万物，有类别，也按类赋予相应的法则。 秉彝：保持常性。秉，顺从、保持。彝，恒常之性。 懿：美。“民之”两句是说天生的众民，本性上就喜好美德。 监：观察。 昭假（gé）：神的灵光照临。 兹：此。 仲山甫：周宣王时大臣，又称樊穆仲、樊仲，封地应在今河南济源市辖区内。

仲山甫之德，柔嘉维则。
令仪令色，小心翼翼。
古训是式，威仪是力。
天子是若，明命使赋。

【注释】 令：善。 若：顺。 赋：布陈。

王命仲山甫：式是百辟，
缵戎祖考，王躬是保；
出纳王命，王之喉舌。
赋政于外，四方爰发。

【注释】 式：树立法度。 缵：继续。 戎：你。出纳：宣布和接受。 爰发：由之而向四方发出。

肃肃王命，仲山甫将之。
邦国若否，仲山甫明之。

既明且哲，以保其身。

夙夜匪解，以事一人。

【注释】　将：行。　若否：是否服从。　一人：指周宣王。

人亦有言，柔则茹之，刚则吐之。

维仲山甫，柔亦不茹，刚亦不吐。

不侮矜寡，不畏强御。

【注释】　茹：吞吃。　矜寡：鳏寡，“矜”“鳏”可通假。

人亦有言，德輶如毛，民鲜克举之。

我仪图之，维仲山甫举之；爱莫助之。

衮职有阙，维仲山甫补之。

【注释】　輶：轻。輶本义为轻车。　仪图：考察，思量。衮：衮衣，绣有卷龙图案的黑色法服，天子之服。

仲山甫出祖，四牡业业。

征夫捷捷，每怀靡及。

四牡彭彭，八鸾锵锵。

王命仲山甫，城彼东方。

【注释】　出祖：行人出门前祭路神的仪式。　业业：

强壮貌。

四牡骙骙，八鸾喈喈。
仲山甫徂齐，式遄其归。
吉甫作诵，穆如清风。
仲山甫永怀，以慰其心。

【注释】 徂：往。 遄（chuán）：快速。

这首诗篇，细究其所依附的礼仪，也是一场送别，也就是“出祖”，与前面《大雅·韩奕》篇的“韩侯出祖”相同。另外，在祭祀后送神的环节也有同样的礼数，见于《大雅·生民》的“取萧祭脂，取羝以軷”两句。两种祖道虽有人神之别，礼数上差别应不是很大，据文献都是在出行的路上聚土成丘，燃烧祭品，然后以车压碾而过，以此祈求、祝福路途平安。古语所谓“经礼三百，曲礼三千”。祖道之礼，应该属于“曲礼”，也就是相比之下不那么隆重的典礼，近似于风俗。这就是西周晚期一些诗篇与礼仪关系的一个明显特点：一些体式宏大的篇章，往往不是发生在庄严隆重的祭祀或者其他朝政大典上，而是为了更接近生活的礼俗而歌唱。《烝民》篇章体式宏大，然而创作，只是为了“仲山甫出祖”，即在送别祖道的场合。这就是所谓“小礼生大篇”，不那么庄严崇高的、更接近生活习俗的礼仪，成为煌煌诗篇出现的因缘，歌咏的场所。

与礼数的更接近平凡相伴的，是诗歌内容自由度的大大增强。即以《烝民》篇而言，作为送别的诗篇，只有最后的“仲山甫徂齐，式遄其归”“吉甫作诵……以慰其心”最符合送别的口吻。那么，宏大的诗篇在其他方面又歌唱了什么呢？歌唱的是仲山甫身上的重大职责及诗人在仲山甫身上发现的与其职位相配的高尚德行。

强调仲山甫“王躬是保”“出纳王命”，称仲山甫既是周宣王的师保，又是大政的主持。表述大臣职责的诗篇，西周晚期之前很罕见，不过在西周那些册命之辞中还是能找到较早的来历的；至于夸赞仲山甫身上的美好德行，则是晚期诗篇一个十分重要而新奇的现象，有其思想史的价值。何以这样说？这需要回顾一下西周“德”观念的变化历程。

西周尚德，自王朝建立开始，王朝就提出了“德”的观念。然而，较早时期的“德”是维护王朝的观念装饰。如前面我们读《大雅·文王》所说，周人宣称自己对待民众善良仁慈，于是上天“乃眷西顾”，将代理上天治理民众的大权，从殷商王朝的手里夺过来，迁移给周家。如此言论下的“德”，是王朝的“德”，是王室的“德”，是王权的合法性所在。到了西周中期[1]，在《尚书·皋陶谟》中，又提出了“九德”的要求：

> 皋陶曰：“宽而栗，柔而立，愿而恭，乱而敬，扰而毅，直而温，简而廉，刚而塞，强而义。彰厥有常，吉哉。日宣三德，夙夜浚明有家；日严祗敬六德，亮采有邦。翕受敷施，九德咸事；俊乂在官，百僚师师，百工惟时。”

大意是皋陶说：宽大而且严整，柔和而又挺拔，忠朴而又恭敬，能干而又谦谨，和顺而又刚毅，正直而又温和，简明而又明辨，刚强而又实在，果敢而又正义。能彰显这些德行，是很吉利的。每天早晚努力奉行其中三德，就能把家族治理得明澈；每日郑重地奉行其中的六德，就能把家邦的事业做好；能把九德合起来普遍施行于政，那样就可做到俊杰在位，各级官员相互取法，各种臣工都是能做事得宜了。

这所谓的“九德”都是辩证的，宽不能无原则地宽，所以要有一个“栗”（讲原则，有原则即严整）为辅助；柔和不能无限制，所以又讲一个“立”（有所确立，有确立则挺直）……而且，皋陶说，宣明“九德”中的三项，贵族就可

①关于《尚书·皋陶谟》的年代，过去多以为是春秋战国时期的文献，笔者以西周金文、《诗经》中的西周篇章等为参考，就其语法、语词等方面验案，认为此篇文献与《尧典》等一样，都是西周中叶的篇章。

以治理好自己的家族事业，宣明其中的六项，就可以做好诸侯国的事业，九德一体皆施，则是帝王统治好天下的根本。很明显的变化是，虽然“九德”的“翕（合）受敷（普）施”是帝王的志业，但“三德”“六德”则是指向周王以降的诸侯贵族，德行的范围扩大到大臣。到《大雅·烝民》，德行便落在具体一位大臣身上。诗篇赞美的仲山甫的“既明且哲，以保其身”“柔亦不茹，刚亦不吐”和“不侮矜寡，不畏强御”的风调，都是“九德”的实践与落实。在《皋陶谟》中，“九德”还只是做政事的准则与要求，在《烝民》篇则显示为一个人的德行实践。简要的勾勒，已经可以看出“德”由对王朝政治合法性的装饰，已经渐渐转变为生活实践的准则。

关于诗篇赞美的仲山甫，《国语·周语上》有记载，谓其是宣王时期的大臣，宣王不尊重鲁国人的意志，擅自为鲁国选立君主，仲山甫在此事上批评宣王“行而不顺，民将弃上”；还有，周宣王放弃了古老的藉田典礼而在“大原”“料民”，即在大原登记民众数量。仲山甫对此也曾批评。据这些记载，可推测仲山甫为宣王朝中晚期大臣，当权的时间比召穆公等要晚一些。诗篇赞美仲山甫“不畏强御”，观其对周王的谏言，应有其理由。即便如此，仲山甫是否如诗篇所赞颂的那样完美无缺，仍可表示怀疑。然而此非此处重点，此处的重点是诗篇以德行来评价大臣的行为所显示的新东西。在早些时候，我们读到过诗篇对周文王的赞美，说他合乎上天的法则。现在则将德行落到一位贵族大臣身上，应该与贵族势力的高涨有关。这样说，并不是说如此转变就全无价值。其价值在于，较早时期人们称颂的周文王是“在帝左右”的神，然而现在，德行的原则体现在一位活着的人身上，显示出人向人学习的新倾向。这样的倾向，与诗篇歌唱的场合由庄严的典礼转向更近风俗的礼仪是一致的，二者显示的都是西周晚期社会情调的变迁。

在前面讲《大雅·荡》篇章的时候，我们读到西周天命观念已经变为贵族批评王政的标尺，现在天意所钟的德行，也已转变进而呈现在一个在世的贵族大臣身上。两种变化，各有不同，但都是西周后期精神变化的显示，这是很值得思想史家们重视的。

与此同时，另一个新的变化也出现了，这个变化，对于中国古典文学而言，意义重大，那就是“诗人”的横空出世。

第十三讲

风，采诗观风

古老的《诗经》中保存了一百五十首的风诗，许多都是来自各地表现一般民众心声的诗篇。有一个十分古老的说法，说这些篇章，都是经过有意的采集加工而成的。是这样吗？若是这样，其背后的原因又是什么呢？

《诗经》三百篇的创制，最早是《周颂》的一些篇章，因为周人要庆祝自己的胜利，要向天下宣示天命，所以一些简古的篇章如“大武乐章”中的几首诗，就率先被制作出来。诗篇关乎王朝大业，随后《大雅》《小雅》中祭祀的篇章，宴饮、战争的篇章相继出现，越来越多。论年代，见于十五国风中的大部分篇章出现得最晚，而且，这些篇章与雅颂之间的根本区别，就在其表现小民的呼声。例如选入中学课本的《卫风·氓》中的“氓之蚩蚩，抱布贸丝。匪来贸丝，来即我谋”。篇章的“氓”是买丝的，篇章的抒情女主人公是养蚕的，其社会地位都是最普通的劳动者，这就是与雅颂篇章表现王公大人朝堂、庙堂活动的不同。因为表现的是一般民众，可以不那么典重，写得也就活泼、多趣。民众生活是丰富多样的，于是风诗的题材又是无限广阔的，有文献就曾用“广闻”两字来形容。这是国风诗篇与雅颂的又一显著区别。

可是，这不都需要原因吗？到底是因为什么样的精神力量使得诗篇在那样早的时候，就将文学表现的触角伸向了那些胼手胝足的小民，并形成一种活泼生动的艺术风范呢?

一、神秘的“风”

把《诗经》表现广大民间社会生活的诗篇称为“风”，这在先秦时期就有了[①]。那么，表现广大民间社会的诗又何以被称为“风”呢?

风，本义就是自然界的风，《大雅·桑柔》说：“大风有遂”，即指自然界的风。自然界的风，有声响，而且一刮一大片，于是“风”就被用来形容地方的乐调。如《左传》记载，晋国俘获了一位名叫钟仪的楚国人，让他演奏音乐，他就演奏楚国的乐调，晋国人赞誉钟仪“乐操土风，不忘本”。可知当时各地的乐调多。各地的乐调被称为“八风”，与当时王朝正统的音乐相对，王朝正统乐调称“乐”，在《国语·晋语八》中，音乐家师旷就说：“夫乐以开山川之风也，以耀

① 国风的诗篇并非全部都是表现下层小民的篇章，这一点早就有学者讨论并加以澄清了（如朱东润《诗三百篇探故》）。这里还有“民间”一词，是基于其与朝堂的乐歌、祭祀神灵的乐歌的分别而言。严格地说，与朝堂大政、宗庙大祭及战争大事相比，其他一切属于个人的事情、情感，都可以统在“民”字之下，这里的“民间”略等于“社会”这个词。当然，这个“民间”，又是把那些高级贵族之“民”排除在外的。简而言之，这里的“民间”与朝堂、宗庙相对，指的是广阔的社会生活。

德于广远也。”意思是说朝廷之乐要能宣表八方之风，质言之，就是朝廷之乐应该能代表各地风调，或者是各地乐调的融合。朝廷的“耀德”之风，要代表天下八方之风。而“土风”一词又不单单指乐调，乐调中演奏的词，乃至民间流传的歌谣、谚语、流行的俗话都是“风”。

“风”中有神秘含义，这一说法起源古老。《国语·周语上》中有这样一句话：“瞽告，有协风至。”每年春季到了，王朝要主持亲耕大典，大典之前要确定时令，瞽人吹奏乐管根据音调确定时令。一年四季风不同，同样长短、同样粗细的乐管，吹奏出的调子会因空气的湿度、密度和温度的差别而各有不同。古人由此判断时令，具体操作的则是那些耳朵灵敏的失明乐工。这看上去是很科学的，可在古人，科学地做了的事，却不做科学的理解。就现有文献如甲骨文而言，古人相信，主宰着风，使之各有不同的是神秘的力量。今天所见到的《尚书·尧典》就记载了帝尧曾派四位大臣到四方观测一年四季的风，其中就提到了四方风，例如春天的风，被称为“协风”。在甲骨文中也有“四方风”，其中说的也很明白，四方风的背后确实有不同的神在主使。这层意思与“采诗观风”是有关系的，风的背后有神秘力量就是“采诗观风”的一个动力。要回答这个问题，还得看一些甲骨文。郭沫若在《殷契粹编》中解释过一块甲骨文上的文字，上面说“凤”是“帝史”，郭沫若解释：“凤”通“风”字，两字有相通之处，它们是上天（帝）的“使者”，就是说“风”中有上帝的神秘意旨。有一种流传很久的古代预测术，叫“风角”，就是据刮风看吉凶，是“风”有神秘力量的远古迷信的遗留。

这就与“采诗观风”有很大的关系了。周人克商后，思想上起了一个重大变化，就是天命观念的更新。殷商人本有这样一种信念：天地间的风雨雷电，都是由神秘的上天掌管，不适当的刮风下雨，还有各种反常的自然现象，都是上天“降灾”惩罚人类的表现。上天的力量奇大无比。这样的观念被西周人接过来，加以改变，便成为主宰历史兴衰的力量。周人以少胜多战胜殷商王朝并稳固了自己的政权的原因，就是获得了天命。在前面我们也讲过，周人之所以获得天命，是因为周人对民众有德。新的内涵在此出现：天道无亲，惟德是辅。那么，对民众有德、无德，怎么检验呢？那就是小民口中的呼声。这呼声会变作民歌、民谣、流行俚语等。《孟子》中保存的《尚书》古文有这样两句：“天听自我民听，天视自我民视。”上天是可以通过听取小民的呼声知道政治美恶的。上天可以听，朝廷当然更可以听，所以就有“王者所以观风俗，知得失，自考正也”（《汉书·艺文志》）的说法。小民的呼声被老天听到后，对现行政治就会有看法和主意，这样的看法和主意，按照古人理解，也是由小民的歌谣来传达的。

这都是关于“风”的古代理解，也是古代王朝之所以要“采诗”，即采集民间歌唱来“观风俗”“自考正”的原因。不过，周代“采诗”，可不单是采集那些神秘的谣谚，其非凡的文学成果，就是国风数以百计的富有民间情调的抒情诗篇。

二、采诗观风，有吗？

上面关于“风”的神秘含义，只是讲到了“采诗观风”一个大的文化背景和前提。然而，问题真正解决还得有更坚实而具体的理由。那么，这样的理由何在？

首先是古人的诸多记载。关于“采诗观风”，各种典籍记载约有十来条。一一讨论，会很烦琐，这里只择要而谈。据《左传·襄公十四年》所记载师旷的话，“采诗观风”自夏王朝时期就有。是否真的如此，难说。关于周代的“采诗”，《汉书·艺文志》和《食货志》都有记载。《食货志》这样说：

> 孟春之月，群居者将散，行人振木铎徇于路以采诗，献之大师，比其音律，以闻于天子。故曰王者不窥牖户而知天下。

大意是说：开春的时候，人们从聚落散开，到田间耕种。这时候，王者的官员行人，手持木铃沿路行走，采集民间的诗篇（很大程度上是诗篇的原材料），上交太师（管理乐工的官员），协调诗篇的音律，演奏给天子听。这样周王足不出户，就可以了解天下生民的情况。

这段话要注意的是“比其音律”，即音乐加工。从民间采集的有些可能就是有韵律的歌谣，但更多的可能是反映民生情状的原生态材料，要成为乐歌就需要再行加工，即使是原始歌谣，也未必符合音乐演奏的要求。早就有学者说过，民谣一般很短，像《诗经》国风那样的“重章叠调”，应该是加工的结果①。

关于从西周到春秋较早时期是否设立过专门人员采诗，还需要进一步核查考证。怎么做呢？就是考察国风中的诗篇，若风诗中有一部分真是采集加工的，必定留下一些蛛丝马迹。笔者也曾这样做过，得出的结果是更加相信国风中确有采集加工的痕迹。

我们读《诗经》的十五国风，可以看出它在用词用语上、

---

①顾颉刚:《从诗经中整理出歌谣的意见》,《古史辨》第三册，上海：上海书店，1992 年，第 591 页。后来台湾学者屈万里在《论国风非民间歌谣的本来面目》一文中的“国风篇章的形式不类民间歌谣的本来面目”一节里，就援用了顾颉刚的说法并加以引申。同时，屈先生的文章还提出了另外四个方面的论证:（1)从文辞用雅言看国风不是歌谣的本来面目;（2）从用韵的情形看国风不是歌谣的本来面目；（3）从语助词的用法看国风不是歌谣的本来面目；（4）从代词的用法看国风不是歌谣的本来面目。第（1）条所谓“雅言”，首见《论语·述而》：“子所雅言，《诗》《书》、执礼，皆雅言也。”

在句法结构上、在押韵以及篇章构造上，与西周时的大小《雅》都是高度一致的，基本看不到使用各地方言的现象。国风的地域十分辽阔，南到江汉淮河流域，北到黄河以北地区，西起陕甘，东到泰山南北的齐鲁。在这样一个辽阔的地域上，若是当时的语言就那样高度统一，是很难令人信服的。前辈学者对此多有讨论，笔者对此的看法是，当时一定有各地方言、方音以及土语，但是，假如采集加工者是一群王朝选定的人，方言、方音的问题就不存在了，因为在对素材加工时，这些东西大体都滤掉了。这是笔者相信采诗的第一点。

还有，《邶风》中有一首《谷风》，写一个遭遗弃的不幸妇女的诉说。邶风之地在今河南省的黄河以北，篇中女子的地位不是很高。可是就在这样一首弃妇“自述”性质的篇章中，却出现了这样的句子：

泾以渭浊，湜湜其沚。
宴尔新昏，不我屑以。

一位弃妇脱口而出，就能说出泾水、渭水，而且还知道孰清孰浊。这事不是很奇怪吗？清代乾隆皇帝要作诗，想用典，就看古代“泾以渭浊”的注解，想弄清楚两条河流何清何浊，不想汉唐人的说法与宋代人的说法不一致，看得他糊涂。他就委派地方官对两条河流做“专项调查”，最后报告上来了：泾水因为河床是石底，清；渭水因为是沙底，浊。皇帝觉得很有意思，把报告改了改，放进自己的《御制文集》里去了。一位皇帝尚不清楚泾渭两条河流的清与浊，两千多年前生活在今河南黄河以北的一位弃妇，张口就是“泾以渭浊”，这不奇怪吗？过去老先生俞平伯先生读《诗经》，就对此有疑问，说这事“不可解”。其实，若理解为是“采诗”的证据，便可以解释。诗篇所表情感是一位卫地弃妇的，可是表现的语言却是采诗者的，他们是“王官”，本就生活在今陕西一带，对泾渭河流的清浊很清楚。这件事使我们对“采诗”之事感悟良多。其中一点就是，采诗，有时候可能会采到现成的，更多的时候，可能只是题材、素材，需要进行艺术加工。何休在《公羊传解诂·宣公十五年》中说是“乡移于邑，邑移于国”，《汉书·艺文志》说是大师“比其音律”，层层上交可能就是层层加工，亦即“比其音律”的过程。有人会问：那些身份不高的“贱民”采诗官，有这样的艺术能力吗？回答是有，“采诗”其实也是一种职业，采诗官也有相沿既久的艺术技能，而艺术的能力，本不取决于身份地位。而且，他们身份较低，更可以保证他们在采集民间疾苦时传达“草根”感受，因此更真实。

现在回到采诗的具体证据。上文谈到的《邶风·谷风》的话头还没说完。这首诗“泾以渭浊”几句之后，还有“毋逝我梁，毋发我笱。我躬不阅，遑恤我后”四句。巧的是，这四句又见于《小雅·小弁》的结尾处。

与《谷风》相比，只是“无”“毋”两字在写法上有分别而已。而《小弁》见于《小雅》，历来都认为是西周晚期之作。这说明，国风有些诗篇是使用了西周诗篇的一些现成语句。而且，问题还不止于此，说到《邶风·谷风》，居然可以在《小雅》中发现它的“初稿”之类的诗篇，名字也叫《谷风》。其诗如下：

习习谷风，维风及雨。
将恐将惧，维予与女。
将安将乐，女转弃予。
（此章言当初可以共苦，现在则被抛弃。）

习习谷风，维风及颓。
将恐将惧，置予于怀。
将安将乐，弃予如遗。
（此章仍是今昔对比。）

习习谷风，维山崔嵬。
无草不死，无木不萎。
忘我大德，思我小怨。
（此章言对方变心。）

诗篇前后对比，突出对方的“中山狼”品格。再看《邶风·谷风》：

习习谷风，以阴以雨。
黾勉同心，不宜有怒。
采葑采菲，无以下体？
德音莫违，及尔同死。
（此章言若对方不变心，自己则至死不渝。）

行道迟迟，中心有违。
不远伊迩，薄送我畿。
谁谓荼苦，其甘如荠。
宴尔新昏，如兄如弟。
（此章言被抛弃的原因是男人有新欢。）

泾以渭浊，湜湜其沚。
宴尔新昏，不我屑以。
毋逝我梁，毋发我笱。
我躬不阅，遑恤我后！
（此章专门对“新欢”享有自己的操劳成就心怀抑郁。）

就其深矣，方之舟之。

就其浅矣，泳之游之。
何有何亡，黾勉求之。
凡民有丧，匍匐救之。
（此章言自己妇德美好。）

不我能慉，反以我为雠。
既阻我德，贾用不售。
昔育恐育鞫，及尔颠覆。
既生既育，比予于毒。
（此章声讨对方忘恩负义。）

我有旨蓄，亦以御冬。
宴尔新昏，以我御穷。
有洸有溃，既诒我肄。
不念昔者，伊余来塈。
（此章以弃妇冤痛之辞作结。）

两下对比，不难发现两首诗篇很相似，都是今昔对比、贫富对比，以突出对方的忘恩负义。前后两篇之间，明显后者是对前一篇的丰富，主题得到大幅的深化。诗篇由简单的三章变为六章，然而篇章的整体思路却没有大的变动。对这样的“雷同”，可以有其他理解，但理解为对旧有思路模型的改写加工，似乎更为合理。也许是因为自古及今“得志便猖狂”是导致家庭婚变的惯常原因，当时的采诗官在东方的卫地遇到类似的弃妇时，就套用了曾有的篇章格式，来表现卫地女子的不幸。采诗官来自西周之地，不留神将自己熟悉的地理知识带入篇章，留下了“采诗”的马脚。这是很有意思的。

更有意思的是，当我们将两首《谷风》做对比的时候，还会意识到，原来在西周时期，特别是在西周晚期，就有诗篇的采集加工了。

三、采诗的高峰期在西周晚期

不要以为讲国风，就是告别了雅颂，讲风诗，还得回顾雅颂，寻觅风诗的源头。上文说过，西周晚期就有采集加工的诗篇，何以见得？请看《小雅·蓼莪》：

蓼蓼者莪，匪莪伊蒿。
哀哀父母，生我劬劳！
（此章言父母生养劳苦。）

蓼蓼者莪，匪莪伊蔚。
哀哀父母，生我劳瘁！
（此章与上章意思相同。）

瓶之罄矣，维罍之耻。

鲜民之生，不如死之久矣！

无父何怙？无母何恃？

出则衔恤，入则靡至。

（此章表孝子愤激之情。“鲜民之生”句，痛切至极。）

父兮生我，母兮鞠我。

拊我畜我，长我育我，

顾我复我，出入腹我。

欲报之德，昊天罔极！

（此章表父母养育大德。情深义重，语句重复，是全篇情感的高潮。）

南山烈烈，飘风发发。

民莫不穀，我独何害！

（此章以南山之风起兴，满眼凋残，是愤激之后的无限凄凉。）

南山律律，飘风弗弗。

民莫不穀，我独不卒！

（此章哀叹自己不能尽孝。）

这首诗篇的主题，《毛诗序》说："《蓼莪》，刺幽王也。民人劳苦，孝子不得终养尔。"说"刺幽王"，篇中没有根据，说王朝服役繁重，其根据就在诗篇所表的不幸状况。

诗篇的格调凄绝，在三百篇中也是很独特的。值得注意的是，诗篇抒情表意的节奏变化明显。开头两章情绪相对平缓低沉。到第三、第四章则情感大变，先是激切的谴责，继而是对父母天高地厚之恩的倾诉，是情绪表达的高潮，读之有地动山摇、天塌地陷之感。愤怒与倾诉之后的两章，调子再趋于平静。与开始两章的平缓不同，此时的平静是激情之后的虚晕，"南山""飘风"的句子，满眼是天地无情，生意都绝。这样的表现手法，使得诗篇在奔放中显得含蓄，情感表达有强度也有厚度。另外，诗篇中的比兴，如"匪莪伊蒿""瓶之罄矣，维罍之耻"句，取譬精彩。

《蓼莪》的哀哀呼告，是西周王朝政治状况的噩耗。在前面讲宴饮和战争诗篇的时候，曾经谈到，一个政治文化群体，必然有"家国关系"这重要一维，就是"家国关系"紧张度的平衡与维系。古代任何王朝、国家，都会遇到因战争、行役等国事而不能顾家的两难处境。在王朝较早一点的宴饮和战争诗篇中，典礼对使臣、出征士卒及其家属的精神安抚，正是王朝维系家国关系平衡的表现。即如劳役，国家不能只顾自己而不顾小民死活。然而，《蓼莪》让人看到的是一种不幸的局面，王朝片面地注重自己的利益，严重伤害了社会机体的细胞，家与国的平衡已经破裂了。孝子愤怒的哭诉，实际上显示的是王朝基础的开裂，是社会瓦解崩溃的症候。诗篇所控诉的至高点在“无父何怙？无母何恃”，这是控诉的力道所在。周道亲亲而尊尊，很大程度上，父母尊贵与王侯作为“民之父母”尊贵是一个逻辑。也正是在这样的特定逻辑下，诗篇喊出“瓶之罄矣，维罍之耻”。这是孝子哀歌，却不是在提倡孝道，而是以孝道为理据抨击虐政。在权力的威风之下，繁重的劳役也包括沉重的赋税，都是王朝政治失去合理性的表现。

这就是《诗经》三百篇所展现的历史：从大小《雅》的诗篇中，能读到王政还算合理时对家国关系的顾及，也可以读到衰乱时期对小民的生存弃而罔顾的败坏局面。其间的联系就是那条“家国关系”的纲索，诗篇既正面地表现它，也反面地表现它，一正一反，正是王朝兴衰的变化过程。另外，在宴饮、婚恋诗篇中都可以看到这样的一正一反的现象。《诗经》展现一个重要时代的变化是相当完整全面的。

诗篇的主题如此，除了立意暴露王政的不善之外，还让我们看到了诗篇创作的重要变化。《蓼莪》与其他大小《雅》篇章有一个十分明显的区别，就是它的歌唱不附着于任何的典礼仪式，或以任何礼仪为背景，诗篇针对的是辗转于沉重劳役下不幸小民的悲惨遭遇，暴露的是严重的社会问题。如果说大小《雅》中那些“无言不疾”的政治抒情诗篇，还是以贵族分权制下“谏”的政治惯例为依托的话，那么，像《蓼莪》就是新现象，也可以说它是由“谏”的老传统演变出的新篇章。其之所以新，就在于它完全脱离了礼仪而走向抒发情感。而且，诗篇中的悲惨孝子的社会地位不会很高，是普通的社会成员。然而，表现一般的行役者“不得终养”的悲哀，却能发于诗篇，被诸管弦，见诸《小雅》，是颇为奇特的。这里，难免又要问：孝子不得终养的不幸，又是如何形诸诗篇的？可能是不幸的孝子本身有诗才；但如此格调的诗篇出自一个下层人之手，则太不可思议了。而且，诗篇是下层小民的哀呼，又如何进入《小雅》？所以，稳妥地说，诗篇是有人刻意加以保存的结果。大胆一点说，《蓼莪》其实像某些风诗篇章一样，是有人据实而作，是最早的“报告文学”。这正是我们说“采诗”早在西周时期就开始了的理由。

以“采诗”的观点观察《小雅》，其中还有不少篇章短小、情真意切的诗篇，如《我行其野》《黄鸟》《苕之华》《何草不黄》等，都是风诗的格调。那么，西周是从什么时候开始采诗的？按照传统的说法，从建朝一开始就有。对此，据《诗经》篇章的现状，只能这样说：西周早期的采诗，若有的话，数量极少。例如见于《召南》的《甘棠》篇，很有可能是采集加工的结果，诗篇是怀念“召伯”的，也就是周初大臣召公奭。其“蔽芾甘棠，勿剪勿伐，召伯所茇（休憩）”的句子，爱屋及乌的情感，恐怕是坐在屋子里想不出来的。

不过这样的诗篇实在是少之又少。可是那些哀怨的短篇，可信为西周后期的就有很多。像前面说到的《苕之华》。

诸多作品显示这样一点：采集民间疾苦的篇章，在西周晚期出现了一个小小的高潮。这一点，便引出如下的推测：采诗何以在西周晚期出现？回答是：可能与西周晚期贵族与王权之间的斗争有关。

关于贵族阶层与王室的争斗，前面已经见过许多。西周厉王“专利”，《国语·周语》记载芮良夫亦即芮伯，一位高级贵族，有“夫利，百物之所生也，天地之所载也，而或专之，其害多矣。天地百物，皆将取焉，胡可专也”的反对；厉王因“专利”，实施“弥谤”高压政治，民“道路以目”，也有召穆公，身份更尊崇的贵族，站出来警告厉王“防民之口甚于防川”。就“采诗观风”而言，召穆公此处的说法很值得注意。他说：“天子听政，使公卿至于列士献诗，瞽献曲，史献书，师箴，瞍赋，矇诵，百工谏，庶人传语。”（《国语·周语上》）以《小雅》中的篇章，特别是《蓼莪》之诗的情况看，贵族不仅这样说，他们也这样做了，亦即确实利用民间的疾苦，以诗为矛戈，向王权发出攻击。这不奇怪，从大小《雅》中的诗篇来看，西周的天命观念，不是曾作为贵族向王权发出抨击之声的崇高的法理根据吗？那么，利用“天命”观念中“天听自我民听”的原则，把小民的呼告谱写为乐歌，不就是很有利的进谏方式吗？“采诗”在西周末年的小高潮或许就根源于此。到东迁的平王和更晚一点时期，王权与贵族的争权夺利并未消停，更广大范围的采诗因此得以展开，于是就有十五国风的文学高涨期的形成。

然而，采诗观风虽有可能为周贵族策动，但也不是贵族阶层的功劳。风诗大量出现的伟大成果应归功于文化，归功于那个“天听自我民听”的天命观念。有了这样的观念，才会有这样的文化产物。同时，采诗虽然有利于贵族向王权施加政治压力，但采诗最终所获得的文学结果，其内容之广泛，艺术之成功，又绝不仅限于当时的政治倾轧。在接下来的一讲，我们就来谈谈采诗真正具有的文化和文学价值。

第十四讲

风诗的古老面相

采诗，也是文化保存。

前面讲了许多雅颂的诗篇。从文化上说，雅颂是西周以来创立的“新文化”，是“礼乐文明”的组成部分，满含尚德、崇尚社会和谐的新精神，是古老文化在西周时代的推陈出新。礼乐、作为礼乐组成的《诗经》雅颂篇章，都是流行于贵族上层的，是当时上层新的雅致文化。它们在流行过程中会影响更普遍的社会大众，甚而流播中原以外。不过，在当时地域辽阔的中原地区，在生活习俗与情调上，还有与雅颂所展现内容迥然相异的存在。它们不仅渊源古老，而且内涵更为多样，更为丰富，在许多方面，还更加人性，例如同情被欺凌的弱者（诸多“弃妇”题材篇章，赞美有见识的女性，如《鄘风·载驰》篇）等。

说它们更古老，例如当“周礼”下的男女在“关关雎鸠”歌乐伴奏下缔结婚姻关系时，在郑地的溱洧水畔，则有男女在“子惠思我，褰裳涉溱”的歌声互答中寻找心爱的对方。与周礼约束下的婚姻生活相异样的，还有陈地的“宛丘”之俗，卫地的“桑间”风情。这些，又可以追溯到史前的文化根源。有些习俗，如上述的“子惠思我”的自由相恋，早已在中原地区的婚姻缔结方式中成为过去，表现的诗篇也属绝响，然而，有些风俗，例如婚姻中的“闹洞房”，却是至今风流犹存。令人新奇的是，可以在《诗经》的各地风诗中看到它在春秋时期的流行。这样的情况还有许多，例如过大年，至今被认为是中国人生活中最大最重要的节日，在国风中，可以读到两千多年人们在“过年”时的歌声。这就是风诗的珍贵之处，它记录了种种地域性的风俗人情，显示了华夏文明深厚而广博的渊源。这就是下面要谈的。

一、水畔、桑中的风情

西周文化特重婚姻家庭。这一点，我们在前面讲《关雎》时讲过了。正因如此，对于各地流行的与周礼不同的婚恋习俗，采诗者才会特别注意，这或许可以解释风诗中为什么婚恋题材的篇章特别多（这也是笔者相信有“采诗”之事的理由之一）。这就是《诗经》风诗与“周礼”的关联。

婚恋的篇章保存最多的是《郑风》和卫地三风即《邶风》《鄘风》《卫风》。论文化习俗上与“周礼”的关系，距离最远的恐怕要算郑地的一些风诗了。如下面的《郑风·褰裳》：

子惠思我，褰裳涉溱。
子不我思，岂无他人？狂童之狂也且！

【注释】　惠：疑问词，略当于“其”。　褰裳（qiān

cháng）：撩起衣裳。狂童：狂妄、任性的小子。且（jū）：语气词。

子惠思我，褰裳涉洧。
子不我思，岂无他士？狂童之狂也且！

这样的诗篇大胆泼辣，明末的《诗经》点评家戴君恩说："多情之语，翻似无情。"是号准了脉的。诗篇赖以产生的风俗，诗篇之后就大体在文献记载中湮灭无闻了。将断未断之际，诗篇的保留不是太珍贵了吗？又如《桧风》的《隰有苌楚》：

隰有苌楚，猗傩其枝。
夭之沃沃，乐子之无知！

隰有苌楚，猗傩其华。
夭之沃沃，乐子之无家！

隰有苌楚，猗傩其实。
夭之沃沃，乐子之无室！

关于这首诗，汉代以来的旧说，都以为是在控诉生活的艰辛。如《毛诗序》说："国人疾其君之淫恣，而思无情欲者也。"今人钱锺书先生在其《管锥编》中也说："此诗意谓：苌楚无心之物，遂能夭沃茂盛，而人则有身为患，有待为烦，形役神劳，唯忧用老，不能长保朱颜青鬓，故睹草木而生羡也。"大意都是说有知觉、情感的人，不如无知的草木。这样说，原本也不错。但是法国学者葛兰言在其《古代中国的节庆与歌谣》中对此诗提出新的说法：诗篇既"无知""无家""无室"，当为男女相会时的歌唱；对方为单身汉，是歌唱主体"乐"的原因①。因而诗篇的主题就不是表达人不如物的痛苦，而是一首"订婚的歌谣"，歌唱的是男女"在山谷中的邂逅"。是否在"山谷"中相逢，不得而知，因为诗篇无此意象。但葛兰言解释的可取之处在于其符合桧地的文化流传情况，也符合桧、郑两地风俗之间的关联。或者说，

① 这里引用葛兰言的说法，不表示笔者就全然相信他的关于风诗都是山川恋歌之说。西方一些学者研究古代中国有时眼光独特，像葛兰言对这首诗的解读。然而除此之外的情况也须警惕，那就是他们往往各自带着自己文化的先入之见，沿用一些总结自其他文明传统的文化理论，来套用地解释古代中国的经典，因而产生误读。没有任何的"原理"是放之四海而皆准的，任何成套路的理论，若未经审问就套用，往往会把理论的预设当成结论，问题还没有论证，实际结论就有了。这是很糟糕的学术研究。典型的例子就是用所谓的"套语理论"来解读《诗经》中的风诗。葛兰言关于《隰有苌楚》的说法之所以可取，是因为它符合远古郑地的文化流传情况，若全盘相信其对诸多风诗的说法，就难免陷入以偏概全的病症了。

从《桧风》这首《隰有苌楚》，可以窥知《郑风》中“子惠思我”一类风情的渊源。

桧为周初封国，其都城春秋时在郐（今河南新密市东北）。东周初年，郑国灭桧，且袭占其地。就是说，桧包含在后来郑国范围内，而且是其核心地带。这就说到郑地文化积累的古老。春秋时期的郑国，受封建在西周后期，封地原在今陕西东部，其始封君为周厉王的儿子，其人名友。《国语·郑语》记载，友在周幽王朝为司徒，感于幽王的昏暗，大难将至，就想到东方找寻一块新的国土以避王朝覆灭的大难。他向史伯（史官）请教，史伯为他选择的地方就是“谢、郏之间”，也就是包括桧邦在内的今郑州以南的大片地区。其间，史伯还说了一句对理解“郑风”很重要的话，他说这里“未及周德”。所谓“未及周德”，是指西周以来的礼乐文明对此地影响不深。这一点为后来的考古发现所支持，因为此地出土的一些器物，带有浓郁的殷商色彩。

然而，包括桧地在内的郑国之地，其文化的积累，虽然“周德”亦即西周文化影响不深，却另有根源，这也为考古发现所证明。如上所说，郑地包含了桧邦的区域，而桧地所在的新密，现代考古曾在这里发现过新砦遗址，其时间早于二里头文化（二里头文化在今河南偃师，是夏文化的主要源头之一）。而新砦遗址的文化之源却来自古代所谓东夷地区，并同时受到来自西部文化的影响从而形成交融[1]。就是说，古老的桧地因其地处当时的东西文化交融之地，所以曾一度领先。商周交替之后，历史变化了，这里虽然“周德”不深，反而有助于其保存古老的文化与文学。进入西周后期，古老的文化原野袭居的是一批具有时代特点的新居民。郑国人东迁此地时，据《左传》所载子产之言，曾有大批商人一同前来，并受到郑国贵族的保护。还有一点很值得注意，郑国封建较晚，东迁时已进入“礼坏乐崩”的东周时代。郑庄公“射王中肩”的严重冒犯，更表明郑国的不守传统礼法。深厚的文化蕴积，优良的地理条件，加之不拘传统、重视商人的基本国策，都决定了郑这一后起新邦文化的自具面目、特点鲜明。其中突出的一点就是“郑风”中的篇章、具体说即那些男欢女爱的诗篇，表现出与《关雎》《葛覃》《卷耳》等全然不同的风调。

实际上，《郑风》男女相会相悦甚至“女惑男”的诗篇确实不少。但是，仔细观察，郑风的男女相悦，其实是古老风俗在当时的复苏。《郑风》多的是广大乡野男女们在一定时节的聚会歌唱，与流行于卫地的桑间之喜有明显分别。就是说，随着郑国宽松文教政策的实施，沉寂多年的古老婚恋风俗，又在溱洧水畔复活了。而《桧风·隰有苌楚》似乎可

① 魏继印:《论新砦文化的源流及性质》,《考古学报》2018年第1期。

以被视为郑地风俗的渊源。然而，若当时无人加以记录保存复活的风情，后人也难以见到。因为就当时整个的社会风俗发展趋向看，周礼的那一套文化，正在日渐流行，即将把古老的风俗风情淹没。这就是“采诗”的价值。

如前所说，雅颂诗篇代表的是新文化、新意识，王朝崇尚德治，重视农业，慎于征战等，雅颂诗篇表现的是这些。与之相对的各地风诗，则视野大开，眼界大变，而关注各地的风俗和那些因风俗而生出的各种风情，就是其重要特点之一。这样眼界视野的变化是十分适时的。因为当时各地渊源古老的文化正在新礼乐文化的广及之下，趋于淡化乃至被掩映，举例而言，像郑地风诗中那种“子惠思我，褰裳涉溱”的活泼情意及其所附丽的异样风俗，在春秋以后的华夏地区基本绝迹了。在这样的时候，若不是风诗的保存记录，两千多年前郑地流行的一种古老的婚恋习俗，及由此诞生的俏丽的文学，恐怕也就看不到了。这就是风诗的文化保存价值。“采诗观风”或许在当初是出于政治的考虑，但其价值绝非仅限于政治，采诗其实也是区域文化的调查，后来汉代出现记述了当时地域风俗的《史记·货殖列传》和《汉书·地理志》那样的重要文献，其渊源就在风诗对地域风情的记录。也许，只有地域辽阔的文明，这样的文化意识才会出现得这样早。

二、土丘与羽毛

过去讲《诗经》的风诗，多侧重“饥者歌其食，劳者歌其事”的现实精神，这很有意义，不过，讲多了就难见新意。所以我们这回讲国风篇章，想多讲点文化上的。前面说了风诗保存着春秋时水畔桑间的恋歌与为了生育男女之间的交会。这样的风俗在陈地的《陈风》诗篇中也有，其风情则又有所不同。《陈风》中保存了一首诗，据传统的说法，与春秋时一位风流女性和一段十分出格的风流韵事有关。这首诗就是短短的《株林》。诗是这样的：

胡为乎株林？从夏南。
匪适株林，从夏南。

驾我乘马，说于株野。
乘我乘驹，朝食于株。

诗篇很短，却曲折多味。开始以问答起，问到株林干什么？回答是“从夏南”，意思就是“找夏南”；且“从夏南”一句重复一下，以示去夏家没有别的意思。如此语态，恰成此地无银三百两。当时的陈国君主是陈灵公，他同时与两位大臣“组团”去夏家。这件事在当时国人可能尽人皆知，《国语·周语下》就记载王朝大臣单公路经陈国，回朝对周王说陈灵公“弃其伉俪妃嫔，而帅其卿佐以淫于夏氏”，可见灵公君臣那点糟糗风骚事，不但陈邦的国人知道，连王朝也都知道。如此再看诗篇的“匪适株林，从夏南”的重复，越发可以感受到诗篇是在以模拟灵公君臣的解释，来揶揄他们此地无银的说辞了。这正是诗篇的妙处。下面就写君主驾驶驷马拉的车招招摇摇地去夏家，诗篇故意用语含糊，说他们是去“朝食”，真所谓“食色性也”，诗以“食”隐“色”，是不言的讥讽。

陈国出这样的事，个人品格的因由是有的，更复杂的原因，则应从当地的风俗着眼。陈地所在，古有太昊之墟，今有平粮台史前文化遗址发现，属东夷文化区域。记载周武王封建舜的后代胡公满到陈地做诸侯，胡公满之父曾为周之陶正，而陈地制陶业的发达确实始自远古，自龙山文化时起这一带先民的制陶技术，“无论是快轮技术的发达程度，陶土的选择和加工技术，还是陶器烧制技术的进步程度”，在“整个中原地区”都是领先的[①]。陈国人好巫尚祠，旧说认为其起因是胡公之妻大姬。大姬为周武王之女，大姬嫁胡公，由此陈地“妇人尊贵”；又因大姬婚后长期无子，于是她“好祭祀，用史巫”，对民风也有很大的影响。还有学者如元代

① 董琦：《虞夏时期的中原》，北京：科学出版社2000年，第268页。

的刘玉汝《诗缵绪》就认为陈地巫风受楚国影响。实际上，陈地好祠巫风，大姬的影响或许是有的，来自楚地的风俗影响也不好绝对说无。楚地的巫风含有浓厚的夏文化因素，陈地的风俗则源自东夷文化，各有来历，风情也迥然相异。就陈地文化的根基而言，这里曾发现过远古祭坛，还有甲骨占卜遗物，表明自古就是宗教中心。时至今日，据民俗学者研究，陈国故地仍然保存了不少古代风俗，如有所谓“担经挑”舞蹈，舞蹈者几人一组，舞步都象征男女之交，就是古代祈子仪式的孑遗[①]。

下面要讲的《陈风·宛丘》当是这种风俗的最早文字记录。《宛丘》曰：

子之汤兮，宛丘之上兮。
洵有情兮，而无望兮。

【注释】 汤（dàng）：形容舞蹈的样子。 洵：实在，真是。 无望：无德望，不知礼。一说“有情”即有诚，“无望”即无妄。

坎其击鼓，宛丘之下。
无冬无夏，值其鹭羽。

① 穆广科、王丽娅：《颂扬人祖伏羲女娲的原始巫舞——担经挑》，《民间文化》2000 年第 11—12 期。

【注释】　坎其：犹言坎坎然。　值：执。

坎其击缶，宛丘之道。
无冬无夏，值其鹭翿。

诗篇有些地方令人疑惑，如开始就用一个“子”，从诗篇制作者的角度，似乎知道是谁，可是读者就难免不明所以了。另外，“洵有情、而无望”两句具体所言，也难以确凿解之。不过，有一点是可以确定的，那就是诗篇表现了在宛丘之地的乐舞，而且乐舞中还有“鹭羽”“鹭翿”之类的羽毛之物。宛丘和羽毛，正显示了诗篇在文化渊源上的古老面相。

先来看看“宛丘”。诗中的宛丘之地，文献说是帝太昊伏羲之都。有学者推测，考古发掘出的平粮台古城遗址，可能就是诗篇中的古宛丘。又《韩诗外传》载子路与巫马期采樵于韫丘之下，有“富人觞于韫丘之上”之语，“韫丘”即宛丘。如此，春秋后期宛丘仍为富贵之人的游乐之地。《陈风》诗篇的古老面相，正可以从宛丘得以窥之一二。

“宛丘”之“宛”，一般理解是四周高中间低的意思。与之形状相同的丘，亦称“尼丘”。孔子名“丘”，字“仲尼”，据说是因他父母曾祷于尼丘山而生孔子。如此，与“尼丘”同义的宛丘，其祭祀的内容与生育有关，当是大致可信的。

现在再来谈谈宛丘舞蹈上的羽毛。

《宛丘》中，除了“宛丘”的土丘之外，还言及“鹭羽”“鹭翿”。古代舞蹈，见诸《周礼·地官司徒·舞师》，就有“舞师”所教“羽舞”和“皇舞”。所谓的“羽舞”，郑玄《周礼注》解释说：“析白羽为之。”《宛丘》诗篇称“鹭羽”“鹭翿”也是白色的。所谓的“皇舞”，郑玄注：“以羽冒覆头上，衣饰翡翠之羽。”看来“皇舞”的规格是很高的。《礼记·王制》说：“有虞氏皇而祭。”句中的“皇”字，郑玄注：“冕属也，画羽饰焉。”是说有虞时代是用“皇舞”来祭祀，而有虞氏即尧舜时期舜所建立的邦家。如上所说，陈国的君主正是舜的后代，更说明羽毛之舞与陈的关系。不过，周人也是用鹭羽为舞蹈道具的，见诸《诗经》，就有《鲁颂·有駜》“振振鹭，鹭于下。鼓咽咽，醉言舞”的描述。按照这首诗所显示的情况，《周颂·振鹭》篇（本书第三讲曾谈到这首诗）的“振鹭于飞，于彼西雍”，也可以理解为是执鹭羽而舞，以迎接来到周家辟雍的客人（指宋国贵族）。这该是周人沿用前朝文物的显示吧。

上述这一切，都是与羽毛有关的祭祀舞蹈。而且，关于“羽毛”，还有一些记录显示了它在春秋时的重要性。例如《左传·僖公二十三年》记载流亡的晋国公子重耳在楚国受到客气接待，楚王就问重耳：将来你回国成了大事，用什么报答我？重耳的答词中就有“羽毛齿革则君地生焉”（羽毛象牙皮革在您这里生产）一句，看来“羽毛”在当时是颇有价值的。在《左传·襄公十四年》还有这样的记录："范宣子假羽毛于齐而弗归，齐人始贰。"说晋国大臣范宣子借了齐国羽毛制作的旌旗不归还，齐国人因此对晋国人有背离之心。晋国是当时的霸主，借人东西不还，有欺负人的意思。可是，一件羽毛做的制品，还要去借，且借而不还，甚至可以起到影响诸侯关系的作用，今天看实在有点奇怪，可见在当时，"羽毛"之物实在不简单。

那么，"羽毛"之物的不简单，又因为什么呢？一些考古的发现或许能回答这个问题，起码可以让今天的人们体会一下，"羽毛"之物的不凡在文化上的古老来历。

在良渚文化出土的玉器上，有一种"人鸟合一"的图案，有繁有简，种类颇为不少。最繁的图案形状（图 3）如下：一个坐着的人，长着倒梯形的人脸，头部则长（或戴）着鸟类的羽毛，郑玄注"皇舞"所言"以羽冒覆"或许就可以从这些良渚玉器找到其古老的渊源。图案头戴羽毛的形象，整体看像一个人蹦跌而坐，可细看其足部，却长着鸟类的爪子。这就是说图案是"人鸟合一"的理由。不少人认为这是一个远古巫师的形象，然而巫师为人鸟合一之相，

图 3　良渚文化玉琮上的人鸟图

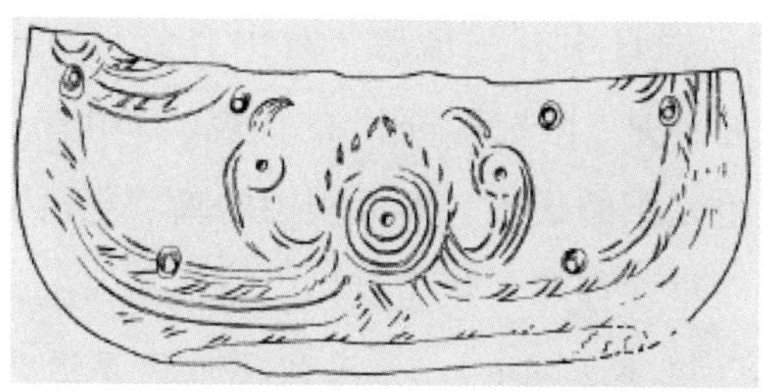

图 4　河姆渡象牙板上“双鸟捧日”线描图

意味着鸟的尊贵。那么，这里的“鸟”又意味什么呢？

关于“鸟”，考古发现，还不仅有上述良渚玉器图案；在河姆渡文化，发现过“双鸟捧日”（图 4）的牙刻；在大汶口文化的陶器上（图 5），发现过“飞鸟携日”的图画。这些，透露了“鸟”与“日”的一而二、二而一的密切关系。再征诸于文献，不少古代文献都谈到太阳中有鸟，而且那鸟是“三足”的，称“三足乌”。东汉王充《论衡·日说》

图 5　大汶口陶缸外刻“飞鸟携日飞升”图

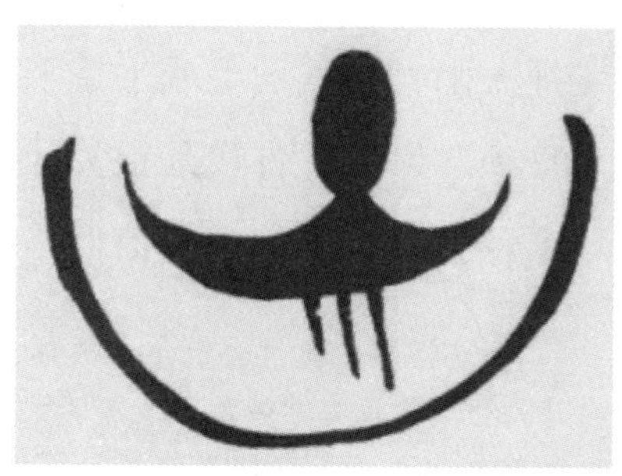

图 6　仰韶文化庙底沟类型陶器图案

说得更直接："日中有三足乌，月中有兔、蟾蜍。"大家知道日、月分别是"阳"和"阴"的代表，日中有"三足乌"，表示"乌"也是阳的代表。而太阳中的鸟"三足"，绝不是汉代才有的，早在仰韶文化庙底沟类型的陶器上就绘有"三足"之"乌"图案（图 6）[①]，汉代文献只是沿袭了渊源古老的太阳神话而已。而且，有意思的是图 6 中的鸟，就其构形看，上半部分即一个椭圆与一月牙组成的鸟飞翔的形状，还与河姆渡象牙板上的飞鸟图案（图 4）的上半部分高度吻合。而图 5 则采取了更直接的构图，那就是鸟背负着太阳。总之，太阳与飞鸟关系密切，是很早就开始了的，而且这样的观念，在东部沿海乃至内陆都广泛流传。

回过头来再看陈风中宛丘之上的"值其鹭羽""鹭翿"的舞蹈，可以有点新的理解。这样的舞蹈，应该就是古老的"皇舞"在春秋时代陈地的孑遗，它沿袭的是古代敬奉太阳的遗习。不过，这里笔者想再次提醒这样一点：先民崇拜鸟，崇拜太阳，头戴羽毛或手持羽毛制作的旌旗婆娑而舞，绝非"日神"崇拜。古代是很关注太阳，但像古代埃及那样崇拜那个巨大发光体的宗教信仰是不存在的。古人更关注的是太

① 这幅图景，过去有学者解释为"文字画"，其意思也有学者解释为"炅"。但也有学者如王大有《龙凤文化源流》，王永波、张春玲《齐鲁史前文化与三代礼器》等解释：定团的圆形代表"日"，中间的月牙形状是"鸟"，下端则表示"山峰"，整个图景是太阳离开山峰顶点继续上升的意思。古人正是以太阳从某个山头开起，来判断时令。

阳的按时升起，亦即按照固定时序的起降升没，敬奉太阳属于“敬授民时”的重要活动。先民崇拜的也不是太阳本身，而是太阳的正常运行，一切人的舞蹈祈求活动，都有维护这个运行秩序的意味。

可以说，《宛丘》中“值其鹭羽”的舞蹈活动，应该是远古礼赞太阳升起的舞蹈活动的存留。羽毛，正是礼敬太阳必不可少的道具。不过，时至春秋，宛丘“敬奉出日”的色彩似乎早已淡化，充溢其间的是男女相会“声色生焉”的节日气息。这也有其道理，因为敬奉太阳本身就含着一种祈求，即在作物生长之外的人类自身的繁殖。这样的节日，在陈国之地，从诗篇所显示的舞蹈道具看，规格应该是很高的，连贵族上层也卷入其中。这就与郑地男女在风俗节日“伊其相谑”不同了。

宛丘之舞和宛丘之舞上的羽毛，都显示着风诗“古老”的一面。

三、闹洞房与过大年

前面说过，雅颂的诗篇是西周礼乐新文化，对后世的影响很大，主要表现在其中通的思想意识，例如从诗篇所含的“德”的观念，可以推演出后来儒家“仁”的原则等。可是一般百姓，就算是在今天，具体而真切的生活也往往与风俗有关。例如闹洞房的风俗，这在西周强调的婚姻礼乐中是不见踪迹的，可是，若追究起来，这样的风俗在当时一定是有的，然而周人礼乐的诗篇却对此缄默。还有，如过年，西周诗篇中那些农事诗，如前面讲过的农事典礼的篇章《周颂·噫嘻》和《小雅·楚茨》，前者表现的是春日的耕种，重大典礼其实也是重大节日，但西周的诗篇中歌唱的却只是耕种，只是强调对祖宗传统的遵守。

风诗中有几首讲“闹洞房”和“过年”的诗篇，“闹洞房”的诗篇见《齐风》，也见于《唐风》，后者最典型。先来看《唐风·绸缪》：

绸缪束薪，三星在天。
今夕何夕？见此良人。
子兮子兮，如此良人何？

【注释】 绸缪（móu）：捆缚。 束薪：做火把用的薪束。 三星：参宿，排在一起的三颗星，古人常以三星的位置判断时间。 “如此”句：怎么对付这么好的人呢？语含调笑。

绸缪束刍，三星在隅。
今夕何夕？见此邂逅。
子兮子兮，如此邂逅何？

【注释】　刍：草。　隅：角落，指三星偏斜。　邂逅：佳偶之称，《诗经》中的特定语词。

绸缪束楚，三星在户。
今夕何夕？见此粲者。
子兮子兮，如此粲者何？

【注释】　在户：言三星很低，从门窗处就可以看到。粲：美女为粲。

诗中“绸缪”句喻示成婚，“三星”则点出同房的夜晚。“今夕”以下四句，都是戏谑之辞。本是结婚的日子、合卺之夜，诗篇却说不知“何夕”、不知“如何”，这是装糊涂，正是开玩笑的口吻。诗赞美新人是“良人”、为“粲者”，马上一转脸，问“子兮子兮”，你将“如此良人何”，明知故问，羞臊对方。

闹洞房的习俗起源甚早，流传的地域也很广，在今天某些地方依然流行。《汉书·地理志》记燕地风俗：“初太子丹宾养勇士，不爱后宫美女，民化以为俗，至今犹然……嫁取之夕，男女无别，反以为荣。后稍颇止，然终未改……燕丹遗风也。”所言“嫁取之夕，男女无别”正是闹洞房的风俗。不过，称闹洞房风俗起自战国后期燕国太子丹[①]，把一种古老社会现象归因于某个人，则是不确切的。

下面来看《唐风·蟋蟀》这首“过年歌”。诗曰：

蟋蟀在堂，岁聿其莫。
今我不乐，日月其除。
无已大康，职思其居。
好乐无荒，良士瞿瞿。

【注释】 聿：语助词。 莫：暮，岁末。读音与“暮”同。 除：去，结束。今言“除夕”，本于此。 大康：过分享乐。 职：常，当。 居：平时。 荒：沉溺享乐耽误正事。 瞿（jù）瞿：有所顾忌的样子。

蟋蟀在堂，岁聿其逝。
今我不乐，日月其迈。
无已大康，职思其外。
好乐无荒，良士蹶蹶。

【注释】 迈：过去。 外：意外的事。 蹶（guì）

①《史记·刺客列传》记载燕太子丹从秦国逃回燕国，就养了包括荆轲在内的刺客，以劫杀的方式报复秦王政（即后来的秦始皇）。“不爱后宫美女”是说太子丹豁出了自己的后宫美女来优待刺客，以使其为自己卖命。

蹶：疾敏貌。

蟋蟀在堂，役车其休。
今我不乐，日月其慆。
无已大康，职思其忧。
好乐无荒，良士休休。

【注释】　役车：行役和车马之事，概言一年的劳作。慆（tāo）：流逝。　休休：和乐貌。

诗篇言“日月其除”“其迈”，又说“役车其休”，很明显是一年到头了。至于诗篇所在的年代具体是哪个月“过年”，还得继续研究，但诗篇为过年节中的歌唱，是没有疑问的。适度享乐是诗篇表达的主旨，也是没有问题的。年终过节，也就是过年，从什么时候开始？这可就久了。

古代文献称古老的过年节日“一国若狂”。这也是《礼记》记载的。该书《杂记》篇说孔子与子贡一起观看乡人岁末祭祀百神之后的豪饮，“一国之人皆若狂”。对此，子贡颇不以为然，以为太奢侈浪费了。然而孔子却说：“百日之蜡（xī，干枯），一日之泽，非尔所知也。张而不弛，文武弗能也；弛而不张，文武弗为也。一张一弛，文武之道也。”孔子之说，可视作诗篇对生活劳逸与奢俭、收放与张弛关系的理解。一年苦苦劳作，到年终就该放纵一下。这是孔子的理解。不过诗篇的观念与孔子所说略有不同，强调的是放纵与收敛、消费与节俭之间的平衡。孔子也讲平衡，但与诗篇所讲层次不同。不过，调护好世间生活，这就是所谓的“正德、利用、厚生”，在这个层面上，诗篇与孔子又无不同。

比孔子更早的时代，还有人评论过这首诗。《左传》载季札观乐，为之歌《唐风》，季札就评论：“思深哉！其有陶唐（尧）氏之遗民乎！”看《唐风》诗篇，显示“陶唐”之风的诗篇不多，首先包括《蟋蟀》。“思深哉”，则是说诗篇深谋远虑，恰好《孔子诗论》也说：“《蟋蟀》知难。”“知难”，即知后难，也就是《荀子》所说的“长顾后虑”。只有“知难”，才懂得把握生活奢俭的分寸。诗篇表现农耕造就的民性民风，《蟋蟀》是很典型的。古老的文明，古老的民性，表现在格调悠长的诗篇里。

第十五讲

记录时代的风诗

上一讲谈到了风诗的“古老面相”。风诗还有其“当代性”的一面，就是记录正在变化着的社会生活，以及生活的情感。这种与礼俗、仪式脱离的倾向，到了风诗的时代已经变为现实，成为内容广阔的时代记录。

一、丰富的情感世界

说到内容的广阔，在《王风》的诗篇中，能读到贵族的没落情绪。这就是《兔爰》，请看第一章：

有兔爰爰，雉离于罗。
我生之初，尚无为。
我生之后，逢此百罹。尚寐无吪！

诗篇表达的是厌世悲观的心理。世道的变迁带给诗中人处境的没落，诗中人除了抱怨，就是采取“尚寐无吪（吡）”的鸵鸟政策，显得很没出息。诗篇与《小雅》中一些短篇的风诗、格调诗有所不同，《小雅》中的那些诗篇多哀怨，《兔爰》则很消沉。诗中人自比为“雉”，认为被网罗的应该是兔。看起来其地位是没落了，自己没落而对“兔”自在状态不满，就不仅没出息，而且有些面目可憎了。

还有一些诗篇对了解那个时代列国之间的情感有帮助。例如《齐风·猗嗟》很有可能写的是齐国人对鲁庄公的赞美。诗篇是这样的：

猗嗟昌兮，颀而长兮。
抑若扬兮，美目扬兮。
巧趋跄兮，射则臧兮。

【注释】 猗嗟：赞叹词。 昌：盛壮貌。一说，姣好貌。 抑若扬：既美貌又有朝气。 趋：趋步，小步疾走为趋，是贵族行礼时的步伐。 跄：趋步貌。 臧：好，准确。

猗嗟名兮，美目清兮。
仪既成兮，终日射侯，不出正兮。
展我甥兮！

【注释】 名：眉眼之间。 仪：仪度。古人射箭是重要而常行礼仪，不仅要比箭法高下，还在看舞乐伴奏下行为举止的风度。 成：完备，成功。 侯：箭靶。 展：真正的。

猗嗟娈兮，清扬婉兮。

舞则选兮，射则贯兮。

四矢反兮，以御乱兮！

【注释】 清扬：形容眼神明亮，有光彩。 选：舞蹈时与音乐节奏合拍。与上文“巧趋跄兮”意思相同。一说，出众。 贯：正中靶心。 四矢：古代射箭以四支箭为节。

诗篇夸赞了诗中美男子的身材、眉宇和相貌，气度不凡、才艺无双，诗对诗中人颇为仔细的描述，表明诗人看得很细，字里行间流露出喜爱之情。诗一句“展我甥兮”，透露了诗中人物的特殊身份。传统说法认为诗中人就是鲁庄公，是有道理的。《公羊传·庄公元年》载鲁桓公在发现了文姜与齐襄公的非礼关系后说：“同非吾子，齐侯之子也。”同，就是鲁庄公的名。鲁桓公的想法想必在齐国人中也有信从者。如此，诗篇强调诗中人确实是齐国外甥，就有辟谣的用意。此外，可以确定诗中人身份的还有诗篇对人物的描述，符合鲁庄公的特点。《左传·庄公十一年》载：“乘丘之役，公之金仆姑射南宫长万。”“金仆姑”是一种箭，南宫长万是宋国的大力士，论生猛，《左传》所载二百余年人物罕有其比。鲁庄公能俘获他，确实不简单。有意思的是《公羊传》同年还记载这位鲁庄公的手下败将回国后，对着本国君主夸赞鲁庄公，说：“甚矣，鲁侯之淑，鲁侯之美也！天下诸侯宜为君者，唯鲁侯尔！”看来鲁庄公不仅身手不凡，长相风度也十分出众。

诗篇如此赞美庄公，除了上面说的原因外，恐怕还与齐鲁关系的升降有关。长勺之战以后的一段时间，两国虽保持着婚姻、盟誓的交往，但就两国声势而言，鲁国一时间是占了些上风的。齐桓公称霸之前，当时东方诸侯的霸主是鲁庄公，即所谓“庄公小霸”。齐桓公伐山戎，一般认为是齐国霸业的端绪，然而获胜后，他又向鲁国献俘，可知庄公这位“小霸”的威势了。但时移世易，随着管仲辅佐齐桓公改善内政外交，到鲁庄公二十年前后，情势就发生了逆变，鲁国开始感到不行了。具体表现在鲁庄公为与齐国缔结婚姻关系，亲自去纳币，即纳征下聘礼，之后又亲自迎娶哀姜，以至被后人视为“非礼”。但当时的庄公，要想适应局势，就需要交好齐国。一代“小霸”，又是齐国外甥，来到齐国，这是让齐国人感到荣光的，为此他们举办盛大的射箭典礼招待他。仪表不俗的外甥，射礼中又表现得光彩照人，这如何不让齐国人为之兴奋呢？上一辈那点不体面事的记忆还是在的，但时过境迁，也只不过一点余臭未了罢了。一句“展我甥兮”的肯定，一扫当年那点事的阴霾，以及该事余波荡漾下的闲言碎语，满眼都是齐鲁交好的亮堂。诗篇的主调，即在传达俊美勇武外甥的到来给齐国增添光彩。同时，满是庆幸之情的诗篇，也把美好的祝愿送给鲁国，祝愿这位风流俊爽的君主，能以其特有的勇武，为鲁国带来安详，诗篇的立意也因此显得大方。诗篇格调是明爽健朗的，每章连用的“兮”字（只有一句例外），不但不觉单调气闷之感，反而增加了诗篇的流丽。描写风流俊雅的人物诗篇，写法上也称得上风流俊雅。

二、大事变下的情义

历史进入春秋时期，第一件大事就是齐桓公在管仲辅佐下的尊王攘夷、存邢救卫。这件事，在《邶风》《鄘风》《卫风》三风中也有文学的表现。如《鄘风》中的《干旄》和《载驰》都与这件大事有关。其中《干旄》是这样的：

孑孑干旄，在浚之郊。
素丝纰之，良马四之。
彼姝者子，何以畀之？

【注释】 孑(jié)孑：独立，旗帜高高的样子。 素丝：锦缎之类的丝织品。 纰（pí）：连属，缝合，在此有拴系的意思。 姝（shū）：美好。 畀（bì）：赠送。

孑孑干旟，在浚之都。
素丝组之，良马五之。
彼姝者子，何以予之？

子孑干旌，在浚之城。
素丝祝之，良马六之。
彼姝者子，何以告之？
【注释】 祝：束。 告：告白，表示谢意的言辞。

诗篇言“孑孑干旄，在浚之郊”“在浚之都”等，从所表的旗帜看应为驻扎的军队。继而言“良马四之”“五之”“六之”，也是有迹可循，《左传·闵公二年》中就记载：在卫国遭受大难之后，齐桓公马上派公子无亏“帅车三百乘、甲士三千人以戍曹（大难后卫君临时驻地）”，并且“归（馈赠）公乘马，祭服五称，牛羊豕鸡狗皆三百，与门材（修建门的材料）。归夫人鱼轩（画有鱼纹的乘车），重锦三十两（匹）”。诗言“素丝”系马，表的正是馈赠“乘马”之事。当时救助卫国的不只齐国，还有宋国等诸侯国。齐国馈赠马匹等，料想其他兄弟之邦也会有所馈赠，诗篇“良马”云云，表现的就是这一馈赠。而“彼姝者子，何以畀之”“何以予之”“何以告之”，正是表现接受馈赠的卫国无以为报的感激之情。当初北狄侵邢的时候，齐桓公问管仲该不该出手相救，管仲就说了一句：“诸夏亲昵”，诗篇正表达了这种“亲昵”的情感。

在这次重大事变中，卫地的人民还很感激一位女子，她就是嫁到许国，史称“许穆夫人”的卫国公主，《载驰》记录的就是她的凛凛大义。诗曰：

载驰载驱，归唁卫侯。
驱马悠悠，言至于漕。
大夫跋涉，我心则忧。

既不我嘉，不能旋反。
视尔不臧，我思不远？
既不我嘉，不能旋济。
视尔不臧，我思不闷？

陟彼阿丘，言采其蝱。
女子善怀，亦各有行。
许人尤之，众稚且狂。

我行其野，芃芃其麦。
控于大邦，谁因谁极？
大夫君子，无我有尤。
百尔所思，不如我所之！

诗篇写许穆夫人听到母邦大难后，想回国，被许人阻拦，阻拦中许人还有“女子善怀”（意思是：“女子就是爱想家”）

之类的冷嘲热讽，诗篇抒发了许穆夫人在如此逆境下的愤懑心情。从“采蝱”“芃芃其麦”的景物看，诗篇所表之事当在卫文公即位后第二年（前 659 年）的春夏之交。从“既不我嘉，不能旋反”“旋济”诸句看，许穆夫人在初闻宗国遭难时，就想返国，并有所行动，因此而招致“许人”的阻拦与责难。诗篇中许穆夫人与许国男性当权者的争议实际有两层含义：一是礼法上的，一是邦国大义上的。关于出嫁之女回母邦的权限，记载不是很明确，有文献说父母在世时可按期归家省亲，若父母不在，探亲之事则由大夫代行。不论如何，规矩都是很严的。实际是女子既然已经嫁人，就成为男性附属品，出于个人情感需要而返回母邦，是要受诸多限制的。从礼法上说，许人阻拦夫人“归唁”，自然有其堂而皇之的理由。

然而，这之中还有更高一层的症结。许国贵族姜姓与卫国是婚姻之国，按照西周封建的原则，两国都是西周王朝的封国，有“同恶相恤”的义务。当卫国遭难时，齐桓公和许多同姓、异姓诸侯都是这样做的。然而，许国贵族却没有任何的作为。从“视尔不臧”的蔑视及“我思不远”“不閟”的反问看，在如何救卫的问题上，夫人与许人也有过交锋，“控于大邦”的诗句又显示许穆夫人想到了请求大国相助的办法。然而，许国的当权男人们除了拦阻许穆夫人“归唁”之外，在“同恶相恤”的层次上也没有一点作为，似乎也不想有。所以，许穆夫人与许国当权男性之间既有礼法与人情的冲突，也有礼法陈规与邦国大义的纠结，其重点则是如何才是真正尊重周礼。很明显，诗篇站在了许穆夫人一边。“百尔所思”的句子，是明确地让巾帼压倒须眉，许国的贵族男性们显示出没有大局的糟糕相。在古代文学中，这样对女性高看一眼，是不多见的。

诗篇历来被认为是许穆夫人自作，甚至有人说她是中国文学史上第一个有主名的女诗人。有这种可能。却也不能排除诗篇只是取材于许穆夫人的故事，实际是采诗官与乐官合作的结果。诗中反复出现的“我”看上去很像夫人自道用语，实际上诗人也完全可以做如此模拟。诗若真为许穆夫人所作，似更应该入《周南》，因为许地属于周南范围，而不是卫地之风。这一点很关键，不论是许穆夫人自作，抑或他人的模拟代言，诗见于《鄘风》都表明，诗篇是用卫地风调演唱的。也就是说，诗篇的流传也是在卫国。这又把我们引向这一点：诗篇流行于卫地本身就明确表达了对许穆夫人的同情和尊重，因为这里正是夫人的母邦。同时，这也就意味着对许国当权男人阻止许夫人归唁的否定。也就是说，诗篇的流传以一种特殊的方式，承认了许穆夫人的见识和她对母邦的情感以及她的大义。

问题还不仅于此。在卫地，或许正因许穆夫人想回母邦而不得的事，引发了一种人道关怀，那就是出嫁女子对母国的情感问题。这样说是因为在卫地之风的《邶风·泉水》和《卫风·竹竿》两首中有相似的叙述内容。《泉水》篇写的也是一位卫国出嫁女儿知道母邦遭受大难后想回国“归唁”，可是诗篇所表现出的十种人设想的回家路线却南辕北辙，不在一条路上。因此，可以推想诗篇不是表现某一位女子顾念母邦，而是一类人的情感。诗篇中特别能触动人的是这样的段落：

毖彼泉水，亦流于淇。
有怀于卫，靡日不思。
娈彼诸姬，聊与之谋。
出宿于泲，饮饯于祢。
女子有行，远父母兄弟。
问我诸姑，遂及伯姊。

是什么地方让人触动呢？就是诗篇无意中言及的“聊与之谋”的那些“诸姬”和所“问”的“诸姑”与“伯姊”们。多少代“诸姬”贵族女儿，出于各种无关爱情的理由远嫁异国他乡，她们的生活样态，文献中的记载基本是阙如的。在一个邦国宫廷院落里，“积压”着多少不一辈的姬姓姑奶奶们。《诗经》写她们风光出嫁的不少，婚后日常状态如何则阙如。这也是此诗的难得之处，它像一道亮光，片刻闪出了她们“麇集”异国后宫的模糊面目。诗言“谋”及“诸姬”，“问”于“诸姑”“伯姊”，可她们日处后宫，又能有什么好主意？一个“聊”字在表达女主人公无奈的同时，也透露出这群“富贵闲人”百无聊赖的状态。这就是诗篇难得的地方，也许是因为许穆夫人的事才引起诗人的关注，对这些女子表示同情。

这些卫地风诗是紧贴着时代生活走的，在《唐风》中，紧贴着时代表现人们的心态，又是另一副模样。

三、宗法的破坏对亲情的冲击

读《唐风》的一些诗篇，要了解一点晋国历史，就是曲沃旁支夺取晋国政权的事件，简称曲沃夺嫡。进入东周时期，晋国封建在曲沃的桓叔这一支，日益尾大不掉，桓叔终于向晋国的公室发起夺权的争斗，从公元前 745 至前 678 年，持续了近七十年。经过多次斗争，最终桓叔一支获胜，夺取了晋国大权。这是公然违背王朝制度，也是赤裸裸的骨肉相残，对世道人心的震动是巨大的。更糟糕的是，曲沃是旁支夺嫡，他们掌权后又害怕自己内部有样学样，于是在晋献公时期“尽灭群公子”（《左传·庄公二十五年》），把有可能夺权的群公子统统灭掉。再后来，晋献公时期骊姬作乱，又有“无畜群公子”（除了被立为君主继承人的公子，其他公子都不能在国内生活）的立誓。总之古老的血亲意识在晋国这里遭遇了严重的冲击，风诗记录了这段历史及其人心的变化。

首先是《唐风·扬之水》这首与夺嫡事件有关的诗篇：

扬之水，白石凿凿。
素衣朱襮，从子于沃。
既见君子，云何不乐？

【注释】　扬之水：浅濑激扬的水。　凿凿：鲜明貌。襮（bó）：衣领。当时，“素衣朱襮”者身份不低。　沃：曲沃，是桓叔一支起家的地方，在今山西闻喜县境。桓叔为晋昭侯的叔叔，封地在曲沃。

扬之水，白石皓皓。
素衣朱绣，从子于鹄。
既见君子，云何其忧？

【注释】　皓皓：洁白貌。　鹄：《毛传》：“曲沃邑也。”是曲沃下属的小邑之名。也有学者以为“鹄”即“曲沃”的合音。

扬之水，白石粼粼。
我闻有命，不敢以告人！

诗篇最能透露其时代气息的是“素衣朱襮，从子于沃”和“我闻有命，不敢以告人”诸句。从“朱襮”这一服饰，可知篇中所“从”之人身份不低。再从“从子于沃”句看，所从之“子”即曲沃桓叔一系的贵人。《毛诗序》说此篇是：“刺晋昭公也。昭公分国以封沃，沃盛强，昭公微弱，国人将叛而归沃焉。”认为诗篇作于晋昭公时期。曲沃桓叔一支坐大，确实是从昭侯（即昭公）时开始，且昭侯七年（公元前739年），据《左传》记载，发生了大夫潘父与桓叔里应外合弑杀昭侯、迎曲沃桓叔之事，诗言“我闻有命”，暗示的可能就是这次即将发生的事。如此，把诗篇放在昭侯被杀之前，也就说得通了。

诗既言“从子于沃”，就意味着诗中人已经投靠曲沃，且获得了相当高的地位。诗中“素衣朱襮”一句很夺目，一袭红白相映的衣服飘然而来，很令人惊奇。其实，这不过是招降纳叛的贿赂之物。这是诗在表现上起波澜的地方。有了这一句，接下来的“既见君子，云何不乐”“云何其忧”也就有了着落。诗篇另一个更大的波澜，在“我闻有命，不敢以告人”两句。它们到底要表现什么意思呢？直接看是被收买了，不过，也可以曲折地看。因为诗句泄露的是“不敢泄露机密”的心思，很明显是在暗示什么。正因为这一句，前人多以为是告密之作。不过，“不敢”两字似乎不这样简单。或许诗篇所表达的是这样的现象：一些晋国大臣，因为曲沃贵人的诱引而投奔他们。一开始还因被厚待而欢喜，不久察觉情形不对，曲沃君子是别有企图的奸雄，因此后悔无奈。如此说来，诗篇不是表现告密，而是表达误上贼船的后悔。无论如何，诗篇对乱世人情的表现，可谓是曲尽情态。

《唐风》中还有一首《杕杜》篇，可以看作是曲沃夺嫡以及晋献公“尽灭群公子”等事件所产生的余波回响。诗篇是这样的：

有杕之杜，其叶湑湑。
独行踽踽，岂无他人？
不如我同父！
嗟行之人，胡不比焉？
人无兄弟，胡不佽焉？

【注释】 杕（dì）：孤特貌。 杜：棠梨树。 湑（xǔ）湑：茂盛的样子。 踽（jǔ）踽：孤独行走在路上的样子。比：亲密。 佽（cì）：相助。

有杕之杜，其叶菁菁。
独行睘睘，岂无他人？
不如我同姓！
嗟行之人，胡不比焉？
人无兄弟，胡不佽焉？

【注释】 睘（qióng）睘：同“茕茕”，孤独无依貌。

诗的意思读清楚了，其立意也就明白了。大意是说：独自行路的人，宁愿踽踽独行，享受孤独之苦，也不愿意与他人结伴，这难道不是因为路上的他人与自己没有血亲关系吗？诗以跌宕的反问，强调血缘亲人的重要和可贵。这明显是有所针对的，针对的现实是晋国百年间一系列的骨肉相残。研究春秋晋国乃至后来战国时期的三晋文化，这样的诗篇都有其重要的认识价值。后来诸子百家时代的法家人物多源于三晋地区，而且法家的理论主张又绝大多数不相信人与人之间的亲情。读《杕杜》，就可以看到春秋时期，发生在晋国的历史变故对世道人心的冲击，有多么严重。一些历史的重大事变影响下的人情、人心保存在诗篇的歌唱中，能历两千年依然真切如初，这就是诗篇特有的价值。力透纸背地记录人心的历史变化，正是它独有的功能之一。

第十六讲

永远的『三百篇』

本书的开头部分，笔者曾列出读《诗经》可以了解的几项内涵：

读《诗经》，可以了解我国先民经由农耕实践在人与自然方面建立的稳定的观念认同；

读《诗经》，可以了解在最初的文明人群缔造时，胜利者、强者对失败者及众多弱小者的包容；

读《诗经》，可以了解家庭在人群联合中所起的作用及其在社会中的地位；

读《诗经》，可以了解先民在处理自己与周边人群战争冲突时所取的意态；

读《诗经》，可以了解先民在平复“家”与“国”出现龃龉时所采用的方式；

读《诗经》，可以了解先民在协调社会上下关系问题上所具有的智思。

以上六个方面，大体就是一个文化人群基本精神传统的核心，其构成了一个相互交错、相互支撑的钢架，从而能够抗御风霜雨雪的震荡与冲击。

现在就对上述几个方面做点简单的回顾，同时对《诗经》的精神倾向与艺术表现做一些说明。

一、精神线索的正反相依

先从农事题材诗篇说起，因为它涉及人与自然之间的关系。

关于农事诗篇，见于《周颂》《小雅》，还见于《豳风》等，其诗表现王者或亲自下地耕种，或主持尝新、收获等各种农事礼仪，或是年终以藉田所产敬献祖宗的隆重祭祀等。无疑，这些诗篇都显示着王朝对农事的高度重视。不仅如此，在祭祖的诗篇中，读者还可以读到《小雅·楚茨》这样的祭祖乐章，然而其含义又连着祭祖所敬献粮食贡品（亦即“粢盛”）所出的藉田，其意义就与继承农耕传统有关了。这首诗用了相当多的笔力来表现祭祖仪式的各个环节。这样的手法，如前所说，用意就在强调遵守农耕典礼仪式的重要性。在祭祖题材的《大雅·生民》篇的最后几章，诗篇特别强调：现在祭祖典礼的仪式节目是后稷创立的，是因为遵循了始祖创立的祭祀仪式，周人才“庶无罪悔，以迄于今”。回顾《生民》这样的言说，才可以理解《小雅·楚茨》对年终祭祖仪式赞述的用意所在。《楚茨》的赞述与《生民》结尾的强调有其顺承的关联：尊重祖先重视农业的传统与严守祖先确立的祭祀仪式是同一件大事。这里，我们可以看到，《诗经》相同题材诗篇之间存在的整体关联性。而且，这样的关联还是一种动态的。例如早期的《周颂·噫嘻》《臣工》只是表现王者对农事的重视，到后来的《小雅·信南山》，就着意表现王者对传统有意遵循的行动举措。很明显，后来的诗篇含有这样的思想史内涵：周人反思了自己的传统，并立意坚守自己的传统。

农耕事业不仅创造了生存的物质，还在观念上确立了人与自然之间的关系。读《小雅》的农事诗篇如“上天同云，雨雪雰雰”这样的句子最令人难以忘怀，那是对天地的感恩，是人类的大情感。这样的情感，影响了古人对世界自然的总体看法；先有在农耕中建立的天人关系，才有后来《易传》哲学“天地之大德曰生”“生生之谓易”这样对伟大自然的哲学判断。《易传》的哲学，不是古人两眼盯着八卦或连或断的符号就可以想得出来的，它其实是哲人在“赞易”时，把在农耕生活中确立的人与自然关系的意识注入《周易》的“八卦”系统中，从而点石成金、化平凡为神奇，形成中国人的宇宙人生观念。

婚恋题材的篇章是《诗经》中的大宗。论《诗经》所蕴含的“一正一反”的关联，婚恋题材的诗篇应该最典型。解释《诗经》这样的经典，不能太跟着感觉走，读“关关雎鸠”之后见有男女出现，就以现代人的感觉视诗为“谈恋爱”，自己感觉良好了，却忽略了诗篇深厚的内涵。要知道，当初统一的华夏文明在人群缔造时，是用了“合二姓”的婚姻方式，因而男女的结合有“六礼”，可谓“九十其仪”。正因为婚姻在西周政治联合上的重要作用，所以到后来，也就是从西周后期到春秋时期，诗人对那些家庭关系破败的现象才那样关注，因此诗篇中表现失意弃妇的特别多，不同习俗下的男女交往欢爱也被关注。而对于“好家庭”的强调，诗篇甚至可以将家庭和谐与“天命”的钟情属意联系在一起。

同时，西周时期对婚姻关系缔结的关注，还强化了“家庭”在社会文化意识中的地位。在“人类社会从哪里开始”这样的问题上，不同文化的理解是不一样的，而且分别很明显。“圣经”中男女结合被视为人类“失乐园”之始，然而在《易传》等儒家文献中，则认为男女婚配符合天地阴阳的大道理，有了阴阳结合才有万物生长，因此人类也是有男女才有夫妇，有夫妇才有父子、兄弟以及所有人伦。简单地说，“社会”从婚姻关系的缔结开始，这是一个典型的中国古典观念。我们读过《大雅·思齐》，讲好家庭、好婚姻与周人获得“天命”眷顾之间的关联，周人获得天命是因为有“德”，而周家男人之所以有德，是因为三代先王都娶了贤德的夫人，代有贤妻的必然结果是代有贤子、代有贤王，这就是“天命”。这样的诗意被后来的儒家重视，便有了《论语》开篇第二章“其为人也孝弟，而好犯上者，鲜矣，不好犯上，而好作乱者，未之有也……”（《论语·学而》）的说法，这一说法，不就是“好家庭出好的社会分子”这样的逻辑吗？

当我们读《论语》这样的经典，在理解它所表达的含义时，也应清楚它背后的文化逻辑。在哪里教育社会成员，《论语》给出了古代中国人的回答。推究这个回答的逻辑来历，并不始于《论语》，而是更早的《诗经》。从这一点上来看，《诗经》是中国文化的家底。

中原文明一诞生，就是世界文明的一部分，其诞生时间早决定了它要在东亚的广大地区起领头作用。遗憾的是这种作用的实现往往是由战争来完成。有战争，就有对战争的态度。在《诗经》表现战争的诗篇中，首先没有“战斗英雄”，若读过荷马史诗《伊利亚特》，对此会有深切的感受。前面说过，有属于礼乐的战争诗篇，也有属于周贵族表现自己勋业的战争篇章。后者虽然显赫一时，然而影响深远的是前者。前者诗篇中的军人，之所以走向战场，是因为和平生活被打断，他们是为了捍卫生活，才执干戈以为社稷。因此像《东山》的“我徂东山，慆慆不归”，《采薇》的“昔我往矣，杨柳依依”最能传达他们的心声。礼乐的战争篇章，用意就在抚慰那些士卒们哀婉感伤的情怀，这也是《诗经》最有价值的部分之一。

按照西方关于“悲剧”的定义，“家”和“国”不得兼顾。可是，礼乐文明不要生活撕裂的悲剧，它要尽量在“家”和“国”（“忠”和“孝”）之间达致情感的平衡。像《周南·卷耳》以及《小雅·鹿鸣》《四牡》《皇皇者华》三篇的组合演唱，都是这种“达致”的努力。读这些诗篇，最易真切体会到一些礼乐的文化品质。

有政治，就有“上下”关系，即统治引领集团（君）与一般民众（民）之间的关系，也就有一个“民众何以要跟你走”的重大拷问。《诗经》所处的时代，是经过深刻改造的宗族血缘群体用“封建”的方式建立了贵族分权制王朝，形成等级森严的贵族阶层。然而，或亲或疏、层层不尽的血亲关联，以及分封造成的对周人原有聚拢状态的打破，都决定“君”与“民”必须强化情感的凝聚。要做到这一点，贵族的“施舍”就是必须而切实的。于是有了宴饮诗篇所倡导的“陈馈八簋”的豪华施舍。封建制延续数百年，在一定时期，贵族的“施舍”是起到作用的。因此，在较早的儒家著作中，比喻“君民”关系为“民以君为心，君以民为体”（《礼记·缁衣》）的“同体”关联。到了较晚的荀子，才有“舟水”两物的比况。然而，后来人们接受的有关君民关系的理念，是早期儒家的。秦汉以后的王朝也尽量将自己“修饰”成“君民同体”，这也都是从《诗经》开始的。

以上就是《诗经》这部经典所包含的几条重要的精神线索。这些都是在那个非凡时代所确立的，是一个文化人群的遗产。“正”的确立了，才有对“负”的现象的抨击与揭露。“正”和“反”兼备，才是《诗经》的宽厚。质言之，“三百篇”不但显示了一个文化传统的基本精神内涵，也显示着它本身的自我调节功能。

在这诸多的线索之上，还有条贯穿性的线索，那就是重“德”。所谓的“德”，不但是一种精神信念，而且是一种政治行为。对殷商遗民采取包容的态度，强调对民众要给予实际的利益，对个人家庭的权利要给予照顾，都是“德”的最有价值的内涵。还有一点，“德”是一个崇尚“人间性”的文化逻辑。在当今有关先秦这段上古历史文化的研究中，有一种不假思索且十分流行的逻辑论式，那就是“从神本到人本”的思维框子，好像上古华夏也有一个纯粹的拜神时代，到了春秋战国才被打破。实际上，在西周时期，当人们树立起“天命”信念之际，就形成了一个“下指”的逻辑：你要敬“天”吗？你就把人做好；为政治的，你就善待民众。你越是善待民众，就表示你越是敬“天”。所谓的“天命”，不是一种以膜拜为主的宗教对象，而是人们行动的指南。就是说，在西周，随着天命观念的树立，其文化逻辑就是超越信仰，并与人间的努力结合在一起的。而所谓的“从神本到人本”的理论，却以为只有放弃对上天的信念，才会注意人间，注意到人。不是那么回事。实际上，对上天、鬼神的信念，到春秋战国乃至更晚的时期，也仍然十分流行。正是因为“德”的观念，《诗经》的祭祀诗篇就是献给有功有德者的颂歌。这才是《诗经》作为“礼乐文明”的一部分，也是礼乐之所以为新文化的体现。祭祀祖先渊源古老，可是遵循古老习俗向先公先王献祭品是一回事，是否献歌则是另一回事。“歌以发德”，《周颂》的诗篇是颂扬功德的。从这个意义上说，礼乐的诗篇与古老的礼俗、仪式等，是有脱离倾向的。

二、《诗经》的意象与意境

现在的我们走在春天的花草世界里，有一种感觉油然而生：我们离自然太远了。当我们对大自然的花花草草感到陌生时，心神上自然也就与天地离得远了。

《诗经》时代的人们可不是这样，这也是《诗经》历久弥新的精神价值。它可以带我们回归那个万物孕育、生机勃勃的大自然，可以让我们冷静理性地分析其中所包含的人与自然的关系，亦即当时人的自然观[①]。然而笔者更倾意于最古老诗篇所展现的意趣偏好。一场“君子好逑”的婚姻典礼，诗人偏要将其与“关关雎鸠，在河之洲”的早春光景放在一

① 德国汉学家顾彬先生在《中国文人的自然观》（上海人民出版社1990年）一书中说，《诗经》时代诗人歌咏自然，其观念形态还“没有超出‘自然引子’的范围”（第31页）。的确如此，却不尽然。这里有一个很重要的问题就是这种“自然引子”何以发生，亦即发生了这样的现象更深层的文化动因，值得深究。其次，说顾先生之说“不尽然”是因为《诗经》篇章中确实出现了“借景抒情”这样的片段。例如《秦风·蒹葭》篇中的“蒹葭苍苍，白露为霜”等。这正是后来所有古典诗歌中主观情感与客观景物相互融合的“景语”“情语”的来源。

起。这也有其必然。笔者在许多地方说过，“关关雎鸠，在河之洲”看似景物，实则是时令。当北方冰消雪化，候鸟（关雎是水鸟，水鸟大多为候鸟）们来到河洲上“关关”然鸣叫的时候，意味着春天来了。春天，在古人的观念中意味着万物繁殖生长。在这样的光景，顺应大自然的节律，男女也要结合。于是，与人类生养有关的男女婚姻缔结，就与早春的明媚（魅力）光景“集体无意识”地联系在一起了①。《桃夭》将出嫁女儿的“之子于归”放在“桃之夭夭”的绚丽春光中，也是同样的意思。结婚的典礼与河畔的春光相融合，出嫁的女儿与美丽的桃花相伴。这是《诗经》诸多篇章的要点：人生活在大自然中。于是《诗经》一个总体的美学意象就是：人。表现人的劳作、行动、思恋等，诸多的人，出没在景象繁富的大自然中。

在“关雎”“桃夭”之外，“嗟我怀人”（《周南·卷耳》）的远方女子，是与“采采卷耳”的“卷耳”在一起；《召南·草虫》篇中“喓喓草虫，趯趯阜螽”的秋虫秋色，与热烈的愁绪相交织。读这样的诗篇，脑海里为诗篇构图，人物的形象也只是秋光掩映的剪影，秋声与思情，才是造成

① 其实，古代婚礼的举办，未必都在早春。《邶风·匏有苦叶》就说“士如归妻，迨冰未泮”。然而，《关雎》的诗篇表现婚姻却说“关关雎鸠，在河之洲”的春景，可以说是一种有意的选择，因为这更符合大自然生育的节令，因而更加吉祥如意。

印象深刻的诗意图景。同样的情形，在陈国的“东门”树下，有“昏以为期，明星煌煌”（《陈风·东门之杨》）候人不至的失意者；在溱洧水畔，有“子惠思我”的爱意表达者，可能他们手里还手持着兰与芍药的鲜嫩花草；《郑风·溱洧》不是说“溱与洧，方涣涣兮，士与女，方秉蕑（jiān，兰草）兮”？不是说“维士与女，伊其相谑，赠之以芍药”吗？这样的情形，不仅限于风诗，还在《小雅·采薇》还乡士卒与“依依”的杨柳中；在《皇皇者华》长途出差的使者与开放着灿烂鲜花的路上；在《大雅》那些讲述祖先业绩的“史诗”篇章中，他们不也是因劳作出没于广阔的黄土原野上吗？这就是《诗经》特有的大意象：人在天地之间，人与天地相参，伴随人生的是天地气韵，是万物蓬勃。

人与自然相互关联的意象，关乎后来中国文学乃至更后来士人绘画的发展方向。将人放在天地自然之间，放在黄土沃野、山间溪水、草木芳华之间，在自然物象的映衬之下表现其生活的身姿，展现其悲喜的情怀，这就是《诗经》表现生活的一个稳定方式。其实就是后来的“情景交融”，是产生“意境”这种审美效果的大河上源。而且，可以成为“意境”的诗句已经在《诗经》出现了。

我国古代诗歌讲哲理，到宋代颇为流行，像苏东坡的“横看成岭侧成峰”。可是，“以理为诗”在古人的眼里，终是落于第二义的。古典的中国诗人擅长的诗句，是李商隐如下的诗句："五更疏欲断，一树碧无情。"这里没有任何的判断，也不是"形象"，主观地说，全是感受、难以言表的感受。客观地说，诗提供的是意境。追溯源头地想，就是《诗经》的"蒹葭苍苍"之类了。过去老先生讲：不知《诗经》，不足以言我国文学史之流变。真的如此。

三、《诗经》的美丽

人与大自然的亲近，表达这样那样的情意，是十分美丽的。然而，《诗经》的美丽又不仅限于此。《诗经》的美丽，令人印象最深刻的是对女性的表现。有意思的是古典文学的开始和结束都是擅长展示女性之美的文学，即《诗经》的风诗与清代的《红楼梦》。要说明的是，《诗经》也在尽力展现男性的美好，例如对周文王的赞美，只是还算不上感人，因为宗教膜拜的歌颂难出真情。到西周后期，《大雅・烝民》对仲山甫的歌颂可谓不遗余力，如"维仲山甫，刚亦不吐，柔亦不茹"等，其审美的趣味终究还差些。因为这样的赞美，给人以"过誉"之嫌。修辞立其诚，在"诚"上有疑点，审美自然就减色。《诗经》篇章写人的美，最美的是对女性的书写。很重要的一点是，诗篇展现她们，都是在具体的情境，亦即在具体的矛盾冲突中展开。

例如在卫地的风诗里，许穆夫人的形象之所以动人，那是将其放在“尊王攘夷”的大时代背景下，放在有关邦国大义的冲突中，因而人物显得十分伟岸。许穆夫人还是贵夫人，而《诗经》的风诗更善于表现那些平凡的女性。它的一个更普遍更家常的主题，是家庭关系的变故乃至败坏。风诗十分擅长的就是表现不同女性在面对各自家庭关系不幸时的性格。在拙作《风诗的情韵》中，笔者曾将这些不幸女子的表现归纳为几类，其中有高傲不屈的，有妇德自恃、不可自拔的，有毅然决断的[1]。高傲的如《邶风·柏舟》篇，写一位“有心悄悄，愠于群小”的主妇的不幸，显示女主人公在遭受冷落欺辱之际的孤傲。“威仪棣棣，不可选（算计，改变）也”是其性格的总体，而“我心匪鉴，不可以茹（吞纳）”“我心匪石，不可转也”的比喻，则将女子面对生活倒塌时的高傲，表现得淋漓尽致。还有一种类型也见于《邶风》，即在讨论“采诗观风”问题时讲过的《谷风》篇。篇中女子反复言说自己妇德无亏，一方面表现出她的厚道，另一方面也显示出女子在面对生活不幸时的执迷，以为自己的德行好，就不应该遭遇被扫地出门的不幸。还有一种就是《卫风·氓》中所记录的蚕女的觉悟。这首诗是这样的：

　　氓之蚩蚩，抱布贸丝。

①李山：《风诗的情韵》，北京：东方出版社2014年，第154页。

匪来贸丝，来即我谋。

送子涉淇，至于顿丘。

匪我愆期，子无良媒。

将子无怒，秋以为期。

（首章表由相恋到定婚。先私定终身，再提媒。“匪来贸丝”写氓当初之态，传神。“怒”，品性初现。）

乘彼垝垣，以望复关。

不见复关，泣涕涟涟。

既见复关，载笑载言。

尔卜尔筮，体无咎言。

以尔车来，以我贿迁。

（此章写女子翘盼之情。末句似道出氓追求蚕女之动机。“不见”“既见”数句，表女子痴迷、沉陷之态，极善形容。）

桑之未落，其叶沃若。

于嗟鸠兮，无食桑葚。

于嗟女兮，无与士耽！

士之耽兮，犹可说也。

女之耽兮，不可说也！

（此章为全篇转折点。言情感不专是“士”的普遍品性。

对天下痴情女作枯鱼河泣之警示。桑叶、鸠鸟云云，见蚕女本色。）

桑之落矣，其黄而陨。
自我徂尔，三岁食贫。
淇水汤汤，渐车帷裳。
女也不爽，士贰其行。
士也罔极，二三其德。

（此章交代婚姻的失败。“淇水”二句，看似女子返家情景，实是以帏裳打湿喻自己婚姻的终归失败。）

三岁为妇，靡室劳矣。
夙兴夜寐，靡有朝矣。
言既遂矣，至于暴矣。
兄弟不知，咥其笑矣。
静言思之，躬自悼矣。

（此章述自己之辛勤，表明氓之本性。）

及尔偕老，老使我怨。
淇则有岸，隰则有泮。
总角之宴，言笑晏晏。
信誓旦旦，不思其反。

反是不思，亦已焉哉！

（此章痛定思痛，作决断之语。牛运震《诗志》："称之曰氓，鄙之也；曰子曰尔，亲之也……曰士，欲深斥之而谬为贵之也。称谓变换，俱有用意处。"）

之所以要重点讲这首诗篇，实在是因为它的高明。先看诗篇的叙事。不少教科书是把《氓》当"叙事诗"看的。可是，若论叙事，这首诗与著名的《木兰诗》一样，都少了很关键的内容。《木兰诗》是少了从军"十年"的具体经历，《氓》则少了"三岁食贫"的具体故事。笔者以为《木兰诗》那样写，是受了《氓》的影响。一句"将军百战死，壮士十年归"就把木兰女子从军的经历带过，读者能接受，是有其"经典"的依据，那就是来自《诗经》，具体说，其中就有《氓》这一篇。诗在周代作为乐歌，其重点在"观风"，在揭示应注意的社会现象，而不在于对故事本末的表述。实际上，与其说《氓》是叙事诗，不如说是"含在抒情中的思往事"，或者这就是古代中国叙事诗的非典型特征，它讲明如下的内容："有一位少女在没有父母之命、媒妁之言的情形下，与一位靠不住的男子私定终身，最后被抛弃。"有了这几个要点，就可以了。像《孔雀东南飞》那样详细的作品，实在少之又少，而《氓》之后，《木兰诗》之外的《长恨歌》，清代的《圆圆曲》等诗篇的叙事，无不是沿袭了《氓》的传统。

其次就是诗篇表达上的含蓄，以少胜多。请看第一章那个“氓”，他的出场诗篇只用了“蚩蚩”一词，《毛传》说该词的意思是：“敦厚貌也。”一副老实敦厚的样子，然而实在是“看上去”的“敦厚”。马上诗篇就用了一个“怒”字，来显示这位“敦厚貌”的“氓”相反的品性。然而，诗篇中的女子并未察觉，少女空城不设防，被攻陷了，而且“陷”了个一塌糊涂。诗篇第二章“不见”“既见”和“卜筮”的述说，就是渲染女孩子落入情网之后的痴迷癫狂。在这期间，“氓”从“蚩蚩”到“怒”，以及女孩子“空城”陷落的进程，在短短的几句诗行中同行并进。一句“子无良媒”写女子原本就有婚姻安全的顾虑，然而旋即便丢掉了顾虑。这当然是因为“爱”，可也为后来被抛弃的不幸埋下了伏笔。如此繁富的内涵，就在诗篇短短的十句之章中完成，是不是高明？

诗篇最值得珍视的是表现了婚姻生活受害者不同凡响的性格。关于“氓”就不多说了，诗篇的要点在于展现女子，展现她在面临婚姻破败时的意态。这是诗篇第三章及最后一章所表现的。“桑之未落”云云，从表现说，是何等人物说何等的语言，“桑之沃若”诸句，可以说三句话不离本行，显示蚕女的身份。这还在其次，重要的是“于嗟”的感慨，道出了一个基本事实，那就是男女在情感生活持久性上的差异。由此，诗中人在失败的婚姻现实面前，就不像“习习谷风”中的那位女子，一味地唠叨自己如何妇道无缺。实际上，这几句反思婚姻生活的句子，价值就在这样一点：人类难以克服也是最基本的不平等，就是男女在两性关系上的不平等。几千年前一位诗中弃妇领悟到了这一点，十分可贵。诗篇中的不幸蚕女，因这样的见识越发显得聪慧而明媚。

风诗展现美丽女性的手法是多样的。例如在《卫风·硕人》中，第二章以“工笔”手法周致地刻画女子形象的美好：

手如柔荑，肤如凝脂，
领如蝤蛴，齿如瓠犀，螓首蛾眉。
巧笑倩兮，美目盼兮！

前六句运用比喻，用工笔精描细摹。仅于此，则只是“人的样子”；诗还有后两句，如龙成点睛、颊上三豪，一团生气荡漾其间。美的动人在媚，前六句是静态的，后两句则是动态，前六句是说“美”，加上后两句，才是“美而媚”。诗人画眼睛的功夫，堪称一绝，在整个古代刻画美人的文学画廊中，也有其显著的地位。

而诗经表现女子之美的手法是多样的，《硕人》主要是工笔描摹，而在《郑风·有女同车》则是另外的样子：

有女同车，颜如舜华。
将翱将翔，佩玉琼琚。

彼美孟姜，洵美且都。

【注释】　同车：乘坐同样的车，是结婚时的礼数。舜华：舜花。舜，即木槿。　将：结构助词。　翱、翔：形容举止优雅的仪态。　都：娴雅。

诗篇可能与《硕人》一样，是赞美嫁到本邦新妇的。不同的是，此诗对女子相貌一字不写，只是将其与美丽的“舜华”映衬在一起，不着一字，得其风流。其他手法还有，这里就不多说了。

四、《诗经》的表现手法

最后，谈谈《诗经》的表现手法。篇章结构上的重章叠调，语言句式以四言为主的形态和比兴的手法，差不多就可以概括《诗经》在艺术方面的基本特征了。

《诗经》何以从“四言”开始，这是一个很不好回答的问题。先要说明一点，说《诗经》是“四言”是说以四言为主，《诗经》中也有三言、五言，乃至更长的语句，但四言居多。而且，就现有对《诗经》作品年代的判断而言，早期的诗篇所具有的四言，形态上不纯粹，如本书第三讲就谈到的“大武乐章”之一的《周颂·赉》：

文王既勤止，我应受之。
敷时绎思，我徂维求定，时周之命。
於绎思！

第一句就不是四言，而“我应受之”，与第一句紧密相连，是一个散文意味颇浓的小句群。第四句又是一个五言，最后结尾处，则是一个孤单的三言句式。这样的情况，在“大武乐章”的其他两首也存在。就这些诗而言，四言句很显眼，但据此就说《诗经》是“四言”体，恐怕难以令人信服。然而，早期比较典型的“四言”却开启了《诗经》的语言形式之路，在以后的诗篇中四言的形态越来越严整。这到底是因为什么呢？上面说了，这个问题很不好回答。笔者的解释是这样的：这与典礼有关。《诗经》是礼乐的一部分。典礼是庄严隆重的，典礼的乐歌当然也需要如此。就汉语自身的特点而言，与三言、五言、七言相比较，四言最便于表现典重意味的内容。西周是雅颂篇章创作期，大部分雅颂篇章都与典礼有关，在这样的场合下，单音节、有声调的汉语，可能就规定了四言的流行。

不过，有一点需要指出，四言句有容量的限制，古人也感觉到了，所以在表达相对激扬的情绪时，有时为填补不足，也会采取改换句式的手法，如前面讲到的祭祖题材的《绵》，在最后讲到周文王的“受命”，就连用了四个五言句以示强调。还有一种办法，就是在句群的组合上下手。常见有的《诗经》著作，两个四言句就加一个句号是不对的。“关关雎鸠，在河之洲”的篇章可以如此，但像《大雅·皇矣》中有的段落便不是这样：

帝作邦作对，自大伯王季。
维此王季，因心则友，则友其兄，则笃其庆；
载锡之光。

另外，有趣的是，到风诗的时代，四言句仍然最占上风，但像《郑风·缁衣》就不同，如其第一章：

缁衣之宜兮，敝予又改为兮。
适子之馆兮，还予授子之粲兮。

这样的新鲜句式出现了不少，这都意味着四言形态有被取代的可能。后来诗篇语言形式的新变，也证明这一点。

说到《诗经》中的语言，必须提出这样一点：现在看到的《诗经》语言的表现，是殷周两大族群融合的结果。早期的诗篇简古，后来（其实是到西周中期）的篇章则洋洋洒洒，文化累积固然是其中一个原因，还有一个不可忽视的因素，就是殷商遗民中的贵客带来的“瞽人”，他们直接参与了“制礼作乐”，具体说就是参与了诗篇的写制。在讲《大雅》祭祖诗篇如《绵》《皇矣》的时候，我们看到了一些修辞手法例如“顶真格”这样的格式，很可能与来自殷商遗民中的“作家”有关。还有一例更具说服力。看周人的金文及一些传世文献，说到天地上下等方位，都说是“上下”，然而在甲骨文中，说“上下”这个概念，却喜欢说“下上”而非“上下”。有趣的是在《诗经》中也有这样的现象，例如《邶风·燕燕》，说燕子的叫声就是“下上其音”，同样的句子，还有一例见于《雄雉》，这首也是属于卫地之风的《邶风》篇章。这样的“殷商语言现象”，多年前就被老前辈陈梦家先生发现，实在是很有趣的。在前面我们讲过，礼乐文明在创制过程中，殷商文化被吸纳其中，这在《诗经》中是有迹可循的。

《诗经》大部分篇章都是重章叠调，因而《诗经》篇章布局往往呈现循环往复的特点。如《蒹葭》每章皆以“蒹葭”开始，“蒹葭苍苍”“蒹葭萋萋”“蒹葭采采”分别为每一章的开始，在反复中又见变化。相应的，“苍苍”对应的是“白露为霜”，“萋萋”对应的“白露未晞”，“采采”则对应着“白露未已”，时间又是递进的。这样的特点缘何而起？回答是：原始歌舞。

顾颉刚先生曾经论述《诗经》“入乐”的问题，认为《诗经》复踏的重章叠调，是因为音乐的需要。是的，这所谓的“音乐”，就是原始歌舞的“乐”。前面在讲“大武乐章”

的时候说过，考古发现的彩陶绘画，可以让我们见到仰韶文化原始先民歌舞的图像。学者推测，原始歌舞的歌唱就是在不断重复。这样的习惯，实际到后来一直被延续着，就是在今天的歌曲中，重新开始的乐章也往往会重复一下前一章。不过，观诸《诗经》的全部作品，这样的“原始歌舞”气息，以风诗最显著。而风诗的年代一般来说，要晚于雅颂。时间较早的诗篇“重章叠调”反而不如时间较晚的诗篇，这有其特殊的原因。西周礼乐诗篇要求典重，这是对乐歌在风格上提出的新要求。为此，势必要减少一些原始气息。这一点也很重要，后来文人诗歌摆脱了《诗经》的重章叠调，其根据，就在雅颂那些重章叠调较少的篇章。

“比兴”也是“诗经学”的难题。在儒家经典《周礼·大司乐》中出现了“风、赋、比、兴、雅、颂”的“六诗”说，其影响到《毛诗大序》，就有了“赋、比、兴、风、雅、颂”的“六义”之说。按照前人流行的说法，“赋”就是铺叙，就是有话直说的叙述。“比”则是打比喻，“风、雅、颂”则被认为是诗的三部分。这样的说法有内容和手法两分：“赋比兴”为艺术手法，“风雅颂”为诗篇分类。有问题且一直到今天还在探索的是“兴”。完整的诗经传本《毛诗》中和注释经文的“毛传”给一些诗句，如《关雎》的“关关雎鸠，在河之洲”后做了“兴也”的标志，告诉读者这两句是“兴”（赋和比都没有标示）。这就是所谓的“独标兴体”（《文心雕龙》语）。那么“兴”到底是什么？汉代给出一种回答：“比显而兴隐。”意思是说在批评王政的时候，可以明显地比况；可是在赞美王或者上级的时候，比喻就隐蔽点，不然会有阿谀之嫌，说起来还是打比喻。这样的看法到了宋代朱熹《诗集传》就被抛弃了。朱熹给“兴”做的定义是：“先言他物以引起所咏之词也。”与“比”的“以彼物比此物”明显有别。可是，朱熹仍是在描述比、兴的不同。现代人又提出“兴”含有“原始文化积淀”之说。例如，见到鱼，就想到繁殖生育，见到高大树木，就想到家乡等，仔细追求起来，这样的自由联想都有其文化含义。例如《邶风》的“燕燕于飞”，就与殷商人崇拜燕子有关。这样的说法，以赵沛霖《兴的源起》一书最为深入系统。

“兴”的问题还可以继续讨论。但不要忘记前面说过这样一点：《诗经》时代的人离大自然近。先民创造生活的历史，就是与鸟兽虫鱼、花草树木深刻地打交道的历史。先民赋予了许多自然物以某些人文的含义，例如鱼，代表生育。因此在歌唱的时候，歌唱婚姻，就会想到人类的生育，就会歌唱到鱼。如“关关雎鸠，在河之洲”一句，在河洲上鸣叫的雎鸠，一定是水鸟，以捕鱼为食。这不是涉及鱼吗？还不仅如此，如前所说，“关关雎鸠，在河之洲”的整个图景，还隐含着“春天到来了”的消息。这就是“兴”的复杂和有趣。

然而，对欣赏《诗经》的艺术而言，美感还是来自“关关雎鸠”的画面，它才是直接感动人的艺术手法。只有“心近”大自然的诗人，才能道出这样美丽的诗句。

最后，说两点结束此书。第一，《诗经》的世界是干净的。具体说，就是极少鬼狐仙怪、牛鬼蛇神，试将《诗经》中的篇章与《山海经》相比，这点很清楚。但这不意味着那个时代的人们就没有鬼神信仰。礼乐文明的创建时期，是一段历史的上升期，人们掌握了生活的大方向，全力进取，充满自信。“不疑何卜”？鬼神弥漫在文献中，有各种类型，其中不乏历史陷入困境时的阴阳怪气，那是精神堕落的表征。这在《诗经》之后、甚至是“之后”很晚的文学史上并不少见。美丽的诗篇大量出现的时代，是历史发展相对富有创造性的时期。

第二，《诗经》开辟了一个独特的文学传统。陈世骧先生（海外华裔古典文学研究家）在《原兴——兼论中国文学特质》中这样说道：“假定我们随意问一般粗通数国文学的人（应指非华人的“粗通”之人——引者），问他们感觉中国文学最主要的特点何在，回答之一也许如此：中国文学乃是精妙的写作技巧，高度的艺术安排，感受的精致提炼，和作者从瞬息世界中的人类和自然所归纳的尖锐、直接、简洁、乃至于朴拙的观察的结合。这个特点见于《诗经》。”简单地说，《诗经》为古典文学开辟了一条极具特色的道路：细致而精细地感受世界的抒情文学之路。